EHS란 Environment, health and safety로 환경보건안전 직무입니다.

로고의 그림은 출판업을 의미함과 동시에 책을 통해 저자의 획기적인 공부법을 구매자와

공유하고자 하는 의미입니다.

CONTENTS

목차

INFORMATION
정보

**(필독!) 작가 자기소개 및 8일 공부법 및
이 책의 특징 및 산업안전산업기사 기본정보**

잠깐! 더 효율적인 공부를 위한 링크들을 적극 이용하세요~!

직8딴 홈페이지

- 출시한 책 확인 및 구매

직8딴 카카오오픈톡방

- 실시간 저자의 질문 답변
(주7일 아침 11시~새벽 2시까지, 전화로도 함)
- 직8딴 구매자전용 복지와 혜택 획득
(최소 달에 40만원씩 기프티콘 지급)
- 구매자들과의 소통 및 EHS 관련 정보 습득

직8딴 네이버카페

- 실시간으로 최신화되는 정오표 확인
(정오표: 책 출시 이후 발견된 오타/오류를 모아놓은 표, 매우 중요)
- 공부에 도움되는 컬러버전 그림 및 사진 습득
- 직8딴 구매자전용 복지와 혜택 획득

직8딴 유튜브

- 저자 직접 강의 시청 가능
- 공부 팁 및 암기법 획득
- 국가기술자격증 관련 정보 획득

1 작가 자기소개

대기업에서 EHS(Environment, health and safety, 환경보건안전)관리를 해 오신 아버지 밑에 자라 자연스레 EHS에 대해 관심을 가지게 되었습니다.

그로 인해 수도권 4년제 환경에너지공학과를 나왔고, 최근 대기업에서 EHS관리를 직무로 근무했습니다.

저에겐 버킷리스트가 있습니다.

바로 EHS 관련 자격증을 전부 취득하는 것입니다.

2025년 1월 기준 29살에 12개의 EHS 자격증이 있으며 앞으로도 계속 취득할 것입니다.

여담으로 군대에서 기사 4개를 획득해 신문에도 나왔습니다.

기사 공부를 하다 문득 이런 생각이 들었습니다.

'내가 자격증을 적은 공부 시간으로 획득하는데 미래 EHS 관리인들에게 도움을 주는 방법이 있을까?'라는 생각이죠.

그로 인해 이렇게 저의 공부법과 요약법이 담긴 책을 만들기로 하였습니다.

보통 기사 하나를 취득하기 위해선 1~3달 걸린다고 하지만, 저는 필기 7일/실기 8일이면 충분합니다.

허나, 사람들에게 기사 공부하는데 8일 정도밖에 안 걸린다하니 아무도 믿지를 않습니다.

미래 EHS 관리인분들이 제 책으로 8일 만에 취득할 수 있다는 것을 보여주세요.

작가 SPEC

수도권 4년제 환경에너지공학과 졸업 (2014-2020)
군 복무 (2016~2018)
수질환경기사 취득 (2017.08)
산업안전기사 취득 (2017.11)
대기환경기사 취득 (2018.05)
신재생에너지발전설비기사(태양광) 취득 (2018.08)
소방설비기사(기계분야) 취득 (2021.08)
산업위생관리기사 취득 (2021.11)
폐기물처리기사 취득 (2021.12)
위험물산업기사 취득 (2021.12)
건설안전기사 취득 (2022.06)
대기업 근무(EHS 직무) (2021-2022)
환경보건안전 자격증 서적 전문 출판사(EHS MASTER) 창립 (2022.09)
환경기능사 취득 (2022.09)
소방안전관리사 1급 취득 (2023.03)
인간공학기사 취득 (2023.06)
토양환경기사 취득 (2023.09)
기사 취득 현재 진행 중 (2023.09~)

2 8일(실공부 60시간) 공부법

필기

1. 직8딴 필기 책을 산다.
2. 목차 8번의 3회차를 풀어본다. (약 1시간)
3. 자신의 밑바닥 점수를 알았으니 기출 중복문제 소거 정리 파트를 2회 푼다.
   오픈 카카오톡을 적극 활용하여 저자에게 질문을 많이 한다. 저자를 괴롭히자!
   취약한 문제나 계산 공식은 따로 적어서 암기한다. (약 57시간)
4. 시험 당일 일찍 기상하여 예상점수 파악 목적으로 목차 8번의 1회차를 풀어본다.
   불합격 점수가 나와도 좌절하지 않는다. (약 1시간)
5. 자신감 상승 목적으로 가장 점수가 잘 나온 회차를 푼다.
   시험은 자신감이 중요하다. (약 1시간)
6. 시험 현장에서는 자신이 따로 적은 취약한 문제나 계산공식을 훑어본다.

실기

1. 직8딴 실기 책을 산다.
2. 2024 실기 기출문제를 풀어본다.(단, 2024년 3회차는 풀지 않는다.) (약 2시간)
3. 자신의 밑바닥 점수를 알았으니 기출 중복문제 소거 정리 파트를 2회 푼다.
   오픈 카카오톡을 적극 활용하여 저자에게 질문을 많이 한다. 저자를 괴롭히자!
   모든 문제와 계산공식은 암기한다. (약 57시간)
4. 시험 당일 일찍 기상하여 예상점수 파악 목적으로 2024년 3회차를 풀어본다.
   불합격 점수가 나와도 좌절하지 않는다. (약 0.5시간)
5. 자신감 상승 목적으로 가장 점수가 잘 나온 회차를 푼다.
   시험은 자신감이 중요하다. (약 0.5시간)
6. 시험 현장에서는 자신이 따로 적은 취약한 문제나 계산공식을 훑어본다.

※ 시험장 관련 팁!

1. 09시 입실이라면 20분 정도 신원확인 및 주의사항 전파를 한다.
   즉, 진짜 시험 시작시간은 09시 20분이다. 그 사이 화장실 다녀오라고 한다.
2. 차를 타고 오는 응시자라면 최소 70분 일찍 도착한다.
   응시 경험상 60분 전부터 차들이 우루루 오거나 꽉 찬다.
3. 시험장 건물 오픈은 보통 1시간 전부터이며 PBT 경우는 바로 시험교실로 간다.
   CBT 경우는 대기실로 안내를 하고, 추후 시험교실로 안내를 한다.

※ 시험 응시 때 관련 팁!

0. 신분증/샤프/지우개/검은 펜/수험표(들고가는게 편함)을 준비하고 시험장으로 간다.
1. 일단 암기한 것들이 사라지면 안되니까 샤프로 휘갈기며 최대한 빨리 푼다.
2. 답을 못 적는 문제는 넘어간다.
3. 시험 문제를 다 풀었으면 다시 처음부터 재검토해본다. 계산이 맞는지, 답이 맞는지…
4. 이때 다 풀었다는 안도감에 못 적은 답들이 생각이 날 것이다.
5. 편안한 마음으로 샤프 자국을 매우 깨끗이 지우고 그 위에 검은 펜을 이용하여 정답을 작성한다.
6. 지워지는 펜, 기화펜 절대 금지하며 오타작성시 단순하게 두 줄 그으면 된다.

3 이 책의 특징

1. 기출문제 중복문제 소거

기출문제는 이미 다른 자격증 책에서도 볼 수 있습니다. 하지만 기출 중복문제를 소거해 요약한 책은 정말 없습니다. 국가기술자격증은 문제은행 방식이라 80%가 이미 나왔던 문제로 구성되어 있습니다.
산업안전산업기사 실기 경우 필답형은 약 550문제를 230문제로, 작업형은 약 840문제를 200문제로 정리했습니다.
제 책은 그런 기출문제들을 요약하여 괜한 시간 낭비를 하지 않게 만들었습니다.

2. 답안 글자 수 최소화

아마 많은 이들이 법령 토씨 하나 틀리지 않고 적어야 정답처리 된다고 합니다. 그런 분들 볼 때마다 참으로 안타깝습니다... 그건 자격증을 잘 모르는 사람들이죠… 만약 문제가 '진돌이는 오늘 저녁 식사로 소고기 5인분을 진순이네 집에서 구워먹었다. 오늘 진돌이는 무엇을 했는지 쓰시오'라는 문제라면 '진돌이는 오늘 저녁 식사로 소고기 5인분을 진순이네 집에서 구워먹었다.'라고 쓰면 매우 완벽합니다. 허나 우리는 문제가 원하는 것만 써주면 됩니다. 즉, '소고기를 먹었다.'라고 써도 된다는 거죠. 다들 이걸 몰라요… 결론적으로 키워드와 의미전달에만 신경쓰면 됩니다. 8일 공부 후, 이렇게 답안 작성해서 딴 자격증이 12개인데 어떤 증빙을 더 해야 될까요?
제가 경험자이자 제가 증인입니다. 제 답안에 의심되시거나 불안함을 느끼시면 다른 출판사 책을 사십시오. 부탁입니다. 책과 구매자간의 신뢰가 가장 중요하다 생각되네요....이미 합격자도 많고요…

3. 관련 키워드 문제들끼리 정리

예를 들면 1번 문제가 A의 장점이면 2번 문제도 B의 장점에 관한 것으로 만들었습니다. 그렇기에 실제 암기하실 때 혼동이 안 올 것입니다. 보통 다른 책들은 설비별로 또는 공법별로 정리하는데 외울 때 혼동만 오게 됩니다. 다른 책 풀어보시면 알 것입니다.

---

ex)
| 1. A 장점 | 2. A 주의사항 | 3. B 장점 | 4. B 주의사항 (X) |
| 1. A 장점 | 2. B 장점 | 3. A 주의사항 | 4. B 주의사항 (O) |

또한, 답변이 비슷한 것도 순서에 맞게 정리하였습니다.

4. 출제 빈도수 기재

문제 초반에 몇 번 출제되었는지 기재했습니다. ☆이 1개면 1번 출제이며 ★이 1개면 10번 출제되었다는 뜻입니다. 이를 통해서 암기 우선순위를 알 수 있게 하여 효과적으로 암기할 수 있게 했습니다.

5. 얇고 가벼운 책

이 책은 다른 출판사 책들처럼 두껍지도, 무겁지도 않습니다. 정말 좋죠. 하지만, 무시하면 큰 코 다칩니다. 이 책은 아주 밀도가 큰 알찬 책입니다. 실제 작년 구매자분들도 가볍게 생각하다 큰 코 다쳤습니다.

6. 저자의 실시간 질문 답변

저자는 현재 오픈 카카오톡을 통해 새벽 2시까지 질문에 대한 답변을 하고 있습니다.
이는 어떤 책 저자도 하지 않고 못하는 행동입니다. 많은 구매자들이 좋아합니다. 여담으로 저자분이 자기 옆자리에 있는 것 같다고 말하네요… 책 구매자분들은 책에 QR코드가 있으니 꼭 입장 부탁드립니다.

7. 이론이 없고 오로지 기출문제만 있다.

이론을 안 보고 실기를 합격할 수 있을지 의문이신가요? 전 실제로 필기든 실기든 이론은 보지 않고 기출문제부터 풉니다. 그 이유는 바로 시간 낭비이기 때문이죠. 알 사람은 압니다. 어차피 문제은행식이라 기출문제들만 풀고 외우면 그만입니다. 만약 그래도 이론 한 번은 봐야겠다 싶고, 시험목적이 아닌 직무에 초전문적인 지식을 습득하고 싶으시다면 다른 출판사 책을 사십시오. 부탁입니다. 하지만 문제 밑에 있는 해설만 보아도 충분할 겁니다. 즉, 기출문제만 봐도 합격하실 수 있습니다. 저를 믿고 따라오십시오.
어차피 제가 오픈카카오톡방에서 상세히 설명해드립니다.

8. 온라인으로 문제풀기 (feat. 모두CBT/유튜브 안전모/유튜브 도비전문가)

직장이나 학교, 버스나 지하철 또는 화장실에서 직8딴 문제를 풀어보고 싶나요? 모두CBT/유튜브 안전모, 도비전문가를 통해 온라인으로도 문제를 풀어볼 수가 있습니다! 모두CBT: 시간/장소 구애받지 않고 직8딴 문제를 직접 풀기 가능 유튜브 안전모: 시간/장소 구애받지 않고 직8딴 문제들을 암기법을 통해 재밌게 보기 가능
유튜브 도비전문가: 시간/장소 구애받지 않고 저자의 직8딴 강의 보기 가능

9. 실제 합격자의 책

이 책은 제가 직접 취득하여 낸 책으로 누구보다 응시자들의 맘을 잘 알고 있습니다. 어느 점이 공부할 때 어려운지, 어떻게 외워야 쉽게 외울 수 있는지 잘 알고 있지요. 그렇기에 믿고 보는 책이라 장담할 수 있습니다.
기사 자격증이 많은 만큼 세세한 것들도 잘 알죠… 저의 공부법과 요약방법들이 담긴 책으로 적은 시간을 소비하고 합격하시길 바랍니다.

1. 시행처

한국산업인력공단

2. 개요

생산관리에서 안전을 제외하고는 생산성 향상이 불가능하다는 인식속에서 산업현장의 근로자를 보호하고 근로자들이 안심하고 생산성 향상에 주력할 수 있는 작업환경을 만들기 위하여 전문적인 지식을 가진 기술인력을 양성하고자 자격제도제정

3. 수행직무

제조 및 서비스업 등 각 산업현장에 배속되어 산업재해 예방계획의 수립에 관한 사항을 수행 하며, 작업환경의 점검 및 개선에 관한 사항, 유해 및 위험방지에 관한 사항, 사고사례 분석 및 개선에 관한 사항, 근로자의 안전교육 및 훈련에 관한 업무 수행

4. 관련학과

대학 및 전문대학의 안전공학, 산업안전공학, 보건안전학 관련학과

5. 시험과목

- 필기: 1. 산업재해 예방 및 안전보건교육　　2. 인간공학 및 위험성평가관리
  　　　3. 기계기구 및 설비 안전관리　　　　4. 전기 및 화학설비 안전관리
  　　　5. 건설공사 안전관리
- 실기: 산업안전관리 실무

6. 검정방법

- 필기: 객관식 4지 택일형 과목당 20문항(과목당 20분)
- 실기: 복합형[필답형(1시간 30분, 55점) + 작업형(1시간 정도, 45점)]

7. 합격기준

- 필기: 100점을 만점으로 하여 과목당 40점 이상, 전과목 평균 60점 이상
- 실기: 100점을 만점으로 하여 60점 이상

8. 연도별 합격률

연도	필기			실기		
	응시	합격	합격률(%)	응시	합격	합격률(%)
2023	38,901	17,308	44.5%	22,925	10,746	46.9%
2022	29,934	13,490	45.10%	17,989	7,886	43.80%
2021	25,952	12,497	48.20%	17,961	7,728	43%
2020	22,849	11,731	51.30%	15,996	5,473	34.20%
2019	24,237	11,470	47.30%	13,559	6,485	47.80%
2018	19,298	8,596	44.50%	9,305	4,547	48.90%
2017	17,042	5,932	34.80%	7,567	3,620	47.80%
2016	15,575	4,688	30.10%	6,061	2,675	44.10%
2015	14,102	4,238	30.10%	5,435	2,811	51.70%
2014	10,596	3,208	30.30%	4,239	1,371	32.30%
2013	8,714	2,184	25.10%	3,705	960	25.90%
2012	8,866	2,384	26.90%	3,451	644	18.70%
2011	7,943	2,249	28.30%	3,409	719	21.10%
2010	9,252	2,422	26.20%	3,939	852	21.60%
2009	9,192	2,777	30.20%	3,842	1,344	35%
2008	6,984	2,213	31.70%	3,416	756	22.10%
2007	7,278	2,220	30.50%	3,108	595	19.10%
2006	6,697	2,074	31%	2,805	1,534	54.70%
2005	5,012	1,693	33.80%	2,441	621	25.40%
2004	4,165	1,144	27.50%	1,626	575	35.40%
2003	4,130	828	20%	1,319	252	19.10%
2002	3,638	590	16.20%	1,180	481	40.80%
2001	4,398	719	16.30%	1,541	126	8.20%
1977 ~2000	268,581	74,763	27.80%	86,858	23,188	26.70%
소계	534,435	174,110	32.60%	220,752	75,243	34.10%

출처: 한국산업인력공단

산업안전산업기사 2011~24년

01

필답 계산형
(기출중복문제 소거 정리)

잠깐! 더 효율적인 공부를 위한 링크들을 적극 이용하세요~!

직8딴 홈페이지
- 출시한 책 확인 및 구매

직8딴 카카오오픈톡방
- 실시간 저자의 질문 답변
(주7일 아침 11시~새벽 2시까지, 전화로도 함)
- 직8딴 구매자전용 복지와 혜택 획득
(최소 달에 40만원씩 기프티콘 지급)
- 구매자들과의 소통 및 EHS 관련 정보 습득

직8딴 네이버카페
- 실시간으로 최신화되는 정오표 확인
(정오표: 책 출시 이후 발견된 오타/오류를 모아놓은 표, 매우 중요)
- 공부에 도움되는 컬러버전 그림 및 사진 습득
- 직8딴 구매자전용 복지와 혜택 획득

직8딴 유튜브
- 저자 직접 강의 시청 가능
- 공부 팁 및 암기법 획득
- 국가기술자격증 관련 정보 획득

---

001 ☆☆

다음 조건으로 강도율을 구하시오.

- 근로자수: 100명
- 1일 8시간씩 연 300일 근무
- 장해등급 14급: 1명
- 사망 2명
- 휴업일수: 37일

🗹 근로손실일수

구분	사망 1~3	신체장해자등급										
		4	5	6	7	8	9	10	11	12	13	14
근로손실 일수(일)	7,500	5,500	4,000	3,000	2,200	1,500	1,000	600	400	200	100	50

$$\text{강도율} = \frac{\text{총요양근로손실일수}}{\text{연근로시간수}} \cdot 10^3 = \frac{7{,}500 \cdot 2 + 50 + 37 \cdot \dfrac{300}{365}}{100 \cdot 8 \cdot 300} \cdot 10^3 = 62.84$$

$$\text{총요양근로손실일수} = \text{장해등급에 따른 근로손실일수} + \text{휴업일수} \cdot \frac{\text{연근로일}}{365}$$

🗹 강도율: 62.84

---

002 ☆☆☆

다음 조건으로 강도율을 구하시오.

- 도수율: 12
- 연재해건수: 11건
- 재해자수: 15명
- 총 휴업일수: 150일
- 1일 9시간씩, 연간 250일 근무

🗹
$$\text{도수율} = \frac{\text{재해건수}}{\text{연근로시간수}} \cdot 10^6 = \frac{11}{\text{평균근로자수} \cdot 9 \cdot 250} \cdot 10^6 = 12$$

$$\rightarrow \text{평균근로자수} = \frac{11 \cdot 10^6}{12 \cdot 9 \cdot 250} = 407.41 \fallingdotseq 408\text{명}$$

$$\text{강도율} = \frac{\text{총요양근로손실일수}}{\text{연근로시간수}} \cdot 10^3 = \frac{150 \cdot \dfrac{250}{365}}{408 \cdot 9 \cdot 250} \cdot 10^3 = 0.11$$

$$\text{총요양근로손실일수} = \text{장해등급에 따른 근로손실일수} + \text{휴업일수} \cdot \frac{\text{연근로일}}{365}$$

🗹 강도율: 0.11

003 ☆☆☆☆☆☆

다음 조건으로 도수율을 구하시오.

- 근로자수: 500명 · 연재해발생건수: 4건 · 사상자: 9명 · 1인당 연근로시간: 3,000시간

$$해 \ 도수율 = \frac{재해건수}{연근로시간수} \cdot 10^6 = \frac{4}{500 \cdot 3,000} \cdot 10^6 = 2.67$$

답 도수율: 2.67

004 ☆

다음 조건으로 도수율을 구하시오.

- 재해건수: 15건 · 요양손실일수: 8,000일
- 재해휴업일수: 300일 · 연근로시간: 4,800,000시간

$$해 \ 도수율 = \frac{재해건수}{연근로시간수} \cdot 10^6 = \frac{15}{4,800,000} \cdot 10^6 = 3.13$$

답 도수율: 3.13

005 ☆☆☆

다음 조건으로 종합재해지수, 도수율과 강도율을 구하시오.

- 평균근로자수: 500명 · 재해건수: 연간 20건 · 근로손실수: 150일 · 휴업일수: 70일
- 근무시간: 1일 8시간 · 근무일수: 연간 300일 · 잔업시간: 인당 연간 50시간

$$해 \ 종합재해지수 = \sqrt{도수율 \cdot 강도율} = \sqrt{16.33 \cdot 0.17} = 1.67$$

$$도수율 = \frac{재해건수}{연근로시간수} \cdot 10^6 = \frac{20}{500 \cdot 8 \cdot 300 + 500 \cdot 50} \cdot 10^6 = 16.33$$

$$강도율 = \frac{총요양근로손실일수}{연근로시간수} \cdot 10^3 = \frac{150 + 70 \cdot \dfrac{300}{365}}{500 \cdot 8 \cdot 300 + 500 \cdot 50} \cdot 10^3 = 0.17$$

$$총요양근로손실일수 = 장해등급에 \ 따른 \ 근로손실일수 + 휴업일수 \cdot \frac{연근로일}{365}$$

답 종합재해지수: 1.67   도수율: 16.33   강도율: 0.17

006 ☆

다음 조건으로 근로자 1명에게 평생동안 몇 건의 요양재해가 발생하는지 구하시오.

| ・연평균근로자: 800명 | ・요양재해건수: 50건 | ・인당 연평균잔업시간: 100시간 |

🔳 기본조건이 없다면 평생근로시간: 10^5시간, 일 8시간 근무, 연 300시간 근무
근로시간 : 재해건수 $= 800 \cdot 8 \cdot 300 + 800 \cdot 100 : 50 = 10^5 : x$

$$x = \frac{50 \cdot 10^5}{800 \cdot 8 \cdot 300 + 800 \cdot 100} = 2.5 ≒ 3건$$

🔳 평생 요양재해발생건수: 3건

007 ☆

다음 조건으로 총요양근로손실일수를 구하시오.

| ・강도율: 0.8 | ・인당 연근로시간: 2,400시간 | ・재해건수: 10건 | ・근로자수: 300명 |

🔳 강도율 $= \dfrac{총요양근로손실일수}{연근로시간수} \cdot 10^3 → 0.8 = \dfrac{총요양근로손실일수}{2,400 \cdot 300} \cdot 10^3$

$→ 총요양근로손실일수 = \dfrac{0.8 \cdot 2,400 \cdot 300}{10^3} = 576일$

🔳 총요양근로손실일수: 576일

008 ☆

다음과 같은 신체장해등급 판정자가 나왔을 때 요양근로손실일수를 구하시오.

| • 사망: 2명 | • 1급: 1명 | • 2급: 1명 | • 3급: 2명 | • 9급: 1명 | • 10급: 4명 |

해 근로손실일수

구분	사망 1~3	신체장해자등급										
		4	5	6	7	8	9	10	11	12	13	14
근로 손실 일수 (일)	7,500	5,500	4,000	3,000	2,200	1,500	1,000	600	400	200	100	50

$\rightarrow 7,500 \cdot (2 + 1 + 1 + 2) + 1,000 \cdot 1 + 600 \cdot 4 = 48,400$일

답 요양근로손실일수: 48,400일

009 ☆

다음과 같은 조건에서 휴업재해율을 구하시오.

- 사업장 내 생산설비에 의한 휴업재해자수: 10명
- 통상 출퇴근 재해에 의한 휴업재해자수: 50명
- 총 휴업재해일수: 300일　　• 임금근로자수: 1,000명　　• 총요양근로손실일수: 500일

해 휴업재해율 $= \dfrac{휴업재해자수}{임금근로자수} \cdot 100 = \dfrac{10}{1,000} \cdot 100 = 1$

※휴업재해자수란 근로복지공단 휴업급여 지급받은 재해자수이다. 다만, 질병에 의한 재해와 사업장 밖의 교통사고(운수업, 음식숙박업은 사업장 밖의 교통사고도 포함) · 체육행사 · 폭력행위 · 통상의 출퇴근으로 발생한 재해는 제외한다.

답 휴업재해율: 1

010 ☆

정전용량 15pF인 도체가 메탄가스와 존재할 경우 폭발 가능한 최소 대전전위(V)를 구하시오.
(단, 메탄의 착화최소에너지는 0.2mJ)

해 $W = \dfrac{1}{2}CV^2 \rightarrow V = \sqrt{\dfrac{2W}{C}} = \sqrt{\dfrac{2 \cdot 0.2 \cdot 10^{-3}}{15 \cdot 10^{-12}}} = 5,163.98\,V$

W: 최소착화에너지(J) C: 정전용량(F) V: 전압(V) $1pF = 10^{-12}F$

답 5,163.98V

011 ☆☆

이황화탄소의 폭발범위가 1.25 ~ 44%일 때 위험도를 구하시오.

해 위험도 $= \dfrac{U-L}{L} = \dfrac{44-1.25}{1.25} = 34.2$

답 위험도: 34.2

012 ☆☆☆

기체의 조성비가 수소 30%, 메탄 45%, 에탄 25%일 때 메탄의 위험도와 혼합기체의 폭발하한값과 폭발상한값을 구하시오.(단, 수소 폭발범위: 4 ~ 75vol%, 메탄 폭발범위: 5 ~ 15vol%, 에탄 폭발범위: 3 ~ 12.5vol%이다.)

해 메탄 위험도 $= \dfrac{U-L}{L} = \dfrac{15-5}{5} = 2$

혼합기체 폭발하한값 $= LEL(\%) = \dfrac{\sum vol\%}{\sum \dfrac{vol\%}{LEL}} = \dfrac{30+45+25}{\dfrac{30}{4}+\dfrac{45}{5}+\dfrac{25}{3}} = 4.03\%$

LEL: 폭발하한계$(\%)$

혼합기체 폭발상한값 $= UEL(\%) = \dfrac{\sum vol\%}{\sum \dfrac{vol\%}{UEL}} = \dfrac{30+45+25}{\dfrac{30}{75}+\dfrac{45}{15}+\dfrac{25}{12.5}} = 18.52\%$

UEL: 폭발상한계$(\%)$

답 메탄 위험도: 2 혼합기체 폭발하한값: 4.03% 혼합기체 폭발상한값: 18.52%

013 ☆

25℃, 1기압에서 CO의 농도가 15ppm이다. 이는 몇 mg/m^3인지 구하시오.

해 $mg/m^3 = \dfrac{ppm \cdot 분자량(mg) \cdot 273K}{m^3 \cdot 22.4ml \cdot (273+℃)K} = \dfrac{15 \cdot 28mg \cdot 273K}{m^3 \cdot 22.4ml \cdot (273+25)K} = 17.18mg/m^3$
  $CO분자량 : 28(C:12, O:16)$

답 $17.18mg/m^3$

014 ☆☆

숫돌 표면속도 2,500m/min이고, 연삭기 숫돌 스펙이 150*30*16일 때, 숫돌회전수(rpm)을 구하시오.

해 $150*30*16 = 외경*두께*내경(mm)$
  $표면(원주)속도 = \pi \cdot 롤러지름 \cdot rpm$
  $\rightarrow rpm = \dfrac{표면(원주)속도}{\pi \cdot 롤러지름} = \dfrac{2,500m \cdot 1,000mm}{\pi \cdot min \cdot 150mm \cdot 1m} = 5,305.16rpm$
  $rpm = 1/\min$

답 숫돌회전수: 5,305.16rpm

015 ☆☆☆☆

1,000rpm으로 회전하는 롤러의 앞면 롤러의 지름이 50cm인 경우 앞면 롤러의 표면속도(m/min)와 관련 규정에 따른 급정지거리(cm)를 구하시오.

해 앞면 롤러의 표면속도에 따른 급정지거리

앞면 롤러의 표면속도(m/min)	급정지거리
30 미만	앞면 롤러 원주의 1/3 이내
30 이상	앞면 롤러 원주의 1/2.5 이내

  $원주 = 원의 둘레 = \pi \cdot 롤러지름$
  $표면(원주)속도 = \pi \cdot 롤러지름 \cdot rpm = \pi \cdot 0.5m \cdot 1,000/\min = 1,570.8m/\min$
  $급정지거리 = \dfrac{\pi \cdot 롤러지름}{2.5} = \dfrac{\pi \cdot 50cm}{2.5} = 62.83cm$

답 표면속도: 1,570.8m/min 급정지거리: 62.83cm

016 ☆

광전자식 방호장치가 설치된 마찰클러치식 기계 프레스에서 급정지 시간이 400ms인 경우 안전 거리(mm)를 구하시오.

해 광전자식/양수조작식 안전거리
$D = 1.6 \cdot (T_L + T_S) = 1.6 \cdot 400 = 640mm$
D : 안전거리(mm) T_L : 급정지기구 작동까지 시간(ms) T_S : 슬라이드 정지까지 시간(ms)

답 안전거리: 640mm

017 ☆☆

둥근톱 두께가 1mm일 때 분할날 두께(mm)와 분할날 두께 관련 공식을 구하시오.

해 분할날의 두께는 둥근톱 두께의 1.1배 이상일 것 → $1 \cdot 1.1 = 1.1mm$
$1.1t_1 \leqq t_2 < b$ (t_1 : 톱 두께, t_2 : 분할날 두께, b : 치진 폭)

답 분할날 두께: 1.1mm   공식: $1.1t_1 \leqq t_2 < b$ (t_1 : 톱 두께, t_2 : 분할날 두께, b : 치진 폭)

018 ☆☆☆☆

보행금지 표지판 배경반사율 80%, 관련 그림 반사율 20%일 때 대비(%)를 구하시오.

해 대비 $= \dfrac{L_b - L_t}{L_b} \cdot 100\% = \dfrac{80 - 20}{80} \cdot 100\% = 75\%$
L_b : 배경반사율 L_t : 표적반사율

답 대비: 75%

019 ☆

화물의 최대중량(kg)을 구하시오.(단, 지게차 중량(G): 1,000kg, a: 1m, b: 1.5m)

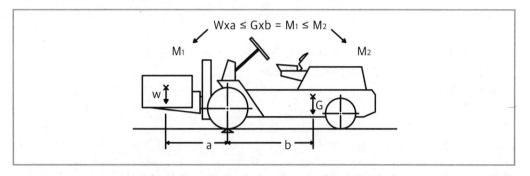

Wxa ≤ Gxb = M₁ ≤ M₂

해 W • a ≤ G ≤ b → W • 1 ≤ 1,000 • 1.5 → W ≤ 1,500

W: 화물 중량   G: 지게차 중량

a: 앞바퀴에서 화물 중심까지의 최단거리   b: 앞바퀴에서 지게차 중심까지의 최단거리

M_1: 화물 모멘트(= W • a) M_2: 지게차 모멘트(= G • b)

답 화물의 최대중량: 1,500kg

020 ☆☆☆

그림과 같이 50kN의 중량물을 와이어 로프를 이용하여 상부에 60°의 각도가 되도록 들어 올릴 때, 로프 하나에 걸리는 하중(T)은 약 몇kN인지 구하시오.

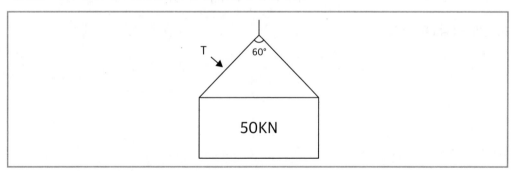

해 $한 로프에 걸리는 하중(kN) = \dfrac{화물무게(kN)}{2 \cdot COS(\dfrac{상부각도}{2})} = \dfrac{50}{2 \cdot COS(\dfrac{60}{2})} = 28.87kN$

답 28.87kN

021 ☆☆

와이어로프 현재지름이 9mm이고, 공칭지름은 10mm이다. 사용가능 여부와 이유를 쓰시오.

📖 법적 와이어로프 사용금지 기준 : 지름의 감소가 공칭지름의 7%를 초과하는 것
지름 감소율 = (10 - 9)/10 = 0.1 = 10% 즉, 3% 더 초과
따라서 사용 불가능!

022 ☆

건구온도 30℃, 습구온도 35℃일 때의 옥스포드(Oxford) 지수(℃)를 구하시오.

📖 Oxford 지수 = 0.85 · 습구온도 + 0.15 · 건구온도 = 0.85 · 35 + 0.15 · 30 = 34.25℃
📋 34.25℃

023 ☆☆

10시간 설비 가동 시 설비고장으로 1시간 정지했을 때 설비고장 강도율(%)을 구하시오.

📖 설비고장 강도율 $= \dfrac{\text{정지시간}}{\text{가동시간}} \cdot 100 = \dfrac{1}{10} \cdot 100 = 10\%$
📋 설비고장 강도율 : 10%

산업안전산업기사 2011~24년

02

필답 서술형
(기출중복문제 소거 정리)

잠깐! 더 효율적인 공부를 위한 링크들을 적극 이용하세요~!

직8딴 홈페이지
- 출시한 책 확인 및 구매

직8딴 카카오오픈톡방
- 실시간 저자의 질문 답변
(주7일 아침 11시~새벽 2시까지, 전화로도 함)
- 직8딴 구매자전용 복지와 혜택 획득
(최소 달에 40만원씩 기프티콘 지급)
- 구매자들과의 소통 및 EHS 관련 정보 습득

직8딴 네이버카페
- 실시간으로 최신화되는 정오표 확인
(정오표: 책 출시 이후 발견된 오타/오류를 모아놓은 표, 매우 중요)
- 공부에 도움되는 컬러버전 그림 및 사진 습득
- 직8딴 구매자전용 복지와 혜택 획득

직8딴 유튜브
- 저자 직접 강의 시청 가능
- 공부 팁 및 암기법 획득
- 국가기술자격증 관련 정보 획득

001 ☆

미끄러운 기름이 기계 주위의 바닥에 퍼져 있어 작업자가 작업 중에 넘어져 기계에 부딪혀 다쳤다. 재해발생형태, 기인물, 가해물, 불안전한 상태를 쓰시오.

📖 재해발생형태 : 넘어짐

기인물 : 기름

가해물 : 기계

불안전한 상태 : 작업장 바닥에 퍼져 있는 기름의 방치

왜 재해형태 부딪힘은 안되나요?

부딪힘(물체에 부딪힘) · 접촉이라 함은 재해자 자신의 움직임, 동작으로 인하여 기인물에 접촉 또는 부딪히거나, 물체가 고정부에서 이탈하지 않은 상태로 움직임(규칙, 불규칙)등에 의하여 부딪히거나, 접촉한 경우

→ 기인물이 기름이다! 그러니 안 됨! 문제 속 상황은 기계(가해물)에 부딪혔다!

002 ☆

작업자가 비계 위에서 벽돌을 쌓고 있다. 그 순간 벽돌을 떨어뜨려 발가락 뼈가 골절된다.

재해분석(재해발생형태/기인물/가해물)을 하시오.

📖 재해발생형태 : 맞음   기인물 : 벽돌   가해물 : 벽돌

003 ☆☆

작업자가 연삭기로 작업을 하다가 숫돌 파편이 튀어 즉사한다. 재해분석(재해발생형태/기인물/가해물)을 하시오.

📋 재해발생형태: 맞음   기인물: 연삭기   가해물: 숫돌 파편

004 ☆

다음 설명에 해당하는 재해발생 형태를 쓰시오.

> 1. 재해자가 구조물 상부에서 넘어져 사람이 떨어져 두개골 골절이 발생한 경우
> 2. 재해자가 떨어져서 물에 빠져 익사한 경우
> 3. 물체 또는 물질이 떨어지거나 날아와 타박상 등의 상해를 입었을 경우

해 1. 재해자가 구조물 상부에서 「넘어짐」으로 인하여 사람이 떨어져 두개골 골절이 발생한 경우에는 「떨어짐」으로 분류한다.
　2. 재해자가 「넘어짐」 또는 「떨어짐」으로 물에 빠져 익사한 경우에는 빠짐·익사로 분류한다.
　3. 물체 또는 물질이 떨어지거나 날아와 타박상 등의 상해를 입었을 경우에는 「맞음」으로 분류한다.

📋 1. 떨어짐   2. 빠짐·익사   3. 맞음

005 ☆

O.J.T 교육의 특징 5가지 쓰시오.

해

O.J.T (On the Job Training)	• 직장 내 교육훈련 • 효과가 바로 업무에 나타남 • 직속상사에 의한 교육가능 • 현장의 관리감독자가 강사가 되어 교육을 한다.	• 직장 실정에 맞게 실제적 훈련 가능 • 개개인에게 적절한 훈련 가능 • 훈련에 필요한 업무의 계속성이 끊어지지 않는다.
OFF.J.T (Off the Job Training)	• 직장 외 교육훈련 • 다수 근로자에게 조직적 훈련 가능 • 특별 교재 사용 가능	• 훈련에만 전념 가능 • 외부 강사 초청 가능 • 많은 지식, 경험을 교류할 수 있다.

답 1. 직속상사에 의한 교육가능
   2. 효과가 바로 업무에 나타남
   3. 개개인에게 적절한 훈련 가능
   4. 직장 실정에 맞게 실제적 훈련 가능
   5. 현장의 관리감독자가 강사가 되어 교육을 한다.

006   ☆

안전관리조직 종류 3가지 쓰시오.

해

종류	라인형(직계형)
구성도	
정의	안전관리 계획부터 실시에 이르기까지 모든 안전 업무를 생산라인 통해 수직적으로 이뤄지는 조직
규모	소규모(100명 이하)

종류	스태프형(참모형)
구성도	
정의	• 안전업무 감독하는 참모를 두고 안전관리 계획조정/조사/검토 등 업무와 현장 기술지원을 담당하도록 편성된 조직 • 스태프 주역할 (1) 실시계획의 추진 (2) 안전관리 계획안의 작성 (3) 정보수집과 주지, 활용
규모	중규모(100~1,000명)

종류	라인-스태프형(직계참모형)
구성도	
정의	라인형과 스태프형 장점을 취한 절충식 조직 형태이며 이상적인 조직
규모	대규모(1,000명 이상)

답 라인형/스태프형/라인-스태프형

007 ☆☆☆☆☆☆

빈칸을 채우시오.

1. 사무직 종사 근로자의 정기교육시간: 매반기 (**A**)시간 이상
2. 일용근로자 및 근로계약기간이 1주일 이하인 기간제근로자의 채용 시의 교육시간: (**B**)시간 이상
3. 일용근로자 및 근로계약기간이 1주일 이하인 기간제근로자의 작업내용 변경 시의 교육시간: (**C**)시간 이상
4. 판매업무에 직접 종사하는 근로자의 정기교육시간: 매반기 (**D**)시간 이상
5. 판매업무에 직접 종사하는 근로자 외 근로자의 정기교육시간: 매반기 (**E**)시간 이상
6. 그 밖의 근로자의 채용 시의 교육시간: (**F**)시간 이상
7. 관리감독자 채용 시 교육시간: (**G**)시간 이상
8. 관리감독자 정기교육시간: 연간 (**H**)시간 이상
9. 관리감독자 작업내용 변경 시 교육시간: (**I**)시간 이상
10. 단기간 작업 또는 간헐적 작업인 경우 관리감독자 특별교육시간: (**J**)시간 이상

해 안전보건교육 교육과정별 교육시간

1. 근로자 안전보건교육

교육과정	교육대상		교육시간
정기교육	사무직 종사 근로자		매반기 6시간 이상
	그 밖의 근로자	판매업무에 직접 종사하는 근로자	매반기 6시간 이상
		판매업무에 직접 종사하는 근로자 외 근로자	매반기 12시간 이상
채용 시 교육	일용근로자 및 근로계약기간이 1주일 이하인 기간제근로자		1시간 이상
	근로계약기간이 1주일 초과 1개월 이하인 기간제근로자		4시간 이상
	그 밖의 근로자		8시간 이상
작업내용 변경시 교육	일용근로자 및 근로계약기간이 1주일 이하인 기간제근로자		1시간 이상
	그 밖의 근로자		2시간 이상
특별교육	**일용근로자 및 근로계약기간이 1주일 이하인 기간제근로자**: 별표 5 제1호라목(타워크레인을 사용하는 작업시 신호업무를 하는 작업자는 제외)에 해당하는 작업에 종사하는 근로자에 한정한다.		2시간 이상
	일용근로자 및 근로계약기간이 1주일 이하인 기간제근로자: 타워크레인을 사용하는 작업시 신호업무를 하는 작업에 종사하는 근로자에 한정한다.		8시간 이상
	일용근로자 및 근로계약기간이 1주일 이하인 기간제근로자를 제외한 근로자: 별표 5 제1호라목에 해당하는 작업에 종사하는 근로자에 한정한다.		- 16시간 이상(최초 작업에 종사하기 전 4시간 이상 실시하고 12시간은 3개월 이내에서 분할해 실시 가능) - 단기간 작업 또는 간헐적 작업인 경우는 2시간 이상
건설업 기초안전 보건교육	건설 일용근로자		4시간 이상

1의2. 관리감독자 안전보건교육

교육과정	교육시간
정기교육	연간 16시간 이상
채용 시 교육	8시간 이상
작업내용 변경 시 교육	2시간 이상
특별교육	- 16시간 이상(최초 작업에 종사하기 전 4시간 이상 실시하고, 12시간은 3개월 이내에서 분할하여 실시 가능) - 단기간 작업 또는 간헐적 작업인 경우에는 2시간 이상

답 A: 6 B: 1 C: 1 D: 6 E: 12 F: 8 G: 8 H: 16 I: 2 J: 2

008 ☆

근로자가 실시하는 안전보건교육 중 신규교육과 보수교육을 모두 실시하는 교육대상자 4종류 쓰시오.

해

교육대상	교육시간	
	신규교육	보수교육
안전보건관리책임자	6시간 이상	6시간 이상
안전관리자, 안전관리전문기관의 종사자	34시간 이상	24시간 이상
보건관리자, 보건관리전문기관의 종사자	34시간 이상	24시간 이상
건설재해 예방전문 지도기관의 종사자	34시간 이상	24시간 이상
석면조사기관의 종사자	34시간 이상	24시간 이상
안전보건관리담당자	-	8시간 이상
안전검사기관, 자율안전검사기관의 종사자	34시간 이상	24시간 이상

답 안전관리자/보건관리자/안전보건관리책임자/안전검사기관 종사자

009 ☆

산업안전보건법령상 근로자 정기교육 내용 4가지 쓰시오.

해

근로자 채용 시 교육 및 작업내용 변경 시 교육내용	특수형태근로종사자에 대한 최초 노무 제공 시 교육내용	관리감독자 정기교육내용	근로자 정기교육내용
-산업안전 및 사고 예방에 관한 사항 -산업보건 및 직업병 예방에 관한 사항 -위험성 평가에 관한 사항 -산업안전보건법령 및 산업재해보상보험 제도에 관한 사항 -직무스트레스 예방 및 관리에 관한 사항 -직장 내 괴롭힘, 고객의 폭언 등으로 인한 건강장해 예방 및 관리에 관한 사항 -기계·기구의 위험성과 작업의 순서 및 동선에 관한 사항 -작업 개시 전 점검에 관한 사항 -정리정돈 및 청소에 관한 사항 -사고 발생 시 긴급조치에 관한 사항 -물질안전보건자료에 관한 사항	-산업안전 및 사고 예방에 관한 사항 -산업보건 및 직업병 예방에 관한 사항 -건강증진 및 질병 예방에 관한 사항 -유해·위험 작업환경 관리에 관한 사항 -산업안전보건법령 및 산업재해보상보험 제도에 관한 사항 -직무스트레스 예방 및 관리에 관한 사항 -직장 내 괴롭힘, 고객의 폭언 등으로 인한 건강장해 예방 및 관리에 관한 사항 -기계·기구의 위험성과 작업의 순서 및 동선에 관한 사항 -작업 개시 전 점검에 관한 사항 -정리정돈 및 청소에 관한 사항 -사고 발생 시 긴급조치에 관한 사항 -물질안전보건자료에 관한 사항 -교통안전 및 운전안전에 관한 사항 -보호구 착용에 관한 사항	-산업안전 및 사고 예방에 관한 사항 -산업보건 및 직업병 예방에 관한 사항 -위험성 평가에 관한 사항 -유해·위험 작업환경 관리에 관한 사항 -산업안전보건법령 및 산업재해보상보험 제도에 관한 사항 -직무스트레스 예방 및 관리에 관한 사항 -직장 내 괴롭힘, 고객의 폭언 등으로 인한 건강장해 예방 및 관리에 관한 사항 -작업공정의 유해·위험과 재해 예방대책에 관한 사항 -사업장 내 안전보건관리 체제 및 안전보건조치 현황에 관한 사항 -표준안전 작업방법 및 지도 요령에 관한 사항 -현장근로자와의 의사소통능력 및 강의능력 등 안전보건교육 능력 배양에 관한 사항 -비상시 또는 재해 발생 시 긴급조치에 관한 사항 -그 밖의 관리감독자의 직무에 관한 사항	-산업안전 및 사고 예방에 관한 사항 -산업보건 및 직업병 예방에 관한 사항 -위험성 평가에 관한 사항 -건강증진 및 질병 예방에 관한 사항 -유해·위험 작업환경 관리에 관한 사항 -산업안전보건법령 및 산업재해보상보험 제도에 관한 사항 -직무스트레스 예방 및 관리에 관한 사항 -직장 내 괴롭힘, 고객의 폭언 등으로 인한 건강장해 예방 및 관리에 관한 사항

답 1. 산업안전보건법령   2. 직무스트레스 예방   3. 산업안전 및 사고 예방   4. 산업보건 및 직업병 예방

010 ☆

가연물이 있는 장소에서 하는 화재위험작업에서 사업자가 근로자에게 하는 특별안전보건 교육내용 4개 쓰시오.

📖 특별교육 대상 작업별 교육

38. 가연물이 있는 장소에서 하는 화재위험작업	1. 작업준비 및 작업절차에 관한 사항 2. 작업장 내 위험물, 가연물의 사용·보관·설치 현황에 관한 사항 3. 화재위험작업에 따른 인근 인화성 액체에 대한 방호조치에 관한 사항 4. 화재위험작업으로 인한 불꽃, 불티 등의 흩날림 방지 조치에 관한 사항 5. 인화성 액체의 증기가 남아 있지 않도록 환기 등의 조치에 관한 사항 6. 화재감시자의 직무 및 피난교육 등 비상조치에 관한 사항 7. 그 밖에 안전·보건관리에 필요한 사항

📝 작업절차/피난교육 등 비상조치/불티 흩날림 방지 조치/작업장 내 가연물 보관 현황

011 ☆

아세틸렌 용접장치 또는 가스집합 용접장치를 사용하는 금속의 용접·용단 또는 가열작업에서 사업자가 근로자에게 하는 특별안전보건 교육내용 5가지 쓰시오.

📖 특별교육 대상 작업별 교육

2. 아세틸렌 용접장치 또는 가스집합 용접장치를 사용하는 금속의 용접·용단 또는 가열작업(발생기·도관 등에 의하여 구성되는 용접장치만 해당한다)	1. 용접 흄, 분진 및 유해광선 등의 유해성에 관한 사항 2. 가스용접기, 압력조정기, 호스 및 취관두(불꽃이 나오는 용접기의 앞부분) 등의 기기점검에 관한 사항 3. 작업방법·순서 및 응급처치에 관한 사항 4. 안전기 및 보호구 취급에 관한 사항 5. 화재예방 및 초기대응에 관한 사항 6. 그 밖에 안전·보건관리에 필요한 사항

📝 작업방법/초기대응/보호구 취급/용접 흄 등의 유해성/가스용접기 등의 기기점검

012 ☆☆☆

산업안전보건법령상 사업주가 근로자에게 실시해야 하는 안전보건교육 중, 화학설비의 탱크 내 작업 시 특별안전보건 교육내용 3가지 쓰시오.(단, 그 밖에 안전·보건관리에 필요한 사항은 제외)

🔲 특별교육 대상 작업별 교육

7. 화학설비의 탱크 내 작업	1. 차단장치·정지장치 및 밸브 개폐장치의 점검에 관한 사항 2. 탱크 내의 산소농도 측정 및 작업환경에 관한 사항 3. 안전보호구 및 이상 발생 시 응급조치에 관한 사항 4. 작업절차·방법 및 유해·위험에 관한 사항 5. 그 밖에 안전·보건관리에 필요한 사항

🔲 밸브 개폐장치 점검/탱크 내 산소농도 측정/이상 발생 시 응급조치

013 ☆☆☆

산업안전보건법령상 사업주가 근로자에게 실시해야 하는 안전보건교육 중, 밀폐공간에서의 작업 시의 특별교육 내용을 3가지 쓰시오.(단, 그 밖에 안전보건관리에 필요한 사항은 제외)

🔲 특별교육 대상 작업별 교육

34. 밀폐공간에서의 작업	1. 산소농도 측정 및 작업환경에 관한 사항 2. 사고 시의 응급처치 및 비상시 구출에 관한 사항 3. 보호구 착용 및 보호 장비 사용에 관한 사항 4. 작업내용 · 안전작업방법 및 절차에 관한 사항 5. 장비 · 설비 및 시설 등의 안전점검에 관한 사항 6. 그 밖에 안전 · 보건관리에 필요한 사항

🔲 보호구 착용/비상시 구출/산소농도 측정

014 ☆

밀폐공간에서 근로자에게 작업하도록 하는 경우, 사업주가 수립 시행해야 하는 밀폐공간 작업 프로그램의 내용 3가지를 쓰시오.

해 사업주는 밀폐공간에서 근로자에게 작업을 하도록 하는 경우 다음 각 호의 내용이 포함된 밀폐공간 작업 프로그램을 수립하여 시행하여야 한다.
  1. 사업장 내 밀폐공간의 위치 파악 및 관리 방안
  2. 밀폐공간 내 질식 · 중독 등을 일으킬 수 있는 유해 · 위험요인의 파악 및 관리 방안
  3. 제2항에 따라 밀폐공간 작업 시 사전 확인이 필요한 사항에 대한 확인 절차
  4. 안전보건교육 및 훈련
  5. 그 밖에 밀폐공간 작업 근로자의 건강장해 예방에 관한 사항

답 안전보건교육/사업장 내 밀폐공간 위치 파악/밀폐공간 내 질식 유발하는 유해위험요인 파악

015 ☆

산업안전보건법상 안전보건관리책임자의 직무 4개 쓰시오.

해 사업주는 사업장을 실질적으로 총괄하여 관리하는 사람(= 안전보건관리책임자)에게 해당 사업장의 다음 각 호의 업무를 총괄하여 관리하도록 하여야 한다.
  1. 사업장의 산업재해 예방계획의 수립에 관한 사항
  2. 안전보건관리규정의 작성 및 변경에 관한 사항
  3. 안전보건교육에 관한 사항
  4. 작업환경측정 등 작업환경의 점검 및 개선에 관한 사항
  5. 근로자의 건강진단 등 건강관리에 관한 사항
  6. 산업재해의 원인 조사 및 재발 방지대책 수립에 관한 사항
  7. 산업재해에 관한 통계의 기록 및 유지에 관한 사항
  8. 안전장치 및 보호구 구입 시 적격품 여부 확인에 관한 사항
  9. 그 밖에 근로자의 유해위험 방지조치에 관한 사항으로서 고용노동부령으로 정하는 사항

답 안전보건교육/작업환경 점검/산업재해 원인 조사/안전보건관리규정 작성

016 ☆☆☆☆☆☆☆

산업안전보건법상 안전관리자의 직무 5개 쓰시오.

해 안전관리자의 업무는 다음 각 호와 같다.
1. 산업안전보건위원회 또는 법에 따른 안전 및 보건에 관한 노사협의체에서 심의 · 의결한 업무와 해당 사업장의 법에 따른 안전보건관리규정 및 취업규칙에서 정한 업무
2. 법에 따른 위험성 평가에 관한 보좌 및 지도 · 조언
3. 법에 따른 안전인증대상기계등과 법에 따른 자율안전확인대상기계등 구입 시 적격품의 선정에 관한 보좌 및 지도 · 조언
4. 해당 사업장 안전교육계획의 수립 및 안전교육 실시에 관한 보좌 및 지도 · 조언
5. 사업장 순회점검, 지도 및 조치 건의
6. 산업재해 발생의 원인 조사 · 분석 및 재발 방지를 위한 기술적 보좌 및 지도 · 조언
7. 산업재해에 관한 통계의 유지 · 관리 · 분석을 위한 보좌 및 지도 · 조언
8. 법 또는 법에 따른 명령으로 정한 안전에 관한 사항의 이행에 관한 보좌 및 지도 · 조언
9. 업무 수행 내용의 기록 · 유지
10. 그 밖에 안전에 관한 사항으로서 고용노동부장관이 정하는 사항
답 1. 사업장 순회점검
2. 업무 수행 내용 기록
3. 위험성 평가에 관한 지도
4. 산업재해 발생 원인 조사
5. 안전교육 실시에 관한 지도

017 ☆☆

가스폭발 위험장소 또는 분진폭발 위험장소에 설치되는 건축물 등에 대해서 해당하는 부분을 내화 구조로 해야 하며 그 성능이 유지될 수 있도록 점검, 보수 등 적절한 조치를 하여야 한다. 이 경우에 해당하는 부분 3가지 쓰시오.

해 사업주는 가스폭발 위험장소 또는 분진폭발 위험장소에 설치되는 건축물 등에 대해서는 다음 각 호에 해당하는 부분을 내화구조로 하여야 하며, 그 성능이 항상 유지될 수 있도록 점검 · 보수 등 적절한 조치를 하여야 한다.
1. 건축물의 기둥 및 보: 지상 1층(지상 1층 높이가 6미터를 초과하는 경우에는 6미터)까지
2. 위험물 저장 · 취급용기의 지지대(높이가 30센티미터 이하인 것은 제외): 지상으로부터 지지대의 끝부분까지
3. 배관 · 전선관 등의 지지대: 지상으로부터 1단(1단의 높이가 6미터를 초과하는 경우에는 6미터)까지
답 1. 건축물 기둥: 지상 1층(높이 6m 초과 시엔 6m)까지
2. 배관 등의 지지대: 지상으로부터 1단(높이 6m 초과 시엔 6m)까지
3. 위험물 취급용기 지지대(높이 30cm 이하 제외): 지상으로부터 지지대 끝부분까지

018 ☆☆

사업주가 구축물등에 대한 구조검토, 안전진단 등의 안전성 평가를 하여 근로자에게 미칠 위험성을 미리 제거해야 하는 경우 2가지 쓰시오.

해 사업주는 구축물등이 다음 각 호의 어느 하나에 해당하는 경우에는 구축물등에 대한 구조검토, 안전진단 등의 안전성 평가를 하여 근로자에게 미칠 위험성을 미리 제거해야 한다.
1. 구축물등의 인근에서 굴착 · 항타작업 등으로 침하 · 균열 등이 발생하여 붕괴의 위험이 예상될 경우
2. 구축물등에 지진, 동해(凍害), 부동침하 등으로 균열 · 비틀림 등이 발생했을 경우
3. 구축물등이 그 자체의 무게 · 적설 · 풍압 또는 그 밖에 부가되는 하중 등으로 붕괴 등의 위험이 있을 경우
4. 화재 등으로 구축물등의 내력(耐力)이 심하게 저하됐을 경우
5. 오랜 기간 사용하지 않던 구축물등을 재사용하게 되어 안전성을 검토해야 하는 경우
6. 구축물등의 주요구조부(「건축법」에 따른 주요구조부를 말한다. 이하 같다)에 대한 설계 및 시공 방법의 전부 또는 일부를 변경하는 경우
7. 그 밖의 잠재위험이 예상될 경우

답 1. 구축물등에 지진 등으로 균열 등이 발생했을 경우
2. 화재 등으로 구축물 내력이 심하게 저하됐을 경우

019 ☆☆☆

산업재해 예방을 위해 종합적인 개선조치를 할 필요가 있다고 인정되는 사업장의 사업주에게 안전보건개선계획을 수립하라 명할 수 있는 경우 2가지 쓰시오.(단, 법에 따른 유해인자의 노출기준을 초과한 사업장은 제외)

해 안전보건개선계획을 수립할 대상
고용노동부장관은 다음 각 호의 어느 하나에 해당하는 사업장으로서 산업재해 예방을 위하여 종합적인 개선조치를 할 필요가 있다고 인정되는 사업장의 사업주에게 고용노동부령으로 정하는 바에 따라 그 사업장, 시설, 그 밖의 사항에 관한 안전 및 보건에 관한 개선계획(이하 "안전보건개선계획"이라 한다)을 수립하여 시행할 것을 명할 수 있다.
1. 산업재해율이 같은 업종의 규모별 평균 산업재해율보다 높은 사업장
2. 사업주가 필요한 안전조치 또는 보건조치를 이행하지 아니하여 중대재해 발생한 사업장
3. 직업성 질병자가 연간 2명 이상 발생한 사업장
4. 법에 따른 유해인자의 노출기준을 초과한 사업장

답 1. 직업성 질병자가 연간 2명 이상 발생한 사업장
2. 산업재해율이 같은 업종의 규모별 평균 산업재해율보다 높은 사업장

020   ☆☆☆☆☆☆

산업재해 예방을 위해 종합적인 개선조치를 할 필요가 있다고 인정되는 사업장의 사업주에게 안전보건진단을 받아 안전보건개선계획을 수립하라 명할 수 있는 경우 4가지 쓰시오.

해 안전보건진단을 받아 안전보건개선계획을 수립할 대상
   1. 산업재해율이 같은 업종 평균 산업재해율의 2배 이상인 사업장
   2. 사업주가 필요한 안전조치 또는 보건조치를 이행하지 아니하여 중대재해 발생한 사업장
   3. 직업성 질병자가 연간 2명 이상(상시근로자 1천명 이상 사업장의 경우 3명 이상) 발생한 사업장
   4. 그 밖에 작업환경 불량, 화재 · 폭발 또는 누출 사고 등으로 사업장 주변까지 피해가 확산된 사업장으로서 고용노동부령으로 정하는 사업장
답 1. 누출 사고 등으로 사업장 주변까지 피해가 확산된 사업장
   2. 산업재해율이 같은 업종 평균 산업재해율의 2배 이상인 사업장
   3. 사업주가 필요한 안전조치를 이행하지 않아 중대재해 발생한 사업장
   4. 직업성 질병자가 연간 2명 이상(상시근로자 1천명 이상 사업장 경우 3명 이상) 발생한 사업장

021   ☆

산업재해 예방을 위해 종합적인 개선조치를 할 필요가 있다고 인정되는 사업장의 사업주에게 안전보건진단을 받아 안전보건개선계획을 수립하라 명할 수 있는 경우에 대한 내용이다.

빈칸을 채우시오.

> - 산업재해율이 같은 업종 평균 산업재해율의 (**A**) 이상인 사업장
> - 직업성 질병자가 연간 (**B**) 이상(상시근로자 1천명 이상 사업장의 경우 **C** 이상) 발생한 사업장

해 윗 해설 참조
답 A: 2배   B: 2명   C: 3명

022 ☆☆

안전보건개선계획 관련 내용이다. 빈칸을 채우시오.

> - 법에 따라 안전보건개선계획서를 제출해야 하는 사업주는 법에 따른 안전보건개선계획서 수립 · 시행 명령을 받은 날부터 (**A**) 이내에 관할 지방고용노동관서의 장에게 해당 계획서를 제출(전자문서로 제출하는 것을 포함한다)해야 한다.
> - 지방고용노동관서의 장이 안전보건개선계획서를 접수한 경우에는 접수일부터 (**B**) 이내에 심사하여 사업주에게 그 결과를 알려야 한다.

해 – 법에 따라 안전보건개선계획서를 제출해야 하는 사업주는 법에 따른 안전보건개선계획서 수립 · 시행 명령을 받은 날부터 60일 이내에 관할 지방고용노동관서의 장에게 해당 계획서를 제출(전자문서로 제출하는 것을 포함한다)해야 한다.
   – 지방고용노동관서의 장이 안전보건개선계획서를 접수한 경우에는 접수일부터 15일 이내에 심사하여 사업주에게 그 결과를 알려야 한다.

답 A : 60일   B : 15일

023 ☆☆

안전보건개선계획서 포함사항 4가지 쓰시오.

해 안전보건개선계획서에는 시설, 안전보건관리체제, 안전보건교육, 산업재해 예방 및 작업환경의 개선을 위하여 필요한 사항이 포함되어야 한다.

답 시설/안전보건교육/산업재해 예방/안전보건관리체제

024 ☆☆

산업안전보건법상 사업장에 안전보건관리규정을 작성할 때 포함되어야 할 사항 4개 쓰시오.

🗌 사업주는 사업장의 안전 및 보건을 유지하기 위하여 다음 각 호의 사항이 포함된 안전보건 관리규정을 작성하여야 한다.

　1. 안전 및 보건에 관한 관리조직과 그 직무에 관한 사항

　2. 안전보건교육에 관한 사항

　3. 작업장의 안전 및 보건 관리에 관한 사항

　4. 사고조사 및 대책 수립에 관한 사항

🗌 사고조사/안전보건교육/작업장 안전보건관리/안전보건 관리조직 직무

025 ☆☆

차량계 건설기계의 작업계획서 내용 3개 쓰시오.

🗌 작업계획서 내용

3. 차량계 건설기계를 사용하는 작업	1. 사용하는 차량계 건설기계의 종류 및 성능 2. 차량계 건설기계의 운행경로 3. 차량계 건설기계에 의한 작업방법

🗌 차량계 건설기계 운행경로/차량계 건설기계 작업방법/사용하는 차량계 건설기계 종류

026 ☆☆

교량작업 시 작업계획서 내용 5가지 쓰시오.

🗹 작업계획서 내용

8. 교량작업	1. 작업 방법 및 순서 2. 부재(部材)의 낙하 · 전도 또는 붕괴를 방지하기 위한 방법 3. 작업에 종사하는 근로자의 추락 위험을 방지하기 위한 안전조치 방법 4. 공사에 사용되는 가설 철구조물 등의 설치 · 사용 · 해체 시 안전성 검토 방법 5. 사용하는 기계 등의 종류 및 성능, 작업방법 6. 작업지휘자 배치계획 7. 그 밖에 안전 · 보건에 관련된 사항

🗹 1. 작업 방법
   2. 사용 기계 종류
   3. 부재 낙하 방지 방법
   4. 작업지휘자 배치계획
   5. 근로자 추락 방지위한 안전조치 방법

027 ☆☆

건물 해체 작업 시 작업계획서 포함사항 4개 쓰시오.

🗹 작업계획서 내용

10. 건물 등의 해체작업	1. 해체의 방법 및 해체 순서도면 2. 가설설비 · 방호설비 · 환기설비 및 살수 · 방화설비 등의 방법 3. 사업장 내 연락방법 4. 해체물의 처분계획 5. 해체작업용 기계 · 기구 등의 작업계획서 6. 해체작업용 화약류 등의 사용계획서 7. 그 밖에 안전 · 보건에 관련된 사항

🗹 해체방법/방호설비 방법/해체물 처분계획/사업장 내 연락방법

028 ☆

터널 굴착작업 시 작업계획서 포함사항 4개 쓰시오.

🗎 작업계획서 내용

7. 터널 굴착작업	1. 굴착의 방법 2. 터널지보공 및 복공(覆工)의 시공방법과 용수(湧水)의 처리방법 3. 환기 또는 조명시설을 설치할 때에는 그 방법

📋 굴착 방법/복공 시공방법/용수 처리방법/환기시설 설치방법

029 ☆☆

산업안전보건법에서 산업재해 발생 시 사업주가 기록, 보존해야 하는 사항 4가지 쓰시오.

🗎 사업주는 산업재해가 발생한 때에는 법에 따라 다음 각 호의 사항을 기록 · 보존해야 한다. 다만, 법에 따른 산업재해조사표의 사본을 보존하거나 법에 따른 요양신청서의 사본에 재해 재발방지 계획을 첨부하여 보존한 경우에는 그렇지 않다.
   1. 사업장의 개요 및 근로자의 인적사항
   2. 재해 발생의 일시 및 장소
   3. 재해 발생의 원인 및 과정
   4. 재해 재발방지 계획

📋 사업장 개요/재해 발생 일시/재해 발생 원인/재해 재발방지 계획

030 ☆

산업재해 조사표 항목에서 건설업만 작성하는 항목을 고르시오.

- 발주자
- 공정률
- 원수급 사업장명
- 휴대전화
- 근무형태
- 상해종류
- 공사현장명

해

산업재해 조사표

답 발주자/공정률/원수급 사업장명/공사현장명

031 ☆☆☆

산업안전보건법에 따른 산업안전보건위원회의 심의, 의결사항 4개 쓰시오.

해 사업주는 다음 각 호의 사항에 대해서는 제1항에 따른 산업안전보건위원회(이하 "산업안전보건위원회"라 한다)의 심의 · 의결을 거쳐야 한다.

1. 사업장의 산업재해 예방계획의 수립에 관한 사항
2. 안전보건관리규정의 작성 및 변경에 관한 사항
3. 안전보건교육에 관한 사항
4. 작업환경측정 등 작업환경의 점검 및 개선에 관한 사항
5. 근로자의 건강진단 등 건강관리에 관한 사항
6. 산업재해의 원인 조사 및 재발 방지대책 수립에 관한 사항 중 중대재해에 관한 사항
7. 유해하거나 위험한 기계 · 기구 · 설비를 도입한 경우 안전보건 관련 조치에 관한 사항
8. 그 밖에 해당 사업장 근로자의 안전 및 보건을 유지 · 증진시키기 위하여 필요한 사항

답 안전보건교육/작업환경 점검/산업재해 원인 조사/안전보건관리규정 작성

032   ☆☆

공정흐름도 포함사항 3가지 쓰시오.

🗐 공정흐름도(Process Flow Diagram, PFD)에는 주요 동력기계, 장치 및 설비의 표시 및 명칭, 주요 계장설비 및 제어설비, 물질 및 열 수지, 운전온도 및 운전압력 등의 사항들이 포함되어야 한다.

🗐 열 수지/운전온도/주요 제어설비

033   ☆☆☆

산업안전보건법상 보호구 안전인증 제품의 표시사항 5개 쓰시오.

🗐 안전인증제품에는 법에 따른 표시 외에 다음 각 호의 사항을 표시한다.
    1. 형식 또는 모델명   2. 규격 또는 등급 등   3. 제조자명   4. 제조번호 및 제조연월   5. 안전인증 번호

🗐 형식/규격/제조자명/제조연월/안전인증 번호

034   ☆☆

연삭기 덮개에 자율안전확인 표시에 따른 표시 외에 추가해야 할 표시사항 2가지 쓰시오.

🗐 자율안전확인 연삭기 덮개에는 자율안전확인의 표시에 따른 표시 외에 다음 각 목의 사항을 추가로 표시하여야 한다.
    가. 숫돌사용 주속도   나. 숫돌회전방향

🗐 숫돌회전방향/숫돌사용 주속도

035   ☆☆

안전인증 파열판에 안전인증 표시에 따른 표시 외에 추가해야 할 표시사항 5가지 쓰시오.

해 안전인증 파열판에는 안전인증의 표시에 따른 표시 외에 다음 각 목의 내용을 추가로 표시해야 한다.
　가. 호칭지름
　나. 용도(요구성능)
　다. 설정파열압력(MPa) 및 설정온도(℃)
　라. 분출용량(kg/h) 또는 공칭분출계수
　마. 파열판의 재질
　바. 유체의 흐름방향 지시
답 용도/호칭지름/설정온도/분출용량/파열판 재질

036   ☆☆

방독마스크에 안전인증 표시 외 추가표시사항 3가지를 쓰시오.

해 안전인증 방독마스크에는 규칙 안전인증의 표시에 따른 표시 외에 다음 각 목의 내용을 추가로 표시해야 한다.
　가. 파과곡선도　　　　　　　　　　　　나. 사용시간 기록카드
　다. 정화통의 외부측면의 표시 색　　　　라. 사용상의 주의사항
　"파과"란 대응하는 가스에 대하여 정화통 내부의 흡착제가 포화상태가 되어 흡착능력을 상실한 상태
답 파과곡선도/사용상 주의사항/사용시간 기록카드

037   ☆

관리대상 유해물질을 취급하는 작업장의 보기 쉬운 장소의 게시사항 5개 쓰시오.

해 사업주는 관리대상 유해물질을 취급하는 작업장의 보기 쉬운 장소에 다음 각 호의 사항을 게시하여야 한다.
　1. 관리대상 유해물질의 명칭　　　2. 인체에 미치는 영향　　　　3. 취급상 주의사항
　4. 착용하여야 할 보호구　　　　　5. 응급조치와 긴급 방재 요령
답 인체 영향/착용 보호구/응급조치 요령/취급상 주의사항/관리대상 유해물질명

038   ☆☆

새로운 MSDS대상 물질이 들어올 시 작업장에서 취급하는 대상 화학물질의 물질안전보건자료에 해당되는 내용을 근로자에게 교육해야 한다. 근로자에게 실시하는 교육사항 4개 쓰시오.

📖 물질안전보건자료에 관한 교육내용
　　1. 대상화학물질의 명칭(또는 제품명)　　2. 물리적 위험성 및 건강 유해성
　　3. 취급상 주의사항　　　　　　　　　　　4. 적절한 보호구
　　5. 응급조치 요령 및 사고시 대처방법　　6. 물질안전보건자료 및 경고표지를 이해하는 방법

📝 적절 보호구/응급조치 요령/취급상 주의사항/대상화학물질명

039   ☆

물질안전보건자료(MSDS) 작성 시 포함사항 6개 쓰시오. (단, 화학제품과 회사에 관한 정보/구성성분의 명칭 및 함유량/취급 및 저장방법/물리화학적 특성/폐기 시 주의사항은 제외)

📖 물질안전보건자료 작성 시 포함되어야 할 항목 및 그 순서는 다음 각 호에 따른다.
　　1. 화학제품과 회사에 관한 정보　　2. 유해성·위험성　　　　　3. 구성성분 명칭, 함유량
　　4. 응급조치 요령　　　　　　　　　5. 폭발·화재시 대처방법　　6. 누출사고시 대처방법
　　7. 취급 및 저장방법　　　　　　　　8. 노출방지 및 개인보호구　9. 물리화학적 특성
　　10. 안정성 및 반응성　　　　　　　　11. 독성에 관한 정보　　　 12. 환경에 미치는 영향
　　13. 폐기 시 주의사항　　　　　　　　14. 운송에 필요한 정보　　 15. 법적규제 현황
　　16. 그 밖의 참고사항

📝 응급조치 요령/법적규제 현황/독성에 관한 정보/환경에 미치는 영향/운송에 필요한 정보/누출사고시 대처방법

040   ☆☆☆

공정안전보고서 포함사항 4개 쓰시오.

📖 법에 따른 공정안전보고서에는 다음 각 호의 사항이 포함되어야 한다.
　　1. 공정안전자료　　2. 공정위험성 평가서　　3. 안전운전계획　　4. 비상조치계획
　　5. 그 밖에 공정상의 안전과 관련해 고용노동부장관이 필요하다고 인정하여 고시하는 사항

📝 공정안전자료/안전운전계획/비상조치계획/공정위험성 평가서

041 ☆☆☆

로봇의 작동 범위에서 그 로봇에 관하여 교시의 작업시작 전 점검사항 3개 쓰시오

해

2. 로봇의 작동 범위에서 그 로봇에 관하여 교시 등(로봇의 동력원을 차단하고 하는 것은 제외한다)의 작업 할 때	1. 외부 전선의 피복 또는 외장의 손상 유무 2. 매니퓰레이터(manipulator) 작동의 이상 유무 3. 제동장치 및 비상정지장치의 기능

📋 제동장치 기능/외부 전선 피복 손상 유무/매니퓰레이터 작동 이상 유무

042 ☆☆☆

지게차, 구내운반차 사용 작업 시 작업시작 전 점검사항 4개 쓰시오.

해

9. 지게차를 사용하여 작업을 하는 때	1. 제동장치 및 조종장치 기능의 이상 유무 2. 하역장치 및 유압장치 기능의 이상 유무 3. 바퀴의 이상 유무 4. 전조등 · 후미등 · 방향지시기 및 경보장치 기능의 이상 유무
10. 구내운반차를 사용하여 작업을 할 때	1. 제동장치 및 조종장치 기능의 이상 유무 2. 하역장치 및 유압장치 기능의 이상 유무 3. 바퀴의 이상 유무 4. 전조등 · 후미등 · 방향지시기 및 경음기 기능의 이상 유무 5. 충전장치를 포함한 홀더 등의 결합상태의 이상 유무

📋 바퀴 이상 유무/전조등 기능 이상 유무/제동장치 기능 이상 유무/하역장치 기능 이상 유무

043 ☆☆

크레인 사용하는 작업할 때 작업시작 전 점검사항 3개 쓰시오.

해

4. 크레인을 사용하여 작업을 하는 때	1. 권과방지장치 · 브레이크 · 클러치 및 운전장치의 기능 2. 주행로의 상측 및 트롤리(trolley)가 횡행하는 레일의 상태 3. 와이어로프가 통하고 있는 곳의 상태

📋 권과방지장치 기능/주행로 상측 레일 상태/와이어로프 통하는 곳 상태

044 ☆☆

슬링 등을 사용하여 작업을 할 때 작업시작 전 점검사항 2개 쓰시오.

해

| 18. 슬링 등을 사용하여 작업을 할 때 | 가. 훅이 붙어 있는 슬링 · 와이어슬링 등이 매달린 상태 |
| | 나. 슬링 · 와이어슬링 등의 상태(작업시작 전 및 작업 중 수시로 점검) |

답 슬링 상태(작업시작 전 수시로 점검)/훅 붙어 있는 슬링 매달린 상태

045 ☆☆☆☆☆

공기압축기 가동 시 작업시작 전 점검사항 5개 쓰시오.

해

3. 공기압축기를 가동할 때	1. 공기저장 압력용기의 외관 상태
	2. 드레인 밸브(drain valve)의 조작 및 배수
	3. 압력방출장치의 기능
	4. 언로드 밸브(unloading valve)의 기능
	5. 윤활유의 상태
	6. 회전부의 덮개 또는 울
	7. 그 밖의 연결 부위의 이상 유무

답 윤활유 상태/회전부 덮개/언로드 밸브 기능/드레인 밸브 조작/압력방출장치 기능

046 ☆☆☆☆

비, 눈으로 작업을 중지시킨 후 또는 비계를 조립, 해체하거나 변경한 후 그 비계에서 작업을 하는 경우 작업시작 전 점검사항 4개 쓰시오.

해 사업주는 비, 눈, 그 밖의 기상상태의 악화로 작업을 중지시킨 후 또는 비계를 조립 · 해체하거나 변경한 후에 그 비계에서 작업을 하는 경우에는 해당 작업을 시작하기 전에 다음 각 호의 사항을 점검하고, 이상을 발견하면 즉시 보수하여야 한다.
1. 발판 재료의 손상 여부 및 부착 또는 걸림 상태
2. 해당 비계의 연결부 또는 접속부의 풀림 상태
3. 연결 재료 및 연결 철물의 손상 또는 부식 상태
4. 손잡이의 탈락 여부
5. 기둥의 침하, 변형, 변위(變位) 또는 흔들림 상태
6. 로프의 부착 상태 및 매단 장치의 흔들림 상태

답 기둥 침하 상태/로프 부착 상태/손잡이 탈락 여부/발판재료 부착 상태

047 ☆

인화성 가스가 존재하여 폭발이나 화재가 발생할 위험이 있는 경우나 지하철도 공사를 시행하는 사업주는 터널굴착 등으로 인하여 도시가스관이 노출된 경우에 설치하는 자동경보장치에 대해 작업시작 전 점검사항 3가지 쓰시오.

해 사업주는 법에 따른 자동경보장치에 대하여 당일 작업 시작 전 다음 각 호의 사항을 점검하고 이상을 발견하면 즉시 보수하여야 한다.
1. 계기의 이상 유무
2. 검지부의 이상 유무
3. 경보장치의 작동상태

답 계기 이상 유무/검지부 이상 유무/경보장치 작동상태

048 ☆☆☆

흙막이 지보공 설치 시 정기적으로 보수하고 점검해야 할 사항 4개 쓰시오.

🔠 사업주는 흙막이 지보공을 설치하였을 때에는 정기적으로 다음 각 호의 사항을 점검하고 이상을 발견하면 즉
시 보수하여야 한다.
  1. 부재의 손상 · 변형 · 부식 · 변위 및 탈락의 유무와 상태
  2. 버팀대의 긴압(緊壓)의 정도
  3. 부재의 접속부 · 부착부 및 교차부의 상태
  4. 침하의 정도
🔠 침하 정도/부재 손상 유무/부재 접속부 상태/버팀대 긴압 정도

049 ☆☆☆

사업장에 승강기 설치·조립·수리 또는 해체 작업 시 사업주의 조치사항 3가지 쓰시오.

🔠 사업주는 사업장에 승강기의 설치 · 조립 · 수리 · 점검 또는 해체 작업을 하는 경우 다음 각 호의 조치를 해야
한다.
  1. 작업을 지휘하는 사람을 선임하여 그 사람의 지휘하에 작업을 실시할 것
  2. 작업을 할 구역에 관계 근로자가 아닌 사람의 출입을 금지하고 그 취지를 보기 쉬운 장소에 표시할 것
  3. 비, 눈, 그 밖에 기상상태 불안정으로 날씨가 몹시 나쁜 경우에는 그 작업 중지시킬 것
🔠 1. 날씨가 몹시 나쁜 경우 작업 중지시킬 것
  2. 작업지휘자 선임해 그 사람 지휘하에 작업 실시할 것
  3. 작업구역에 관계자 외 출입금지하고, 그 취지를 보기 쉬운 곳에 표시할 것

050 ☆

터널에서 낙반 등에 의해 근로자에게 위험을 미칠 우려가 있을 때 위험을 방지하기 위하여 필요
한 조치사항 3가지 쓰시오.

🔠 사업주는 터널 등의 건설작업을 하는 경우에 낙반 등에 의하여 근로자가 위험해질 우려가 있는 경우에 터널
지보공 및 록볼트의 설치, 부석(浮石)의 제거 등 위험을 방지하기 위하여 필요한 조치를 하여야 한다.
🔠 부석 제거/록볼트 설치/터널 지보공 설치

051 ☆

굴착작업 시 토사등의 붕괴 또는 낙하에 의하여 근로자에게 위험을 미칠 우려가 있는 경우 사업주의 조치사항 3가지 쓰시오.

해 사업주는 굴착작업 시 토사등의 붕괴 또는 낙하에 의하여 근로자에게 위험을 미칠 우려가 있는 경우에는 미리 흙막이 지보공의 설치, 방호망의 설치 및 근로자의 출입 금지 등 그 위험을 방지하기 위하여 필요한 조치를 해야 한다.

답 방호망 설치/근로자 출입금지/흙막이 지보공 설치

052 ☆

사업주가 공장을 지을 때 가스 장치실을 설치하려 한다. 가스 장치실 설계 시 고려해야 하는 구조(= 준수사항) 3개 쓰시오.

해 사업주는 가스 장치실을 설치하는 경우에 다음 각 호의 구조로 설치하여야 한다.
   1. 가스가 누출된 경우에는 그 가스가 정체되지 않도록 할 것
   2. 지붕과 천장에는 가벼운 불연성 재료를 사용할 것
   3. 벽에는 불연성 재료를 사용할 것

답 1. 벽에는 불연성 재료 사용할 것
   2. 천장에는 가벼운 불연성 재료 사용할 것
   3. 가스 누출 시 가스가 정체되지 않도록 할 것

053 ☆

산업안전보건법상 방호조치 해체 시 사업주와 근로자가 해야 할 안전보건조치 1가지 쓰시오.

해 방호조치 해체 등에 필요한 안전조치 및 보건조치는 다음 각 호에 따른다.
   1. 방호조치를 해체하려는 경우: 사업주의 허가를 받아 해체할 것
   2. 방호조치 해체 사유가 소멸된 경우: 방호조치를 지체없이 원상으로 회복시킬 것
   3. 방호조치의 기능이 상실된 것을 발견한 경우: 지체없이 사업주에게 신고할 것

답 사업주 허가 받아 해체할 것

054 ☆☆

비계 조립 시 벽이음 및 버팀 조립 간격 관련 내용이다. 빈칸을 채우시오.

강관비계 종류	조립간격(m)	
	수직방향	수평방향
단관비계	(A)	5
틀비계(높이 5m 미만 제외)	(B)	(C)

🖩 강관비계 조립간격

강관비계 종류	조립간격(m)	
	수직방향	수평방향
단관비계	5	5
틀비계(높이 5m 미만 제외)	6	8

🗒 A : 5 B : 6 C : 8

055 ☆

말비계 조립 시 사업주의 준수사항이다. 빈칸을 채우시오.

1. 지주부재(支柱部材)의 하단에는 (A)를 하고, 근로자가 양측 끝부분에 올라서서 작업하지 않도록 할 것
2. 지주부재와 수평면의 기울기를 (B)도 이하로 하고, 지주부재와 지주부재 사이를 고정시키는 (C)를 설치할 것
3. 말비계의 높이가 (D)미터를 초과하는 경우에는 작업발판의 폭을 (E)센티미터 이상으로 할 것

🖩 사업주는 말비계를 조립하여 사용하는 경우에 다음 각 호의 사항을 준수하여야 한다.
1. 지주부재(支柱部材)의 하단에는 미끄럼 방지장치를 하고, 근로자가 양측 끝부분에 올라서서 작업하지 않도록 할 것
2. 지주부재와 수평면의 기울기를 75도 이하로 하고, 지주부재와 지주부재 사이를 고정시키는 보조부재를 설치할 것
3. 말비계 높이가 2미터를 초과하는 경우에는 작업발판의 폭을 40센티미터 이상으로 할 것

🗒 A : 미끄럼 방지장치 B : 75 C : 보조부재 D : 2 E : 40

056 ☆

비계높이 2m 이상인 경우 설치하는 작업발판에 대한 내용이다. 빈칸을 채우시오.

> 1. 추락의 위험이 있는 장소에는 (**A**)을 설치할 것. 다만, 작업의 성질상 안전난간을 설치하는 것이 곤란한 경우, 작업의 필요상 임시로 안전난간을 해체할 때에 (**B**)을 설치하거나 근로자로 하여금 (**C**)를 사용하도록 하는 등 추락위험 방지 조치를 한 경우에는 그러하지 아니하다.
> 2. 작업발판의 폭은 (**D**)cm 이상으로 하고, 발판재료간 틈은 (**E**)cm 이하로 할 것

🈂 사업주는 비계(달비계, 달대비계 및 말비계는 제외한다)의 높이가 2미터 이상인 작업장소에 다음 각 호의 기준에 맞는 작업발판을 설치하여야 한다.

1. 발판재료는 작업할 때의 하중을 견딜 수 있도록 견고한 것으로 할 것
2. 작업발판의 폭은 40센티미터 이상으로 하고, 발판재료 간의 틈은 3센티미터 이하로 할 것. 다만, 외줄비계의 경우에는 고용노동부장관이 별도로 정하는 기준에 따른다.
3. 제2호에도 불구하고 선박 및 보트 건조작업의 경우 선박블록 또는 엔진실 등의 좁은 작업공간에 작업발판을 설치하기 위하여 필요하면 작업발판의 폭을 30센티미터 이상으로 할 수 있고, 걸침비계의 경우 강관기둥 때문에 발판재료 간의 틈을 3센티미터 이하로 유지하기 곤란하면 5센티미터 이하로 할 수 있다. 이 경우 그 틈 사이로 물체 등이 떨어질 우려가 있는 곳에는 출입금지 등의 조치를 하여야 한다.
4. 추락의 위험이 있는 장소에는 안전난간을 설치할 것. 다만, 작업의 성질상 안전난간을 설치하는 것이 곤란한 경우, 작업의 필요상 임시로 안전난간을 해체할 때에 추락방호망을 설치하거나 근로자로 하여금 안전대를 사용하도록 하는 등 추락위험 방지 조치를 한 경우에는 그러하지 아니하다.
5. 작업발판의 지지물은 하중에 의하여 파괴될 우려가 없는 것을 사용할 것
6. 작업발판 재료는 뒤집히거나 떨어지지 않도록 둘 이상의 지지물에 연결하거나 고정시킬 것
7. 작업발판을 작업에 따라 이동시킬 경우에는 위험방지에 필요한 조치를 할 것

🈷 A: 안전난간   B: 추락방호망   C: 안전대   D: 40   E: 3

057 ☆☆☆

차량계 하역운반기계 운전자가 운전위치를 이탈하고자 할 때 운전자 준수사항 2개 쓰시오.

🈂 사업주는 차량계 하역운반기계등, 차량계 건설기계의 운전자가 운전위치를 이탈하는 경우 해당 운전자에게 다음 각 호의 사항을 준수하도록 하여야 한다.

1. 포크, 버킷, 디퍼 등의 장치를 가장 낮은 위치 또는 지면에 내려둘 것
2. 원동기를 정지시키고 브레이크를 확실히 거는 등 차량계 하역운반기계등, 차량계 건설기계의 갑작스러운 이동을 방지하기 위한 조치를 할 것
3. 운전석을 이탈하는 경우에는 시동키를 운전대에서 분리시킬 것. 다만, 운전석에 잠금장치를 하는 등 운전자가 아닌 사람이 운전하지 못하도록 조치한 경우는 그러하지 아니하다.

🈷 포크 등을 지면에 내려둘 것/갑작스러운 이동 방지하기 위한 조치할 것

058 ☆☆☆

항타기 또는 항발기 무너짐 방지에 대한 내용이다. 빈칸을 채우시오.

> 사업주는 동력을 사용하는 항타기 또는 항발기에 대하여 무너짐을 방지하기 위하여 다음 각 호의 사항을 준수해야 한다.
> 1. 연약한 지반에 설치하는 경우에는 아웃트리거 · 받침 등 지지구조물의 침하를 방지하기 위하여 (A) 등을 사용할 것
> 2. 시설 또는 가설물 등에 설치하는 경우에는 그 내력을 확인하고 내력이 부족하면 그 내력을 보강할 것
> 3. 아웃트리거 · 받침 등 지지구조물이 미끄러질 우려가 있는 경우에는 (B) 등을 사용하여 해당 지지구조물을 고정시킬 것
> 4. 궤도 또는 차로 이동하는 항타기 또는 항발기에 대해서는 불시에 이동하는 것을 방지하기 위하여 (C) 등으로 고정시킬 것
> 5. 상단 부분은 버팀대 · 버팀줄로 고정하여 안정시키고, 그 하단 부분은 견고한 (D) 등으로 고정시킬 것

해 사업주는 동력을 사용하는 항타기 또는 항발기에 대하여 무너짐을 방지하기 위하여 다음 각 호의 사항을 준수해야 한다.
　1. 연약한 지반에 설치하는 경우에는 아웃트리거 · 받침 등 지지구조물의 침하를 방지하기 위하여 <mark>깔판 · 받침목</mark> 등을 사용할 것
　2. 시설 또는 가설물 등에 설치하는 경우에는 그 내력을 확인하고 내력이 부족하면 그 내력을 보강할 것
　3. 아웃트리거 · 받침 등 지지구조물이 미끄러질 우려가 있는 경우에는 <mark>말뚝 또는 쐐기</mark> 등을 사용하여 해당 지지구조물을 고정시킬 것
　4. 궤도 또는 차로 이동하는 항타기 또는 항발기에 대해서는 불시에 이동하는 것을 방지하기 위하여 <mark>레일 클램프(rail clamp) 및 쐐기</mark> 등으로 고정시킬 것
　5. 상단 부분은 버팀대 · 버팀줄로 고정하여 안정시키고, 그 하단 부분은 견고한 <mark>버팀 · 말뚝 또는 철골</mark> 등으로 고정시킬 것

답 A: 깔판, 받침목　B: 말뚝, 쐐기　C: 레일 클램프, 쐐기　D: 버팀, 말뚝, 철골

059 ☆

항타기 조립하거나 해체하는 경우 사업주가 점검해야 할 점검사항 4가지 쓰시오.

🎴 사업주는 항타기 또는 항발기를 조립하거나 해체하는 경우 다음 각 호의 사항을 점검해야 한다.
1. 본체 연결부의 풀림 또는 손상의 유무
2. 권상용 와이어로프 · 드럼 및 도르래의 부착상태의 이상 유무
3. 권상장치의 브레이크 및 쐐기장치 기능의 이상 유무
4. 권상기의 설치상태의 이상 유무
5. 리더(leader)의 버팀 방법 및 고정상태의 이상 유무
6. 본체 · 부속장치 및 부속품의 강도가 적합한지 여부
7. 본체 · 부속장치 및 부속품에 심한 손상 · 마모 · 변형 또는 부식이 있는지 여부

📝 1. 본체 강도 적합 여부
2. 본체 연결부 손상 유무
3. 본체에 심한 손상 여부
4. 리더 버팀방법 이상 유무

060 ☆

경사면에서 드럼통 등의 중량물을 취급하는 경우 사업주의 준수사항 2가지 쓰시오.

🎴 사업주는 경사면에서 드럼통 등의 중량물을 취급하는 경우에 다음 각 호의 사항을 준수하여야 한다.
1. 구름멈춤대, 쐐기 등을 이용하여 중량물의 동요나 이동을 조절할 것
2. 중량물이 구를 위험이 있는 방향 앞의 일정거리 이내로는 근로자의 출입을 제한할 것.
다만, 중량물을 보관하거나 작업 중인 장소가 경사면인 경우에는 경사면 아래로는 근로자의 출입을 제한해야 한다.

📝 경사면 아래로는 근로자 출입 제한할 것/쐐기 등을 이용해 중량물 이동 조절할 것

061   ☆

가설통로 설치 시 준수사항 4개 쓰시오.

🔲 사업주는 가설통로를 설치하는 경우 다음 각 호의 사항을 준수하여야 한다.
   1. 견고한 구조로 할 것
   2. 경사는 30도 이하로 할 것. 다만, 계단을 설치하거나 높이 2미터 미만의 가설통로로서 튼튼한 손잡이를 설
      치한 경우에는 그러하지 아니하다.
   3. 경사가 15도를 초과하는 경우에는 미끄러지지 아니하는 구조로 할 것
   4. 추락할 위험이 있는 장소에는 안전난간을 설치할 것. 다만, 작업상 부득이한 경우에는 필요한 부분만 임시
      로 해체할 수 있다.
   5. 수직갱에 가설된 통로의 길이가 15미터 이상인 경우에는 10미터 이내마다 계단참을 설치할 것
   6. 건설공사에 사용하는 높이 8미터 이상 비계다리에는 7미터 이내마다 계단참 설치할 것

🔲 1. 견고한 구조로 할 것
   2. 경사 30도 이하로 할 것
   3. 추락 위험있는 장소에 안전난간 설치할 것
   4. 경사 15도 초과 시 미끄러지지 않는 구조로 할 것

062   ☆☆

가설통로 설치 시 준수사항이다. 빈칸을 채우시오.

> 1. 경사가 (**A**   )도를 초과하는 경우에는 미끄러지지 않는 구조로 할 것
> 2. 수직갱에 가설된 통로의 길이가 15m 이상인 경우에는 (**B**   )m 이내마다 계단참을 설치할 것
> 3. 건설공사에 사용하는 높이 8m 이상인 비계다리에는 (**C**   )m 이내마다 계단참 설치할 것
> 4. 경사는 (**D**   )도 이하일 것. 다만, 계단을 설치하거나 높이 (**E**   )m 미만의 가설통로로서 튼튼
>   한 손잡이를 설치한 경우에는 그러하지 아니하다.
> 5. 추락할 위험이 있는 장소에는 (**F**   )을 설치할 것

🔲 윗 해설 참조
🔲 A : 15　B : 10　C : 7　D : 30　E : 2　F : 안전난간

063 ☆

사다리식 통로 설치 시 준수사항 5개 쓰시오.

🔲 사업주는 사다리식 통로 등을 설치하는 경우 다음 각 호의 사항을 준수하여야 한다.
 1. 견고한 구조로 할 것
 2. 심한 손상 · 부식 등이 없는 재료를 사용할 것
 3. 발판의 간격은 일정하게 할 것
 4. 발판과 벽과의 사이는 15센티미터 이상의 간격을 유지할 것
 5. 폭은 30센티미터 이상으로 할 것
 6. 사다리가 넘어지거나 미끄러지는 것을 방지하기 위한 조치를 할 것
 7. 사다리의 상단은 걸쳐놓은 지점으로부터 60센티미터 이상 올라가도록 할 것
 8. 사다리식 통로의 길이가 10미터 이상인 경우에는 5미터 이내마다 계단참을 설치할 것
 9. 사다리식 통로의 기울기는 75도 이하로 할 것. 다만, 고정식 사다리식 통로의 기울기는 90도 이하로 하고,
  그 높이가 7미터 이상인 경우에는 다음 각 목의 구분에 따른 조치를 할 것
  가. 등받이울이 있어도 근로자 이동에 지장이 없는 경우: 바닥으로부터 높이가 2.5미터 되는 지점부터 등
   받이울을 설치할 것
  나. 등받이울이 있으면 근로자가 이동이 곤란한 경우: 한국산업표준에서 정하는 기준에 적합한 개인용 추
   락 방지 시스템을 설치하고 근로자로 하여금 한국산업표준에서 정하는 기준에 적합한 전신안전대를
   사용하도록 할 것
 10. 접이식 사다리 기둥 사용 시 접혀지거나 펼쳐지지 않도록 철물 등을 사용해 견고하게 조치할 것

🔲 1. 견고한 구조로 할 것
 2. 발판 간격 일정할 것
 3. 폭 30cm 이상으로 할 것
 4. 심한 손상없는 재료 사용할 것
 5. 발판과 벽 사이는 15cm 이상 간격 유지할 것

064 ☆☆

사다리식 통로 설치 시 준수사항이다. 빈칸을 채우시오.

> 1. 사다리식 통로 길이가 10m 이상인 경우에는 (A) 이내마다 (B)을 설치할 것
> 2. 사다리의 상단은 걸쳐놓은 지점으로부터 (C) 이상 올라가도록 할 것
> 3. 발판과 벽과의 사이는 (D) 이상의 간격을 유지할 것

🔲 윗 해설 참조
🔲 A: 5m   B: 계단참   C: 60cm   D: 15cm

065   ☆☆☆

산업안전보건법상의 계단에 관한 내용이다. 빈칸을 채우시오.

> 1. 사업주는 계단 및 계단참을 설치하는 경우 매 제곱미터당 (A)kg 이상의 하중에 견딜 수 있는
>   강도를 가진 구조로 설치하여야 하며 안전율은 (B) 이상으로 하여야 한다.
> 2. 계단 설치 시 그 폭을 (C)m 이상으로 해야 한다.
> 3. 사업주는 높이가 (D)m를 초과하는 계단에 높이 3미터 이내마다 진행방향으로 길이 (E)
>   m 이상의 계단참을 설치해야 한다.
> 4. 높이 (F)m 이상인 계단의 개방된 측면에 안전난간을 설치한다.

해 – 사업주는 계단 및 계단참을 설치하는 경우 매 제곱미터당 500킬로그램 이상의 하중에 견딜 수 있는 강도
를 가진 구조로 설치하여야 하며, 안전율(안전의 정도를 표시하는 것으로서 재료의 파괴응력도(破壞應力
度)와 허용응력도(許容應力度)의 비율을 말한다)은 4 이상으로 하여야 한다.
– 사업주는 계단을 설치하는 경우 그 폭을 1미터 이상으로 하여야 한다. 다만, 급유용 · 보수용 · 비상용 계
단 및 나선형 계단이거나 높이 1미터 미만의 이동식 계단인 경우에는 그러하지 아니하다.
– 사업주는 높이가 3미터를 초과하는 계단에 높이 3미터 이내마다 진행방향으로 길이 1.2미터 이상의 계단
참을 설치해야 한다.
– 사업주는 높이 1미터 이상인 계난의 개방된 측면에 안선난간을 설치하여야 한다.

답 A : 500   B : 4   C : 1   D : 3   E : 1.2   F : 1

066   ☆

동바리 조립 시 파이프 서포트 관련 내용이다. 빈칸을 채우시오.

> 동바리로 사용하는 파이프 서포트의 경우
> 가. 파이프 서포트를 (A) 이상 이어서 사용하지 않도록 할 것
> 나. 파이프 서포트를 이어서 사용하는 경우에는 (B) 이상의 볼트 또는 전용철물을 사용하여 이을 것
> 다. 높이가 (C)를 초과하는 경우에는 높이 2미터 이내마다 수평연결재를 2개 방향으로 만들고
>   수평연결재의 변위를 방지할 것

해 사업주는 동바리를 조립할 때 동바리의 유형별로 다음 각 호의 구분에 따른 각 목의 사항을 준수해야 한다.
1. 동바리로 사용하는 파이프 서포트의 경우
   가. 파이프 서포트를 3개 이상 이어서 사용하지 않도록 할 것
   나. 파이프 서포트를 이어서 사용하는 경우에는 4개 이상의 볼트 또는 전용철물을 사용하여 이을 것
   다. 높이가 3.5미터를 초과하는 경우에는 높이 2미터 이내마다 수평연결재를 2개 방향으로 만들고 수평연
      결재의 변위를 방지할 것.

답 A : 3개   B : 4개   C : 3.5m

067 ☆☆

콘크리트 타설작업을 위한 콘크리트 펌프카를 사용 시 사업주의 준수사항 3가지 쓰시오.

🔲 사업주는 콘크리트 타설작업을 하기 위하여 콘크리트 플레이싱 붐(placing boom), 콘크리트 분배기, 콘크리트 펌프카 등(이하 이 조에서 "콘크리트타설장비"라 한다)을 사용하는 경우에는 다음 각 호의 사항을 준수해야 한다.

1. 작업 시작하기 전에 콘크리트 타설장비를 점검하고 이상을 발견하였으면 즉시 보수할 것
2. 건축물의 난간 등에서 작업하는 근로자가 호스의 요동 · 선회로 인하여 추락하는 위험을 방지하기 위하여 안전난간 설치 등 필요한 조치를 할 것
3. 콘크리트 타설장비의 붐을 조정하는 경우에는 주변의 전선 등에 의한 위험을 예방하기 위한 적절한 조치를 할 것
4. 작업 중에 지반의 침하나 아웃트리거 등 콘크리트 타설장비 지지구조물의 손상 등에 의하여 콘크리트 타설장비가 넘어질 우려가 있는 경우에는 이를 방지하기 위한 적절한 조치를 할 것.

🔲 1. 난간에서 작업할 시 안전난간 설치할 것
2. 작업 시작 전 콘크리트 타설장비 점검할 것
3. 붐 조정 시 주변 전선에 의한 위험 예방할 것

068 ☆

콘크리트 옹벽 구조물을 시공할 때 검토해야 할 안정조건 3개 쓰시오.

🔲 옹벽의 안정조건

1. 활동에 대한 안전율은 1.5(지진시 토압에 대해서는 1.2) 이상으로 한다. 다만, 옹벽 전면 흙에 의한 수동토압을 활동저항력에 포함할 경우의 안전율은 2.0 이상으로 한다. 옹벽 저판의 깊이는 동결심도 보다 깊어야 하며 최소한 1m 이상으로 한다.
2. 전도 및 지지력에 대한 안정조건을 만족하지만 활동에 대하여 불안정할 경우 활동방지벽 등을 설치할 수 있다.
3. 전도에 대한 저항모멘트는 토압에 의한 전도모멘트의 2.0배 이상으로 한다. 작용하중의 합력이 저판폭의 중앙 1/3(암반인 경우 1/2, 지진시 토압에 대해서는 2/3) 이내에 있다면 전도에 대한 안정성 검토는 생략할 수 있다.
4. 기초지반에 작용하는 최대압축응력은 기초지반의 허용지지력 이하가 되도록 한다.

🔲 활동/전도/지지력

069 ☆

전로 차단 순서이다. 빈칸을 채우시오.

> 1. 전기기기등에 공급되는 모든 전원을 관련 도면, 배선도 등으로 확인할 것
> 2. 전원을 차단한 후 각 단로기 등을 개방하고 확인할 것
> 3. 차단장치나 단로기 등에 (A) 및 (B)를 부착할 것
> 4. 개로된 전로에서 유도전압 또는 전기에너지가 축적되어 근로자에게 전기위험을 끼칠 수 있는 전기
>   기기등은 접촉하기 전에 (C)를 완전히 방전시킬 것
> 5. (D)를 이용하여 작업 대상 기기가 충전되었는지를 확인할 것
> 6. 전기기기등이 다른 노출 충전부와의 접촉, 유도 또는 예비동력원의 역송전 등으로 전압이 발생할
>   우려 있는 경우에는 충분한 용량을 가진 (E)를 이용해 접지할 것

🔲 전로 차단은 다음 각 호의 절차에 따라 시행하여야 한다.
 1. 전기기기등에 공급되는 모든 전원을 관련 도면, 배선도 등으로 확인할 것
 2. 전원을 차단한 후 각 단로기 등을 개방하고 확인할 것
 3. 차단장치나 단로기 등에 <u>잠금장치</u> 및 <u>꼬리표</u>를 부착할 것
 4. 개로된 전로에서 유도전압 또는 전기에너지가 축적되어 근로자에게 전기위험을 끼칠 수 있는 전기기기등
    은 접촉하기 전에 <u>잔류전하</u>를 완전히 방전시킬 것
 5. <u>검전기</u>를 이용하여 작업 대상 기기가 충전되었는지를 확인할 것
 6. 전기기기등이 다른 노출 충전부와의 접촉, 유도 또는 예비동력원의 역송전 등으로 전압이 발생할 우려 있
    는 경우에는 충분한 용량을 가진 단락 접지기구를 이용해 접지할 것

🔲 A: 잠금장치   B: 꼬리표   C: 잔류전하   D: 검전기   E: 단락 접지기구

070 ☆☆

전로 차단 순서를 바르게 나열하시오.

> A. 전원을 차단한 후 각 단로기 등을 개방하고 확인할 것
> B. 차단장치나 단로기 등에 잠금장치 및 꼬리표를 부착할 것
> C. 검전기를 이용하여 작업 대상 기기가 충전되었는지를 확인할 것
> D. 전기기기등에 공급되는 모든 전원을 관련 도면, 배선도 등으로 확인할 것
> E. 개로된 전로에서 유도전압 또는 전기에너지가 축적되어 근로자에게 전기위험을 끼칠 수 있는 전기
>   기기등은 접촉하기 전에 잔류전하를 완전히 방전시킬 것
> F. 전기기기등이 다른 노출 충전부와의 접촉, 유도 또는 예비동력원의 역송전 등으로 전압이 발생할
>   우려 있는 경우는 충분한 용량을 가진 단락 접지기구를 이용해 접지할 것

🔲 윗 해설 참조

🔲 D→A→B→E→C→F

071 ☆

근로자가 충전전로에서 작업하는 경우 사업주의 조치사항 내용이다. 빈칸을 채우시오.

1. 충전전로를 취급하는 근로자에게 그 작업에 적합한 (A)를 착용시킬 것
2. 충전전로에 근접한 장소에서 전기작업을 하는 경우에는 해당 전압에 적합한 (B)를 설치할 것. 다만, 저압인 경우에는 해당 전기작업자가 (A)를 착용하되, 충전전로에 접촉할 우려가 없는 경우에는 절연용 방호구를 설치하지 아니할 수 있다.
3. 근로자가 (B)의 설치·해체작업을 하는 경우에는 (A)를 착용하거나 활선작업용 기구 및 장치를 사용하도록 할 것
4. 유자격자가 아닌 근로자가 충전전로 인근의 높은 곳에서 작업할 때에 근로자의 몸 또는 긴 도전성 물체가 방호되지 않은 충전전로에서 대지전압이 (C) 이하인 경우에는 (D) 이내로, 대지전압이 (C)를 넘는 경우에는 (E)당 (F)씩 더한 거리 이내로 각각 접근할 수 없도록 할 것

해 사업주는 근로자가 충전전로를 취급하거나 그 인근에서 작업하는 경우에는 다음 각 호의 조치를 하여야 한다.
1. 충전전로를 정전시키는 경우에는 법에 따른 조치를 할 것
2. 충전전로를 방호, 차폐하거나 절연 등의 조치를 하는 경우에는 근로자의 신체가 전로와 직접 접촉하거나 도전재료, 공구 또는 기기를 통하여 간접 접촉되지 않도록 할 것
3. 충전전로를 취급하는 근로자에게 그 작업에 적합한 절연용 보호구를 착용시킬 것
4. 충전전로에 근접한 장소에서 전기작업을 하는 경우에는 해당 전압에 적합한 절연용 방호구를 설치할 것. 다만, 저압인 경우에는 해당 전기작업자가 절연용 보호구를 착용하되, 충전전로에 접촉할 우려가 없는 경우에는 절연용 방호구를 설치하지 아니할 수 있다.
5. 고압 및 특별고압의 전로에서 전기작업을 하는 근로자에게 활선작업용 기구 및 장치를 사용하도록 할 것
6. 근로자가 절연용 방호구의 설치·해체작업을 하는 경우에는 절연용 보호구를 착용하거나 활선작업용 기구 및 장치를 사용하도록 할 것
7. 유자격자가 아닌 근로자가 충전전로 인근의 높은 곳에서 작업할 때에 근로자의 몸 또는 긴 도전성 물체가 방호되지 않은 충전전로에서 대지전압이 50킬로볼트 이하인 경우에는 300센티미터 이내로, 대지전압이 50킬로볼트를 넘는 경우에는 10킬로볼트당 10센티미터씩 더한 거리 이내로 각각 접근할 수 없도록 할 것
8. 유자격자가 충전전로 인근에서 작업하는 경우에는 다음 각 목의 경우를 제외하고는 노출 충전부에 규정된 접근한계거리 이내로 접근하거나 절연 손잡이가 없는 도전체에 접근할 수 없도록 할 것
   가. 근로자가 노출 충전부로부터 절연된 경우 또는 해당 전압에 적합한 절연장갑을 착용한 경우
   나. 노출 충전부가 다른 전위를 갖는 도전체 또는 근로자와 절연된 경우
   다. 근로자가 다른 전위를 갖는 모든 도전체로부터 절연된 경우

답 A: 절연용 보호구   B: 절연용 방호구   C: 50kV   D: 300cm   E: 10kV   F: 10cm

072 ☆☆

달기 체인의 사용금지 규정 3개 쓰시오.

🔳 다음 각 목의 어느 하나에 해당하는 달기 체인을 달비계에 사용해서는 아니 된다.
  1. 달기 체인의 길이가 달기 체인이 제조된 때의 길이의 5퍼센트 초과한 것
  2. 링의 단면지름이 달기 체인이 제조된 때의 해당 링의 지름의 10퍼센트를 초과하여 감소한 것
  3. 균열이 있거나 심하게 변형된 것

🔳 1. 심하게 변형된 것
  2. 달기 체인 길이가 제조된 때 길이의 5% 초과한 것
  3. 링 단면 지름이 제조된 때의 10% 초과해 감소한 것

073 ☆☆☆

달기 체인의 사용금지 규정 내용이다. 빈칸을 채우시오.

> - 달기 체인의 길이가 달기 체인이 제조된 때의 길이의 (　A　)% 초과한 것
> - 링의 단면지름이 달기 체인이 제조된 때의 해당 링의 지름의 (　B　)%를 초과하여 감소한 것

🔳 다음 각 목의 어느 하나에 해당하는 달기 체인을 달비계에 사용해서는 아니 된다.
  1. 달기 체인의 길이가 달기 체인이 제조된 때의 길이의 5퍼센트 초과한 것
  2. 링의 단면지름이 달기 체인이 제조된 때의 해당 링의 지름의 10퍼센트를 초과하여 감소한 것
  3. 균열이 있거나 심하게 변형된 것

🔳 A: 5　B: 10

074 ☆☆☆

와이어로프 사용금지 규정 5개 쓰시오.

해 다음 각 목의 어느 하나에 해당하는 와이어로프를 달비계에 사용해서는 아니 된다.
  1. 이음매가 있는 것
  2. 와이어로프의 한 꼬임[(스트랜드(strand)를 말한다. 이하 같다)]에서 끊어진 소선(素線)[필러(pillar)선은 제외한다)]의 수가 10퍼센트 이상(비자전로프의 경우에는 끊어진 소선의 수가 와이어로프 호칭지름의 6배 길이 이내에서 4개 이상이거나 호칭지름 30배 길이 이내에서 8개 이상)인 것
  3. 지름의 감소가 공칭지름의 7퍼센트를 초과하는 것
  4. 꼬인 것
  5. 심하게 변형되거나 부식된 것
  6. 열과 전기충격에 의해 손상된 것

답 1. 꼬인 것
  2. 이음매 있는 것
  3. 심하게 변형된 것
  4. 열에 의해 손상된 것
  5. 지름 감소가 공칭지름의 7% 초과한 것

075 ☆

화물운반용이나 고정용에 이용되는 섬유로프의 사용금지 규정 2가지 쓰시오.

해 사업주는 다음 각 호의 어느 하나에 해당하는 섬유로프 등을 화물운반용 또는 고정용으로 사용해서는 아니 된다.
  1. 꼬임이 끊어진 것
  2. 심하게 손상되거나 부식된 것

답 꼬임 끊어진 것/심하게 부식된 것

076 ☆☆

산업안전보건법령상 내부의 이상 상태를 조기에 파악하기 위하여 필요한 온도계·유량계·압력계 등의 계측장치를 설치해야 하는 화학설비 종류 4가지 쓰시오.

해 사업주는 위험물을 같은 표에서 정한 기준량 이상으로 제조하거나 취급하는 다음 각 호의 어느 하나에 해당하는 화학설비(이하 "특수화학설비"라 한다)를 설치하는 경우에는 내부의 이상 상태를 조기에 파악하기 위하여 필요한 온도계 · 유량계 · 압력계 등의 계측장치를 설치하여야 한다.
1. 발열반응이 일어나는 반응장치
2. 증류 · 정류 · 증발 · 추출 등 분리를 하는 장치
3. 가열시켜 주는 물질의 온도가 가열되는 위험물질의 분해온도 또는 발화점보다 높은 상태에서 운전되는 설비
4. 반응폭주 등 이상 화학반응에 의하여 위험물질이 발생할 우려가 있는 설비
5. 온도가 섭씨 350도 이상이거나 게이지 압력이 980킬로파스칼 이상인 상태에서 운전되는 설비
6. 가열로 또는 가열기

답 가열로/증류 등 분리하는 장치/발열반응 일어나는 반응장치/350℃ 이상에서 운전되는 설비

077 ☆☆☆☆

사업주가 과압에 따른 폭발을 방지하기 위하여 폭발 방지 성능과 규격을 갖춘 안전밸브 또는 파열판을 설치해야 한다. 이 중 반드시 파열판을 설치해야 하는 경우 3개 쓰시오.(= 안지름 150mm 초과하는 압력용기에 파열판 설치해야 하는 경우)

해 사업주는 각 호의 설비가 다음 각 호의 어느 하나에 해당하는 경우에는 파열판을 설치하여야 한다.
1. 반응 폭주 등 급격한 압력 상승 우려가 있는 경우
2. 급성 독성물질의 누출로 인하여 주위의 작업환경을 오염시킬 우려가 있는 경우
3. 운전 중 안전밸브에 이상 물질이 누적되어 안전밸브가 작동되지 않을 우려가 있는 경우

답 1. 급격한 압력상승 우려 있는 시
2. 급성 독성물질 누출로 작업환경 오염될 우려 있는 시
3. 운전 중 안전밸브에 이상 물질 누적되어 안전밸브가 작동되지 않을 우려 있는 시

산업안전산업기사 실기

078 ☆

사업주가 반응 폭주 등 급격한 압력 상승 우려가 있는 경우 설치하는 것을 쓰시오.

🔖 사업주는 각 호의 설비가 다음 각 호의 어느 하나에 해당하는 경우에는 **파열판**을 설치하여야 한다.
  1. 반응 폭주 등 급격한 압력 상승 우려가 있는 경우
  2. 급성 독성물질의 누출로 인하여 주위의 작업환경을 오염시킬 우려가 있는 경우
  3. 운전 중 안전밸브에 이상 물질이 누적되어 안전밸브가 작동되지 않을 우려가 있는 경우

📋 **파열판**

079 ☆

연삭기 덮개 관련 내용이다. 빈칸을 채우시오.

> 탁상용 연삭기의 덮개에는 (**A**) 및 조정편을 구비하여야 하며, 워크레스트는 연삭숫돌과의 간격을 (**B**) 이하로 조정할 수 있는 구조이어야 한다.

🔖 연삭기 덮개의 일반구조는 다음 각 목과 같이 한다.
  가. 덮개에 인체의 접촉으로 인한 손상위험이 없어야 한다.
  나. 덮개에는 그 강도를 저하시키는 균열 및 기포 등이 없어야 한다.
  다. 탁상용 연삭기의 덮개에는 **워크레스트** 및 조정편을 구비하여야 하며, 워크레스트는 연삭숫돌과의 간격을 **3밀리미터** 이하로 조정할 수 있는 구조이어야 한다.
  라. 각종 고정부분은 부착하기 쉽고 견고하게 고정될 수 있어야 한다.

📋 A : 워크레스트   B : **3mm**

64

02 | 2011~24년 필답 서술형

080   ☆☆

공기압축기의 서징현상 방지책 4가지 쓰시오.

해 서징현상: 펌프를 사용하는 관로에서 주기적으로 힘을 가하지 않았음에도 토출압력이 주기적으로 변화하며
　　　　　진동과 소음이 발생하는 현상

　방지책
　　– 풍량 감소시킴
　　– 배관 경사 완만하게 함
　　– 교축밸브(유량조절밸브)를 펌프 토출 측 직후에 설치
　　– 토출가스를 흡입측에 바이패스시키거나 방출밸브에 의해 대기로 방출시킴

답 1. 풍량 감소시킴
　2. 배관 경사 완만하게 함
　3. 토출가스를 흡입측에 바이패스시킴
　4. 교축밸브를 펌프 토출 측 직후에 설치

081 ☆☆☆

히빙이 일어나기 쉬운 토질과 정의와 발생원인 2가지 쓰시오.

해

히빙 (Heaving)	정의	• 굴착면 저면이 부풀어 오르는 현상 • 연약한 점토지반을 굴착할 때 굴착배면의 토사중량이 굴착저면 이하의 지반지 지력보다 클 때 발생하는 현상
	예방 대책	• 흙막이벽 근입 깊이 증가 • 흙막이벽 배면지반 상재하중 감소 • 저면 굴착부분 미리 굴착해 기초콘크리트 타설 • 웰포인트 공법 병행 • 시트파일 근입심도 검토 • 굴착저면에 토사 등 인공중력 증가
보일링 (Boiling)	정의	사질토지반 굴착 시 굴착부와 지하수위차가 있을 때 수두 차에 의하여 삼투압이 생겨 흙막이벽 근입부분을 침식하는 동시에 모래가 액상화되어 솟아오르는 현상
	예방 대책	• 흙막이벽 근입 깊이 증가 • 차수성 높은 흙막이 설치 • 흙막이벽 배면지반 그라우팅 실시 • 흙막이벽 배면지반 지하수위 저하
동상 현상	정의	온도가 하강함에 따라 토층수가 얼어 부피가 약 9% 정도 증대하게 됨으로써 지 표면이 부풀어오르는 현상
	예방 대책	• 모관수 상승을 차단하는 층을 둬 동상방지 • 배수층 설치 • 모래 자갈과 같은 미동결성 재료를 사용해 동상방지 • 단열재료 삽입
연화 현상	정의	동결된 지반이 기온 상승으로 녹기 시작하여 녹은 물이 적절하게 배수되지 않으 면 지반이 연약해지고 강도가 떨어지는 현상.
	예방 대책	• 지표수 유입 방지

답 토질 종류 : 연약한 점토지반

정의 : 연약한 점토지반을 굴착할 때 굴착배면의 토사중량이 굴착저면 이하의 지반지지력보다 클 때
발생하는 현상

발생원인 : 흙막이벽 근입 깊이 부족/흙막이벽 배면지반 상재하중 증가

082 ☆

보일링이 일어나기 쉬운 토질을 쓰시오.

🗎 윗 해설 참조
🗎 사질토지반

083 ☆

동상현상의 영향인자 4개 쓰시오.

🗎 투수성/지하수위/모세관 상승고 크기/동결온도 유지기간

084 ☆

리스크 처리방법 4가지를 쓰시오.

🗎 "리스크 처리(Risk treatment)"라 함은 리스크를 처리하기 위한 방안을 선택하고 집행하는 과정을 말한다. 리스크 처리에는 리스크 회피, 리스크 감소 및 제거, 리스크 분담, 리스크 보유 등의 방법이 있다. 리스크 처리는 새로운 리스크를 발생시킬 수 있거나 현재의 리스크를 변화시킬 수 있다.
🗎 리스크 감소/리스크 분담/리스크 보유/리스크 회피

085 ☆☆☆

하인리히의 재해예방 4원칙을 쓰고 설명하시오.

🗎 1. 원인계기의 원칙 : 재해 발생에는 무조건 원인이 있다.
　2. 대책선정의 원칙 : 재해예방을 위한 안전대책은 무조건 있다.
　3. 예방가능의 원칙 : 재해는 원칙적으로 원인만 제거하면 예방가능하다.
　4. 손실우연의 원칙 : 한 사고 결과로 생긴 재해손실은 우연성에 의해 결정된다.

086 ☆☆

하인리히의 재해구성 비율의 법칙에 대해 설명하시오.

📋 1 : 29 : 300이며 총 사고 발생건수 330건 중 중상과 사망 1회, 경상 29회, 무상해사고 300회 비율로 있다.

087 ☆☆☆

하인리히의 도미노(재해연쇄성)이론 5단계, 아담스의 연쇄이론 5단계, 버드의 신연쇄성이론 5단계를 적으시오.

📋 −하인리히의 도미노(재해연쇄성)이론
　사회적 환경 및 유전적 요소(기초원인) → 개인적 결함(간접원인) → 불안전한 행동과 상태(직접원인)→
　사고→재해
　− 아담스의 연쇄이론
　관리구조 → 작전적 에러(관리자에 의해 생성된 에러) → 전술적 에러(불안전한 행동, 불안전한 상태) →
　사고(앗차사고, 상해 발생) → 상해/손해(대인, 대물)
　− 버드의 신연쇄성이론
　관리/통제 부족(근원요인/관리) → 기본원인(기원) → 직접원인(징후) → 사고(접촉) → 상해(손해)

088   ☆☆

보기를 참고하여 다음 이론에 해당하는 번호를 순서에 맞게 고르시오. (단, 중복 가능하다.)

보기
1. 사회적 환경 및 유전적 요소   2. 기본적 원인
3. 불안전한 행동 및 불안전한 상태(직접원인)   4. 작전적 에러
5. 사고   6. 재해(상해/손실/손해)
7. 관리의 부족   8. 개인적 결함
9. 관리구조   10. 전술적 에러

1. 하인리히의 도미노 이론	2. 버드의 최신 도미노 이론
3. 아담스의 사고연쇄 이론	4. 웨버의 사고연쇄반응 이론

해 윗 해설 참조
웨버의 사고연쇄반응 이론
사회적 환경 및 유전적 요소 → 개인적 결함 → 불안전한 행동 및 불안전한 상태(직접원인) → 사고 → 재해

답 1. 1 → 8 → 3 → 5 → 6   2. 7 → 2 → 3 → 5 → 6   3. 9 → 4 → 10 → 5 → 6
4. 1 → 8 → 3 → 5 → 6

089   ☆

오늘의 안전교육 목적은 하인리히 도미노이론을 이해함이다. 도미노이론 중 3번째 단계의 결함 2
가지 쓰시오.

해 윗 해설 참조
답 불안전한 행동/불안전한 상태

090 ☆☆☆☆

다음은 동기부여의 이론 중 매슬로우의 욕구위계이론, 알더퍼의 ERG 이론, 허즈버그의 2요인 이론을 비교한 것이다. 빈칸을 채우시오.

구분	욕구위계이론	2요인 이론	ERG이론
제 1단계	생리적 욕구	(C)	존재의 욕구
제 2단계	(A)		
제 3단계	(B)		관계 욕구
제 4단계	존경의 욕구	(D)	(E)
제 5단계	자아실현의 욕구		

📋 A: 안전의 욕구   B: 사회적 욕구   C: 위생요인   D: 동기요인   E: 성장 욕구

091 ☆

동기부여의 이론 중 매슬로우의 욕구위계이론 단계를 쓰시오.

📋 생리적 욕구→안전의 욕구→사회적 욕구→존경의 욕구→자아실현의 욕구

092 ☆☆

허즈버그(Herzberg)의 위생 – 동기 이론에서 위생요인과 동기요인 각 3가지씩 쓰시오.

🔖 허즈버그의 위생 – 동기 이론

위생요인	• 임금/지위/감독/작업조건/대인관계/안정된 직업/회사 정책/ • 상황요인/주변요인/일과 관련없는 주변적 요인
동기요인	• 발전/도전/책임감/성취감/안정감/성장감/자아실현 기회 • 일 자체와 직결된 요인

📋 위생요인 : 임금/지위/감독   동기요인 : 발전/도전/책임감

093 ☆

상황성 유발자와 소질성 유발자의 재해 유발원인을 3가지씩 쓰시오.

🖹 상황성 유발자 : 심신에 근심 있을 때/작업에 어려움 많을 때/기계 설비 결함있을 때
   소질성 유발자 : 비협조일 때/지능 낮을 때/성격 소심할 때

094 ☆

잠함 또는 우물통의 내부에서 굴착작업을 하는 경우에 잠함 또는 우물통의 급격한 침하로 인한
위험을 방지하기 위한 준수사항 2개 쓰시오.

🖹 사업주는 잠함 또는 우물통의 내부에서 근로자가 굴착작업하는 경우에 잠함 또는 우물통의 급격한 침하에 의
한 위험을 방지하기 위하여 다음 각 호의 사항을 준수하여야 한다.
   1. 침하 관계도에 따라 굴착방법 및 재하량(載荷量) 등을 정할 것
   2. 바닥으로부터 천장 또는 보까지의 높이는 1.8미터 이상으로 할 것
🖹 침하 관계도에 따라 굴착방법 정할 것/바닥에서 천장까지 높이 1.8m 이상으로 할 것

095 ☆

잠함, 피트, 우물통의 내부에서 굴착작업을 하는 경우, 사업주의 준수사항 3개 쓰시오.

🖹 사업주는 잠함, 우물통, 수직갱, 그 밖에 이와 유사한 건설물 또는 설비(이하 "잠함 등"이라 한다)의 내부에서
   굴착작업을 하는 경우에 다음 각 호의 사항을 준수하여야 한다.
   1. 산소 결핍 우려가 있는 경우에는 산소의 농도를 측정하는 사람을 지명하여 측정하도록 할 것
   2. 근로자가 안전하게 오르내리기 위한 설비를 설치할 것
   3. 굴착 깊이가 20미터를 초과하는 경우에는 해당 작업장소와 외부와의 연락을 위한 통신설비 등을 설치할 것
🖹 1. 안전하게 오르내리기 위한 설비 설치할 것
   2. 산소 결핍 우려 시 산소농도 측정자 지명해 측정할 것
   3. 굴착 깊이 20m 초과 시 외부와의 연락을 위한 통신설비 설치할 것

096 ☆☆☆

산업안전보건법령상 공정안전보고서 제출 대상 사업장 종류 4가지 쓰시오.

🖼 법에서 "대통령령으로 정하는 유해하거나 위험한 설비"란 다음 각 호의 어느 하나에 해당하는 사업을 하는 사업장의 경우에는 그 보유설비를 말하고, 그 외의 사업을 하는 사업장의 경우에는 별표 13에 따른 유해·위험물질 중 하나 이상의 물질을 같은 표에 따른 규정량 이상 제조·취급·저장하는 설비 및 그 설비의 운영과 관련된 모든 공정설비를 말한다.
1. 원유 정제처리업
2. 기타 석유정제물 재처리업
3. 석유화학계 기초화학물질 제조업 또는 합성수지 및 기타 플라스틱물질 제조업. 다만, 합성수지 및 기타 플라스틱물질 제조업은 별표에 해당하는 경우로 한정한다.
4. 질소 화합물, 질소·인산 및 칼리질 화학비료 제조업 중 질소질 비료 제조
5. 복합비료 및 기타 화학비료 제조업 중 복합비료 제조(단순혼합 또는 배합에 의한 경우는 제외한다)
6. 화학 살균·살충제 및 농업용 약제 제조업[농약 원제(原劑) 제조만 해당한다]
7. 화약 및 불꽃제품 제조업

🔲 화약 제조업/원유 정제처리업/농약 원제 제조업/기타 석유정제물 재처리업

097 ☆☆☆

안전보건총괄책임자 지정대상 사업장 2곳 쓰시오.

🖼 법에 따른 안전보건총괄책임자를 지정해야 하는 사업의 종류 및 사업장의 상시근로자 수는 관계수급인에게 고용된 근로자를 포함한 상시근로자가 100명(선박 및 보트 건조업, 1차 금속 제조업 및 토사석 광업의 경우에는 50명) 이상인 사업이나 관계수급인의 공사금액을 포함한 해당 공사의 총 공사금액이 20억원 이상인 건설업으로 한다.

🔲 1. 총 공사금액 20억원 이상인 건설업
2. 상시근로자 100명(선박 및 보트 건조업, 1차 금속 제조업 및 토사석 광업 경우 50명) 이상인 사업

098 ☆

보호구 안전인증 고시의 방진마스크 종류이다. 알파벳에 맞는 종류명을 쓰시오.

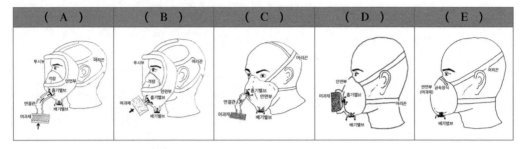

(A)	(B)	(C)	(D)	(E)

해 방진마스크 형태

격리식 전면형	직결식 전면	격리식 반면형	직결식 반면형	안면부 여과식

답 A: 격리식 전면형　B: 직결식 전면형　C: 격리식 반면형　D: 직결식 반면형　E: 안면부 여과식

099 ☆☆

방진마스크 관련 내용이다. 물음에 답하시오.

> 1. 석면 취급장소 착용 등급
> 2. 금속흄 등과 같이 열적으로 생기는 분진 등 발생장소 착용 등급
> 3. 베릴륨등과 같이 독성이 강한 물질들을 함유한 분진 등 발생장소 착용 등급
> 4. 산소농도 (　　)% 미만인 장소에서는 방진마스크 착용 금지한다.
> 5. 안면부 내부 이산화탄소 농도 (　　)% 부피분율 이하이어야 한다.

해

등급	특급	1급	2급
사용 장소	1. 베릴륨등과 같이 독성이 강한 물질들을 함유한 분진 등 발생장소 2. 석면 취급장소	1. 특급마스크 착용장소를 제외한 분진 등 발생장소 2. 금속흄 등과 같이 열적으로 생기는 분진 등 발생장소 3. 기계적으로 생기는 분진 등 발생장소(규소등과 같이 2급 방진마스크를 착용하여도 무방한 경우는 제외한다)	1. 특급 및 1급 마스크 착용장소를 제외한 분진 등 발생장소
	배기밸브가 없는 안면부 여과식 마스크는 특급 및 1급 장소에 사용해서는 안 된다.		

　– 방진마스크는 산소농도 18% 이상인 장소에서 사용하여야 한다.
　– 안면부 내부의 이산화탄소 농도가 부피분율 1% 이하일 것

답 1. 특급　2. 1급　3. 특급　4. 18　5. 1

100

방진마스크의 포집효율이다. 빈칸을 쓰시오.

형태 및 등급		염화나트륨(NaCl) 및 파라핀 오일(Paraffin oil) 시험(%)
분리식	특급	(A)
	1급	(B)
	2급	(C)
안면부 여과식	특급	(D)
	1급	94.0 이상
	2급	(E)

해

	형태 및 등급		염화나트륨(NaCl) 및 파라핀 오일(Paraffin oil) 시험(%)
여과재 분진 등 포집효율	분리식	특급	99.95 이상
		1급	94.0 이상
		2급	80.0 이상
	안면부 여과식	특급	99.0 이상
		1급	94.0 이상
		2급	80.0 이상

답 A : 99.95 이상   B : 94.0 이상   C : 80.0 이상   D : 99.0 이상   E : 80.0 이상

101 ☆

방독마스크의 종류별 시험가스 및 표시색을 구분하여 쓰시오.

해 – 방독마스크 종류

종류	시험가스
유기화합물용	시클로헥산(C_6H_{12})
	디메틸에테르(CH_3OCH_3)
	이소부탄(C_4H_{10})
할로겐용	염소가스 또는 증기(Cl_2)
황화수소용	황화수소 가스(H_2S)
시안화수소용	시안화수소 가스(HCN)
아황산용	아황산 가스(SO_2)
암모니아용	암모니아 가스(NH_3)

– 정화통 외부 측면의 표시 색

종류	표시색
유기화합물용 정화통	갈색
할로겐용 정화통	회색
황화수소용 정화통	
시안화수소용 정화통	
아황산용 정화통	노랑색
암모니아용 정화통	녹색
복합용 및 겸용의 정화통	**복합용의 경우**: 해당가스 모두 표시(2층 분리) **겸용의 경우**: 백색과 해당가스 모두 표시(2층 분리)

답

종류	시험가스	표시색
유기화합물용	이소부탄/시클로헥산/디메틸에테르	갈색
할로겐용	염소가스 또는 증기	회색
황화수소용	황화수소 가스	
시안화수소용	시안화수소 가스	
아황산용	아황산 가스	노란색
암모니아용	암모니아 가스	녹색

102 ☆

다음 설명에 대한 용어를 쓰시오.

> 1. 가스에 대하여 정화통 내부 흡착제가 포화상태가 되어 흡착능력을 상실한 상태
> 2. 방독마스크의 성능에 방진마스크의 성능이 포함된 마스크
> 3. 화학물질이 보호복의 재료의 외부표면에 접촉된 후 내부로 확산하여 내부표면으로부터 탈착되는 현상

해 1. "파과"란 대응하는 가스에 대하여 정화통 내부의 흡착제가 포화상태가 되어 흡착능력을 상실한 상태를 말한다.
2. "겸용 방독마스크"란 방독마스크(복합용 포함)의 성능에 방진마스크의 성능이 포함된 방독마스크를 말한다.
3. "투과(permeation)"란 화학물질이 보호복의 재료의 외부표면에 접촉(sorption)된 후 내부로 확산(diffusion)하여 내부표면으로부터 탈착(desorption)되는 현상을 말한다.

답 1. 파과   2. 겸용 방독마스크   3. 투과

103 ☆☆

보호구 안전인증 고시상 안전모 종류 3가지 설명하시오.

해

종류(기호)	사용구분	비고
AB	물체의 낙하 또는 비래 및 추락에 의한 위험을 방지 또는 경감시키기 위한 것	-
AE	물체의 낙하 또는 비래에 의한 위험을 방지 또는 경감하고, 머리부위 감전에 의한 위험을 방지하기 위한 것	내전압성 (주1)
ABE	물체의 낙하 또는 비래 및 추락에 의한 위험을 방지 또는 경감하고, 머리부위 감전에 의한 위험을 방지하기 위한 것	내전압성

(주1) 내전압성이란 7,000V 이하의 전압에 견디는 것을 말한다.

답

종류(기호)	사용구분
AB	물체의 낙하 또는 비래 및 추락에 의한 위험을 방지 또는 경감시키기 위한 것
AE	물체의 낙하 또는 비래에 의한 위험을 방지 또는 경감하고, 머리부위 감전에 의한 위험을 방지하기 위한 것
ABE	물체의 낙하 또는 비래 및 추락에 의한 위험을 방지 또는 경감하고, 머리부위 감전에 의한 위험을 방지하기 위한 것

104

☆☆

보호구 안전인증 고시상 안전모의 성능시험 항목 5개 쓰시오.

해

항목	시험성능기준
내관통성	AE, ABE종 안전모는 관통거리가 9.5mm 이하이고, AB종 안전모는 관통거리가 11.1mm 이하이어야 한다.
충격 흡수성	최고전달충격력이 4,450N을 초과해서는 안 되며, 모체와 착장체의 기능이 상실되지 않아야 한다.
내전압성	AE, ABE종 안전모는 교류 20kV 에서 1분간 절연파괴 없이 견뎌야 하고, 이때 누설되는 충전전류는 10mA 이하이어야 한다.
내수성	AE, ABE종 안전모는 질량 증가율이 1% 미만이어야 한다.
난연성	모체가 불꽃을 내며 5초 이상 연소되지 않아야 한다.
턱끈풀림	150N 이상 250N 이하에서 턱끈이 풀려야 한다.

답 난연성/내수성/내관통성/내전압성/턱끈풀림

105 ☆

보호구 안전인증 고시상, 안전모 관련 내용이다. 빈칸을 채우시오.

---

1. 내관통성 : AE, ABE종 안전모는 관통거리가 (　A　)mm 이하이고, AB종 안전모는 관통거리가
   (　B　)mm 이하이어야 한다.
2. 충격흡수성 : 최고전달충격력이 (　C　)N을 초과해서는 안되며, 모체와 착장체의 기능이 상실되
   지 않아야 한다.
3. 내전압성 : AE, ABE종 안전모는 교류 20㎸에서 1분간 절연파괴 없이 견뎌야 하고, 이때 누설되는
   충전전류는 (　D　)mA 이하이어야 한다.

해

항목	시험성능기준
내관통성	AE, ABE종 안전모는 관통거리가 9.5mm 이하이고, AB종 안전모는 관통거리가 11.1mm 이하이어야 한다.
충격 흡수성	최고전달충격력이 4,450N을 초과해서는 안되며, 모체와 착장체의 기능이 상실되지 않아야 한다.
내전압성	AE, ABE종 안전모는 교류 20㎸에서 1분가 절연파괴 없이 견뎌야 하고, 이때 누설되는 충전전류는 10mA 이하이어야 한다.
내수성	AE, ABE종 안전모는 질량증가율이 1% 미만이어야 한다.
난연성	모체가 불꽃을 내며 5초 이상 연소되지 않아야 한다.
턱끈풀림	150N 이상 250N 이하에서 턱끈이 풀려야 한다.

답 A : 9.5　B : 11.1　C : 4,450　D : 10

106 ☆

아세틸렌 용접장치 역화원인 4가지 쓰시오.

답 산소 공급 과다/토치 성능 부실/압력조절기 고장/토치 팁에 이물질 묻은 경우

107   ☆☆

시몬즈 방식의 보험코스트와 비보험코스트 중 비보험코스트(비용) 항목 4가지 쓰시오.

해 시몬즈방식에 의한 재해코스트 산정법
　총 재해비용 = 보험비용 + 비보험비용
　비보험비용 = 휴업상해건수 · A + 통원상해건수 · B + 응급조치건수 · C + 무상해사고건수 · D
　(A/B/C/D: 장해정도별에 의한 비보험비용의 평균치)
　휴업상해: 영구 부분노동 불능 및 일시 전노동 불능
　통원상해: 일시 부분노동 불능 및 의사 통원조치를 필요로 한 상해
　응급조치상해: 응급조치상해 또는 8시간 미만 휴업 의료조치상해
　무상해사고: 의료조치를 필요로 하지 않은 상해사고
답 휴업상해건수/통원상해건수/응급조치건수/무상해사고건수

108   ☆

할로겐 소화기 소화약제 중 할로겐 구성원소 4개 쓰시오.(= 할로겐원소 부촉매제 종류)

해 "할로겐화합물소화약제"란 불소, 염소, 브롬 또는 요오드(= 아이오딘) 중 하나 이상의 원소를 포함하고 있는
　유기화합물을 기본성분으로 하는 소화약제를 말한다.
답 F(불소)/Cl(염소)/Br(브롬)/I(아이오딘)

109 ☆

근로자의 추락 등의 위험을 방지하기 위해 설치하는 안전난간의 주요 구성요소 4개 쓰시오.

📋 사업주는 근로자의 추락 등의 위험을 방지하기 위하여 안전난간을 설치하는 경우 다음 각 호의 기준에 맞는 구조로 설치해야 한다.
1. 상부 난간대, 중간 난간대, 발끝막이판 및 난간기둥으로 구성할 것. 다만, 중간 난간대, 발끝막이판 및 난간기둥은 이와 비슷한 구조와 성능을 가진 것으로 대체할 수 있다.
2. 상부 난간대는 바닥면·발판 또는 경사로의 표면(이하 "바닥면등"이라 한다)으로부터 90센티미터 이상 지점에 설치하고, 상부 난간대를 120센티미터 이하에 설치하는 경우에는 중간 난간대는 상부 난간대와 바닥면등의 중간에 설치해야 하며, 120센티미터 이상 지점에 설치하는 경우에는 중간 난간대를 2단 이상으로 균등하게 설치하고 난간의 상하 간격은 60센티미터 이하가 되도록 할 것. 다만, 난간기둥 간의 간격이 25센티미터 이하인 경우에는 중간 난간대를 설치하지 않을 수 있다.
3. 발끝막이판은 바닥면 등으로부터 10센티미터 이상의 높이를 유지할 것. 다만, 물체가 떨어지거나 날아올 위험이 없거나 그 위험을 방지할 수 있는 망을 설치하는 등 필요한 예방 조치를 한 장소는 제외한다.
4. 난간기둥은 상부 난간대와 중간 난간대를 견고하게 떠받칠 수 있도록 적정한 간격을 유지할 것
5. 상부 난간대와 중간 난간대는 난간 길이 전체에 걸쳐 바닥면등과 평행을 유지할 것
6. 난간대는 지름 2.7센티미터 이상의 금속제 파이프나 그 이상의 강도가 있는 재료일 것
7. 안전난간은 구조적으로 가장 취약한 지점에서 가장 취약한 방향으로 작용하는 100킬로그램 이상의 하중에 견딜 수 있는 튼튼한 구조일 것

📘 난간기둥/상부난간대/중간난간대/발끝막이판

110 ☆

아세틸렌 용접장치에 대한 내용이다. 빈칸을 채우시오.

> 1. 사업주는 가스집합용접장치(이동식을 포함한다)의 배관을 하는 경우에는 다음 각 호의 사항을 준수하여야 한다.
>   1. 플랜지 · 밸브 · 콕 등의 접합부에는 (A)을 사용하고 접합면을 상호 밀착시키는 등의 조치를 할 것
>   2. 주관 및 분기관에는 (B)를 설치할 것. 이 경우 하나의 취관에 (C) 이상의 안전기를 설치하여야 한다.
> 2. 사업주는 용해아세틸렌의 가스집합용접장치의 배관 및 부속기구는 구리나 구리 함유량이 (D) 이상인 합금을 사용해서는 아니 된다.
> 3. 사업주는 가스집합장치에 대해서는 화기를 사용하는 설비로부터 (E) 이상 떨어진 장소에 설치하여야 한다.

해 – 사업주는 가스집합용접장치(이동식을 포함한다)의 배관을 하는 경우에는 다음 각 호의 사항을 준수하여야 한다.
  1. 플랜지 · 밸브 · 콕 등의 접합부에는 개스킷을 사용하고 접합면을 상호 밀착시키는 등의 조치를 할 것
  2. 주관 및 분기관에는 안전기를 설치할 것. 이 경우 하나의 취관에 2개 이상의 안전기를 설치하여야 한다.
  – 사업주는 용해아세틸렌의 가스집합용접장치의 배관 및 부속기구는 구리나 구리 함유량이 70퍼센트 이상인 합금을 사용해서는 아니 된다.
  – 사업주는 가스집합장치에 대해서는 화기를 사용하는 설비로부터 5미터 이상 떨어진 장소에 설치하여야 한다.

답 A: 개스킷   B: 안전기   C: 2개   D: 70%   E: 5m

111 ☆

사업주는 아세틸렌 용접장치를 사용해 금속의 용접, 용단 또는 가열작업을 하는 경우에 다음 각
호의 사항을 준수하여야 한다. 빈칸을 채우시오.

> 1. 발생기(이동식 아세틸렌 용접장치의 발생기는 제외)의 (A), (B), (C), 매 시 평균 가
>   스발생량 및 1회 카바이드 공급량을 발생기실 내의 보기 쉬운 장소에 게시할 것.
> 2. 발생기에서 (D)m 이내 또는 발생기실에서 (E)m 이내 장소에서는 흡연, 화기사용 또는
>   불꽃이 발생할 위험한 행위를 금지시킬 것.

해 사업주는 아세틸렌 용접장치를 사용하여 금속의 용접 · 용단(溶斷) 또는 가열작업을 하는 경우에 다음 각 호
의 사항을 준수하여야 한다.
1. 발생기(이동식 아세틸렌 용접장치의 발생기는 제외한다)의 종류, 형식, 제작업체명, 매 시 평균 가스발생
   량 및 1회 카바이드 공급량을 발생기실 내의 보기 쉬운 장소에 게시할 것
2. 발생기실에는 관계 근로자가 아닌 사람이 출입하는 것을 금지할 것
3. 발생기에서 5미터 이내 또는 발생기실에서 3미터 이내의 장소에서는 흡연, 화기의 사용 또는 불꽃이 발생
   할 위험한 행위를 금지시킬 것
4. 도관에는 산소용과 아세틸렌용의 혼동을 방지하기 위한 조치를 할 것
5. 아세틸렌 용접장치의 설치장소에는 소화기 한 대 이상을 갖출 것
6. 이동식 아세틸렌용접장치의 발생기는 고온의 장소, 통풍이나 환기가 불충분한 장소 또는 진동이 많은 장
   소 등에 설치하지 않도록 할 것

답 A: 종류   B: 형식   C: 제작업체명   D: 5   E: 3

112 ☆☆

산업안전보건법상 노사협의체의 근로자위원과 사용자위원 자격을 각 2가지씩 쓰시오.

🕮 노사협의체는 다음 각 호에 따라 근로자위원과 사용자위원으로 구성한다.
　1. 근로자위원
　　가. 도급 또는 하도급 사업을 포함한 전체 사업의 근로자 대표
　　나. 근로자대표가 지명하는 명예산업안전감독관 1명. 다만, 명예산업안전감독관이 위촉되어 있지 않은 경
　　　우에는 근로자대표가 지명하는 해당 사업장 근로자 1명
　　다. 공사금액이 20억원 이상인 공사의 관계수급인의 각 근로자대표
　2. 사용자위원
　　가. 도급 또는 하도급 사업을 포함한 전체 사업의 대표자
　　나. 안전관리자 1명
　　다. 보건관리자 1명(별표에 따른 보건관리자 선임대상 건설업으로 한정한다)
　　라. 공사금액이 20억원 이상인 공사의 관계수급인의 각 대표자
🔑 근로자위원 : 전체 사업 근로자 대표/명예산업안전감독관 1명
　사용자위원 : 전체 사업 대표/안전관리자 1명

113 ☆☆☆☆☆

다음 장치의 방호장치 1가지씩 쓰시오.

1. 원심기	2. 공기압축기	3. 금속절단기	4. 산업용 로봇
5. 연삭기	6. 예초기	7. 포장기계	8. 교류아크용접기
9. 롤러기	10. 지게차	11. 가스집합 용접장치	12. 압력용기
13. 동력식 수동대패			

🔑 1. 회전체 접촉 예방장치　2. 압력방출장치　3. 날접촉예방장치　4. 안전매트
　5. 덮개　6. 날접촉예방장치　7. 구동부 방호 연동장치　8. 자동전격방지기
　9. 급정지장치　10. 후미등　11. 안전기　12. 압력방출용 파열판　13. 날접촉예방장치

114 ☆☆

로봇의 운전으로 인하여 근로자에게 발생할 수 있는 부상 등의 위험을 방지하기 위해 설치하는 방호장치 3가지 쓰시오.

🔲 사업주는 로봇의 운전(법에 따른 교시 등을 위한 로봇의 운전과 법에 따른 로봇의 운전은 제외한다)으로 인하여 근로자에게 발생할 수 있는 부상 등의 위험을 방지하기 위하여 높이 1.8미터 이상의 울타리(로봇의 가동범위 등을 고려하여 높이로 인한 위험성이 없는 경우에는 높이를 그 이하로 조절할 수 있다)를 설치해야 하며, 컨베이어 시스템의 설치 등으로 울타리를 설치할 수 없는 일부 구간에 대해서는 안전매트 또는 광전자식 방호장치 등 감응형 방호장치를 설치해야 한다.

🔳 안전매트/감응형 방호장치/높이 1.8m 이상의 울타리

115 ☆

산업안전보건법상 크레인, 이동식 크레인, 곤돌라에 설치할 방호장치 종류 3개 쓰시오.

🔲 사업주는 다음 각 호의 양중기에 과부하방지장치, 권과방지장치(捲過防止裝置), 비상정지장치 및 제동장치, 그 밖의 방호장치[(승강기의 파이널 리미트 스위치(final limit switch), 속도조절기, 출입문 인터록(inter lock) 등을 말한다]가 정상적으로 작동될 수 있도록 미리 조정해 두어야 한다.

🔳 제동장치/비상정지장치/권과방지장치

116 ☆☆

동력식 수동대패기의 방호장치를 쓰고 방호장치 종류 2개와 방호장치의 간격을 쓰시오.

🔲 – 동력식 수동대패기는 대패날에 손이 닿지 않도록 날접촉예방장치를 설치하여야 하며, 날접촉예방장치는 휨, 비틀림 등 변형이 발생하지 않을 만큼 충분한 강도 갖는 것이어야 한다.

– 대패기계 덮개 종류

종류	용도
가동식 덮개	대패날 부위를 가공재료의 크기에 따라 움직이며, 인체가 날에 접촉하는 것을 방지해 주는 형식
고정식 덮개	대패날 부위를 필요에 따라 수동 조정하도록 하는 형식

– 날접촉예방장치인 덮개와 송급테이블면과의 간격은 8밀리미터 이하이어야 한다.
🔳 방호장치명, 종류: 날접촉예방장치(고정식, 가동식) 간격: 8mm 이하

117

☆

슬라이드가 갑자기 작동함으로써 근로자에게 발생할 위험을 방지하기 위한 방호장치 이름을 쓰시오.

🔳 사업주는 프레스등의 금형을 부착·해체 또는 조정하는 작업을 할 때에 해당 작업에 종사하는 근로자의 신체가 위험한계 내에 있는 경우 슬라이드가 갑자기 작동함으로써 근로자에게 발생할 우려가 있는 위험을 방지하기 위하여 안전블록을 사용하는 등 필요한 조치를 하여야 한다.

🔳 안전블록

118

☆☆

목재가공용 둥근톱기계의 방호장치 2가지 쓰시오.

🔳 – 사업주는 목재가공용 둥근톱기계[(가로 절단용 둥근톱기계 및 반발(反撥)에 의하여 근로자에게 위험을 미칠 우려가 없는 것은 제외한다)]에 분할날 등 반발예방장치를 설치하여야 한다.
　– 사업주는 목재가공용 둥근톱기계(휴대용 둥근톱을 포함하되, 원목제재용 둥근톱기계 및 자동이송장치를 부착한 둥근톱기계를 제외한다)에는 톱날접촉예방장치를 설치하여야 한다.

🔳 반발예방장치(=분할날)/톱날접촉예방장치(=덮개)

119 ☆☆☆

교류아크용접기 방호장치에 관한 설명이다. 빈칸을 쓰시오.

1. (**A**)란 대상으로 하는 용접기의 주회로(변압기의 경우는 1차회로 또는 2차회로)를 제어하는 장치를 가지고 있어, 용접봉의 조작에 따라 용접할 때에만 용접기의 주회로를 형성하고, 그 외에는 용접기의 출력측의 무부하전압을 25볼트 이하로 저하시키도록 동작하는 장치를 말한다.
2. (**B**)이란 정격주파수, 정격전원전압에 있어서 전격방지기의 주접점에 정격전류를 단속하였을 때 부하시간과 전시간과의 비의 백분율을 말한다.
3. (**C**)이란 용접봉을 피용접물에 접촉시켜서 전격방지기의 주접점이 폐로될(닫힐) 때까지의 시간을 말한다.
4. (**D**)이란 용접봉 홀더에 용접기 출력측의 (**E**)이 발생한 후 주접점이 개방될 때까지의 시간을 말한다.
5. (**F**)란 정격전원전압(전원을 용접기의 출력측에서 취하는 경우는 무부하전압의 하한값을 포함한다)에 있어서 전격방지기를 시동시킬 수 있는 출력회로의 시동감도로서 명판에 표시된 것을 말한다.

📖 1. "교류아크용접기용 자동전격방지기(이하 "전격방지기"이라 한다)"란 대상으로 하는 용접기의 주회로(변압기의 경우는 1차회로 또는 2차회로)를 제어하는 장치를 가지고 있어, 용접봉의 조작에 따라 용접할 때에만 용접기의 주회로를 형성하고, 그 외에는 용접기의 출력측의 무부하전압을 25볼트 이하로 저하시키도록 동작하는 장치를 말한다.
2. "정격사용률"이란 정격주파수, 정격전원전압에 있어서 전격방지기의 주접점에 정격전류를 단속하였을 때 부하시간과 전시간과의 비의 백분율을 말한다.
3. "무부하전압"이란 전격방지기가 동작하고 있는 경우에 출력측(용접봉 홀더와 피용접물 사이)에 발생하는 정상 상태의 무부하전압을 말한다.
4. "시동시간"이란 용접봉을 피용접물에 접촉시켜서 전격방지기의 주접점이 폐로될(닫힐) 때까지의 시간을 말한다.
5. "지동시간"이란 용접봉 홀더에 용접기 출력측의 무부하전압이 발생한 후 주접점이 개방될 때까지의 시간을 말한다.
6. "표준시동감도"란 정격전원전압(전원을 용접기의 출력측에서 취하는 경우는 무부하전압의 하한값을 포함한다)에 있어서 전격방지기를 시동시킬 수 있는 출력회로의 시동감도로서 명판에 표시된 것을 말한다.
7. "전격방지기 제어방식"이란 전자접촉기에 의한 접점방식과 주회로용 반도체 소자에 의한 무접점 방식으로 구분한다.

📋 A: 교류아크용접기용 자동전격방지기   B: 정격사용률   C: 시동시간   D: 지동시간
E: 무부하전압   F: 표준시동감도

120 ☆

교류아크용접기 전격방지기 관련 단어에서 지동시간과 시동시간 정의를 쓰시오.

🔢 윗 해설 참조

📋 지동시간 : 용접봉 홀더에 용접기 출력측의 무부하전압이 발생한 후 주접점이 개방될 때까지의 시간
시동시간 : 용접봉을 피용접물에 접촉시켜서 전격방지기의 주접점이 닫힐 때까지의 시간

121 ☆

교류아크용접기 방호장치에 관한 설명이다. 물음에 답하시오.

1. 사용전압 220V일 때 출력측 무부하전압의 실효값(접점방식)
2. 용접봉 홀더에 용접기 출력측 무부하전압이 발생한 후 주접점이 개방될 때까지의 시간

🔢 윗 해설 참조

자동전격방지기 정격 및 특성(사용전압 220V 경우)

구분	종류	정격전류 (A)		정격 사용율 (%)	출력측 무부하전압 (실효값:V)	지동시간 (초)	시동감도 (Ω)	적용용접기 출력측 부하전압의 범위 (실효값:V)	
		1차측	2차측					하한	상한
외장형	SP-3A	130	300	50	접점방식 : 25 이하 무접점방식 : 15 이하	1.0 이내	200 이하	60	85
	SP-5A	220	500	70				70	95
	SP-3B	130	300	50				60	85
	SP-5B	220	500	70				70	95
	SP-3C	110	300	50				60	85
	SP-5C	180	500	70				70	95
	SP-2E	–	200	50				60	85
	SP-3E	–	300	50				60	85
	SP-5E	–	500	70				60	85
내장형	SPB-□A				접점방식 : 25 이하 무접점방식 : 15 이하	1.0 이내	200 이하		
	SPB-□B								
	SPB-□C								

📋 1. 25V 이하   2. 1초 이내

122

다음 설명에 맞는 프레스 및 전단기의 방호장치를 각각 쓰시오.

> 1. 1행정 1정지식 프레스에 사용되는 것으로서 양손으로 동시에 조작하지 않으면 기계가 동작하지
>   않으며, 한손이라도 떼어내면 기계를 정지시키는 방호장치
> 2. 슬라이드의 작동에 연동시켜 위험상태로 되기 전에 손을 위험 영역에서 밀어내거나 쳐내는 방호장치
> 3. 슬라이드와 작업자 손을 끈으로 연결하여 슬라이드 하강 시 작업자 손을 당겨 위험영역에서 빼낼
>   수 있도록 한 방호장치로서 프레스용으로 확동식 클러치형 프레스에 한해서 사용됨

해

종류	분류	기능
광전자식	A - 1	프레스 또는 전단기에서 일반적으로 많이 활용하고 있는 형태로서 투광부, 수광부, 컨트롤 부분으로 구성된 것으로서 신체의 일부가 광선을 차단하면 기계를 급정지시키는 방호장치
	A - 2	급정지 기능이 없는 프레스의 클러치 개조를 통해 광선 차단 시 급정지시킬 수 있도록 한 방호장치
양수조작식	B - 1 (유·공압 밸브식) B - 2 (전기버튼식)	1행정 1정지식 프레스에 사용되는 것으로서 양손으로 동시에 조작하지 않으면 기계가 동작하지 않으며, 한손이라도 떼어내면 기계를 정지시키는 방호장치
가드식	C	가드가 열려 있는 상태에서는 기계의 위험부분이 동작되지 않고 기계가 위험한 상태일 때에는 가드를 열 수 없도록 한 방호장치
손쳐내기식	D	슬라이드의 작동에 연동시켜 위험상태로 되기 전에 손을 위험 영역에서 밀어내거나 쳐내는 방호장치로서 프레스용으로 확동식 클러치형프레스에 한해서 사용됨(다만, 광전자식 또는 양수조작식과 이중으로 설치 시에는 급정지 가능프레스에 사용 가능)
수인식	E	슬라이드와 작업자 손을 끈으로 연결하여 슬라이드 하강 시 작업자 손을 당겨 위험영역에서 빼낼 수 있도록 한 방호장치로서 프레스용으로 확동식 클러치형 프레스에 한해서 사용됨 (다만, 광전자식 또는 양수조작식과 이중으로 설치 시에는 급정지가능 프레스에 사용 가능)

답 1. 양수조작식 2. 손쳐내기식 3. 수인식

123 ☆

프레스, 전단기 방호장치 종류 4개 쓰시오.

🔴 윗 해설 참조
📋 가드식/수인식/광전자식/양수조작식

124 ☆☆☆☆☆

프레스 방호장치에 관한 설명 중 빈칸을 채우시오.

1. 정상동작 표시램프는 (A)색, 위험 표시램프는 (B)색으로 하며 쉽게 근로자가 볼 수 있는 곳에 설치해야 한다.
2. 누름버튼을 양손으로 동시에 조작하지 않으면 작동시킬 수 없는 구조이어야 하며, 양쪽버튼 작동 시간 차이는 최대 (C)초 이내일 때 프레스가 동작되도록 해야 한다.
3. 양수조작식 방호장치의 일반구조에 있어 누름버튼의 상호간 내측거리는 (D)mm 이상이어야 한다.
4. 손쳐내기식방호장치에서 슬라이드 하행정거리 (E) 위치에서 손을 완전히 밀어내야 한다.
5. 손쳐내기식 방호장치에서 방호판의 폭은 금형폭의 (F) 이상이어야 하고, 행정길이가 300mm 이상의 프레스 기계에는 방호판 폭을 (G)로 해야 한다.

해

손쳐내기식 방호장치의 일반구조	손쳐내기식 방호장치의 일반구조는 다음 각 목과 같이 한다. 가. 슬라이드 하행정거리의 **3/4** 위치에서 손을 완전히 밀어내야 한다. 나. 손쳐내기봉의 행정(Stroke) 길이를 금형의 높이에 따라 조정할 수 있고 진동폭은 금형폭 이상이어야 한다. 다. 방호판과 손쳐내기봉은 경량이면서 충분한 강도를 가져야 한다. 라. 방호판의 폭은 금형폭의 **1/2** 이상이어야 하고, 행정길이가 300㎜ 이상의 프레스 기계에는 방호판 폭을 **300mm**로 해야 한다. 마. 손쳐내기봉은 손 접촉 시 충격을 완화할 수 있는 완충재를 부착해야 한다. 바. 부착볼트 등의 고정금속부분은 예리하게 돌출되지 않아야 한다.
양수조작식 방호장치의 일반구조	양수조작식 방호장치의 일반구조는 다음 각 목과 같이 한다. 가. 정상동작표시등은 **녹색**, 위험표시등은 **붉은색**으로 하며, 쉽게 근로자가 볼 수 있는 곳에 설치해야 한다. 나. 슬라이드 하강 중 정전 또는 방호장치 이상 시에 정지할 수 있는 구조이어야 한다. 다. 방호장치는 릴레이, 리미트스위치 등의 전기부품의 고장, 전원전압의 변동 및 정전에 의해 슬라이드가 불시에 동작하지 않아야 하며, 사용전원전압의 ±(100분의 20)의 변동에 대하여 정상으로 작동되어야 한다. 라. 1행정1정지 기구에 사용할 수 있어야 한다. 마. 누름버튼을 양손으로 동시에 조작하지 않으면 작동시킬 수 없는 구조이어야 하며, 양쪽버튼 작동시간 차이는 최대 **0.5초** 이내일 때 프레스가 동작되도록 해야 한다. 바. 1행정마다 누름버든에서 양손을 떼지 않으면 다음 작입의 동작을 할 수 없는 구조이어야 한다. 사. 램의 하행정중 버튼(레버)에서 손을 뗄 시 정지하는 구조이어야 한다. 아. 누름버튼의 상호간 내측거리는 **300㎜** 이상이어야 한다. 자. 누름버튼(레버 포함)은 매립형의 구조로서 다음 각 세목에 적합해야 한다. 다만, 그림 1과 같이 시험 콘으로 개구부에서 조작되지 않는 구조의 개방형 누름버튼(레버 포함)은 매립형으로 본다. 　1) 누름버튼(레버 포함)의 전 구간(360°)에서 매립된 구조 　2) 누름버튼(레버 포함)은 방호장치 상부표면 또는 버튼을 둘러싼 개방된 외함의 수평면으로 부터 하단(2㎜ 이상)에 위치 가) 시험 콘의 적용　　　나) 시험 콘의 치수 [그림 1] 비 매립형의 구조 차. 버튼 및 레버는 작업점에서 위험한계를 벗어나게 설치해야 한다. 카. 양수조작식 방호장치는 푸트스위치를 병행하여 사용할 수 없는 구조이어야 한다.

답 A: 녹　B: 붉은　C: 0.5　D: 300　E: 3/4　F: 1/2　G: 300mm

125 ☆☆☆☆

프레스의 수인식 방호장치에서 수인끈, 안내통, 손목밴드 구비조건 4가지 쓰시오.

해 수인식 방호장치의 일반구조는 다음 각 목과 같이 한다.
  가. 손목밴드 재료는 유연한 내유성 피혁 또는 이와 동등한 재료를 사용해야 한다.
  나. 손목밴드는 착용감이 좋으며 쉽게 착용할 수 있는 구조이어야 한다.
  다. 수인끈의 재료는 합성섬유로 직경이 4mm 이상이어야 한다.
  라. 수인끈은 작업자와 작업공정에 따라 그 길이를 조정할 수 있어야 한다.
  마. 수인끈의 안내통은 끈의 마모와 손상을 방지할 수 있는 조치를 해야 한다.
  바. 각종 레버는 경량이면서 충분한 강도를 가져야 한다.
  사. 수인량의시험은 수인량이 링크에 의해서 조정될 수 있도록 되어야 하며 금형으로부터 위험한계 밖으로
     당길 수 있는 구조이어야 한다.

답 1. 손목밴드는 착용감이 좋아야 한다.
  2. 손목밴드 재료는 유연한 내유성 피혁으로 한다.
  3. 수인끈 안내통은 끈 마모 방지 조치를 해야 한다.
  4. 수인끈 재료는 합성섬유로 직경 4mm 이상이어야 한다.

126 ☆

휴대용 둥근톱 가공덮개의 구조조건 3가지 쓰시오.

해 휴대용 둥근톱 가공덮개와 톱날 노출각이 45도 이내이어야 하며, 다음 세목의 사항에 적합하여야 한다.

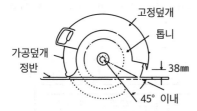

  1) 절단작업이 완료되었을 때 자동적으로 원위치에 되돌아오는 구조일 것
  2) 이동범위를 임의의 위치로 고정할 수 없을 것
  3) 휴대용 둥근톱 덮개의 지지부는 덮개를 지지하기 위한 충분한 강도를 가질 것
  4) 휴대용 둥근톱 덮개의 지지부의 볼트 및 이동덮개가 자동적으로 되돌아오는 기계의 스프링 고정볼트는 이
     완방지장치가 설치되어 있는 것일 것

답 1. 임의 위치로 이동범위 고정할 수 없을 것
  2. 절단작업 완료 시 자동으로 원위치에 되돌아올 것
  3. 지지부는 덮개 지지하기 위한 충분한 강도 가질 것

127   ☆

피뢰기의 구비조건을 5가지 쓰시오.

🔲 피뢰기 구비조건
  1. 반복동작이 가능할 것
  2. 구조가 견고하며 특성이 변하지 않을 것
  3. 점검, 보수가 간단할 것
  4. 충격방전 개시전압과 제한전압이 낮을 것
  5. 뇌전류의 방전능력이 크고 속류의 차단이 확실하게 될 것
🔳 점검 간단할것/구조 견고할것/제한전압 낮을것/반복동작 가능할것/뇌전류 방전능력 클것

128   ☆

비계의 구비조건을 3가지 쓰시오.

🔳 작업성/경제성/안전성

129   ☆☆☆

산업안전보건법상 안전인증 대상 기계 등이 안전기준에 적합한지를 확인하기 위해 안전인증
기관이 심사하는 심사 종류 3개와 심사기간을 쓰시오.(단, 외국 제조와 제품심사 내용 제외)

🔲 심사의 종류

예비심사	• 기계 및 방호장치 · 보호구가 유해 · 위험기계등 인지를 확인하는 심사 • **심사기간: 7일**
서면심사	• 유해위험기계등의 종류별 또는 형식별로 설계도면 등 유해 · 위험기계등의 제품기술과 관련된 문서가 안전인증기준에 적합한지에 대한 심사 • **심사기간: 15일**(외국에서 제조한 경우는 30일)
기술능력 및 생산체계 심사	• 유해 · 위험기계등의 안전성능을 지속적으로 유지 · 보증하기 위하여 사업장에서 갖추어야 할 기술능력과 생산체계가 안전인증기준에 적합한지에 대한 심사 • **심사기간: 30일**(외국에서 제조한 경우는 45일)
제품심사 (개별 제품심사, 형식별 제품심사)	• 유해 · 위험기계등이 서면심사 내용과 일치하는 지와 유해 · 위험기계등의 안전에 관한 성능이 안전인증기준에 적합한지에 대한 심사 • **개별 제품심사: 15일** • **형식별 제품심사: 30일**(법에 따른 보호구는 60일)

🔳 예비심사(7일)/서면심사(15일)/기술능력심사(30일)

130

☆

폭발위험장소의 구분도(區分圖)를 작성하는 경우에는 한국산업표준으로 정하는 기준에 따라 가스폭발 위험장소 또는 분진폭발 위험장소로 설정하여 관리해야 하는 장소 2곳 쓰시오.

해 사업주는 다음 각 호의 장소에 대하여 폭발위험장소의 구분도(區分圖)를 작성하는 경우에는 한국산업표준으로 정하는 기준에 따라 가스폭발 위험장소 또는 분진폭발 위험장소로 설정하여 관리해야 한다.
　　1. 인화성 액체의 증기나 인화성 가스 등을 제조ㆍ취급 또는 사용하는 장소
　　2. 인화성 고체를 제조ㆍ사용하는 장소
답 인화성 가스 제조 장소/인화성 고체 제조 장소

131

☆☆☆☆☆

교류아크용접기(자동으로 작동되는 것은 제외한다)를 사용 시 교류아크용접기에 자동전격방지기를 설치하여야 하는 장소 3가지 구하시오.

해 사업주는 다음 각 호의 어느 하나에 해당하는 장소에서 교류아크용접기(자동으로 작동되는 것은 제외한다)를 사용하는 경우에는 교류아크용접기에 자동전격방지기를 설치하여야 한다.
　　1. 선박의 이중 선체 내부, 밸러스트 탱크(ballast tank, 평형수 탱크), 보일러 내부 등 도전체에 둘러싸인 장소
　　2. 추락할 위험이 있는 높이 2미터 이상의 장소로 철골 등 도전성이 높은 물체에 근로자가 접촉할 우려가 있는 장소
　　3. 근로자가 물ㆍ땀 등으로 인하여 도전성이 높은 습윤 상태에서 작업하는 장소
답 1. 보일러 내부 등 도전체에 둘러싸인 장소
　　2. 철골 등 도전성 높은 물체에 근로자가 접촉할 우려가 있는 장소
　　3. 근로자가 땀으로 인해 도전성 높은 습윤 상태에서 작업하는 장소

132 ☆

근로자가 물·땀 등으로 인하여 도전성이 높은 습윤 상태에서 작업하는 장소에서 교류아크용접기를 사용할 시 설치해야 되는 방호장치 1가지 쓰시오.

해 사업주는 다음 각 호의 어느 하나에 해당하는 장소에서 교류아크용접기(자동으로 작동되는 것은 제외한다)를 사용하는 경우에는 교류아크용접기에 자동전격방지기를 설치하여야 한다.
  1. 선박의 이중 선체 내부, 밸러스트 탱크(ballast tank, 평형수 탱크), 보일러 내부 등 도전체에 둘러싸인 장소
  2. 추락할 위험이 있는 높이 2미터 이상의 장소로 철골 등 도전성이 높은 물체에 근로자가 접촉할 우려가 있는 장소
  3. 근로자가 물 · 땀 등으로 인하여 도전성이 높은 습윤 상태에서 작업하는 장소

답 자동전격방지기

133 ☆☆

감전방지용 누전차단기를 설치해야 하는 전기기계, 기구 종류 4가지 쓰시오.

해 사업주는 다음 각 호의 전기 기계 · 기구에 대하여 누전에 의한 감전위험을 방지하기 위하여 해당 전로의 정격에 적합하고 감도(전류 등에 반응하는 정도)가 양호하며 확실하게 작동하는 감전방지용 누전차단기를 설치해야 한다.
  1. 대지전압이 150볼트를 초과하는 이동형 또는 휴대형 전기기계 · 기구
  2. 물 등 도전성이 높은 액체가 있는 습윤장소에서 사용하는 저압(1.5천볼트 이하 직류전압이나 1천볼트 이하의 교류전압을 말한다)용 전기기계 · 기구
  3. 철판 · 철골 위 등 도전성이 높은 장소에서 사용하는 이동형 또는 휴대형 전기기계 · 기구
  4. 임시배선의 전로가 설치되는 장소에서 사용하는 이동형 또는 휴대형 전기기계 · 기구

답 1. 대지전압 150V 초과하는 휴대형 전기기계
  2. 철골 위 등 도전성 높은 장소에서 사용하는 휴대형 전기기계
  3. 임시배선 전로가 설치되는 장소에서 사용하는 휴대형 전기기계
  4. 물 등 도전성 높은 액체가 있는 습윤장소에서 사용하는 저압용 전기기계

134 ☆

산업안전보건기준에 관한 규칙에서 규정하는 원동기, 회전축, 기어, 플라이 휠 등의 위험방지를 위한 기계적인 안전조치(= 방호장치) 3가지 쓰시오.

해 사업주는 기계의 원동기 · 회전축 · 기어 · 풀리 · 플라이휠 · 벨트 및 체인 등 근로자가 위험에 처할 우려가 있는 부위에 덮개 · 울 · 슬리브 및 건널다리 등을 설치하여야 한다.

답 울/덮개/슬리브

135 ☆

빈칸을 채우시오.

> 사업주는 (A) · (B) · (C) 및 (D) 등에 부속되는 키 · 핀 등의 기계요소는 (E) 으로 하거나 해당 부위에 덮개를 설치하여야 한다.

해 사업주는 회전축 · 기어 · 풀리 및 플라이휠 등에 부속되는 키 · 핀 등의 기계요소는 묻힘형으로 하거나 해당 부위에 덮개를 설치하여야 한다.

답 A: 회전축   B: 기어   C: 풀리   D: 플라이휠   E: 묻힘형

136 ☆☆

유해위험 방지를 위해 방호조치가 필요한 기계, 기구 종류 5개 쓰시오.(= 방호조치를 아니 하고는 양도, 대여, 설치, 진열해서는 안 되는 기계, 기구)

해 유해위험 방지를 위해 방호조치가 필요한 기계, 기구
  1. 예초기   2. 원심기   3. 공기압축기   4. 금속절단기   5. 지게차
  6. 포장기계(진공포장기, 래핑기로 한정한다)

답 예초기/원심기/지게차/공기압축기/포장기계(래핑기)

137 ☆☆☆

산업안전보건법상 자율안전확인대상 기계 또는 설비 종류 5개 쓰시오.

해 **자율안전확인대상**
  1. 다음 각 목의 어느 하나에 해당하는 기계 또는 설비
    가. 연삭기(研削機) 또는 연마기. 이 경우 휴대형은 제외한다.
    나. 산업용 로봇
    다. 혼합기
    라. 파쇄기 또는 분쇄기
    마. 식품가공용 기계(파쇄 · 절단 · 혼합 · 제면기만 해당한다)
    바. 컨베이어
    사. 자동차정비용 리프트
    아. 공작기계(선반, 드릴기, 평삭 · 형삭기, 밀링만 해당한다)
    자. 고정형 목재가공용 기계(둥근톱, 대패, 루타기, 띠톱, 모떼기 기계만 해당한다)
    차. 인쇄기
  2. 다음 각 목의 어느 하나에 해당하는 방호장치
    가. 아세틸렌 용접장치용 또는 가스집합 용접장치용 안전기
    나. 교류 아크용접기용 자동전격방지기
    다. 롤러기 급정지장치
    라. 연삭기 덮개
    마. 목재 가공용 둥근톱 반발 예방장치와 날 접촉 예방장치
    바. 동력식 수동대패용 칼날 접촉 방지장치
    사. 추락 · 낙하 및 붕괴 등의 위험 방지 및 보호에 필요한 가설기자재로서 고용노부장관이 정하여 고시하는 것

답 혼합기/파쇄기/인쇄기/컨베이어/산업용 로봇

138 ☆☆☆☆

산업안전보건법상 자율안전확인대상 방호장치 종류 4개 쓰시오.

해 윗 해설 참조
답 연삭기덮개/롤러기급정지장치/아세틸렌용접장치용안전기/교류아크용접기용자동전격방지기

139 ☆☆☆

산업안전보건법상 안전인증대상 기계 또는 설비 종류 5개 쓰시오.

해 안전인증대상

1. 다음 각 목의 어느 하나에 해당하는 기계 또는 설비
   - 가. 프레스
   - 나. 전단기 및 절곡기(折曲機)
   - 다. 크레인
   - 라. 리프트
   - 마. 압력용기
   - 바. 롤러기
   - 사. 사출성형기(射出成形機)
   - 아. 고소(高所) 작업대
   - 자. 곤돌라
2. 다음 각 목의 어느 하나에 해당하는 방호장치
   - 가. 프레스 및 전단기 방호장치
   - 나. 양중기용(揚重機用) 과부하방지장치
   - 다. 보일러 압력방출용 안전밸브
   - 라. 압력용기 압력방출용 안전밸브
   - 마. 압력용기 압력방출용 파열판
   - 바. 절연용 방호구 및 활선작업용(活線作業用) 기구
   - 사. 방폭구조(防爆構造) 전기기계 · 기구 및 부품
   - 아. 추락 · 낙하 및 붕괴 등의 위험 방지 및 보호에 필요한 가설기자재로서 고용노동부장관이 정하여 고시하는 것
   - 자. 충돌 · 협착 등의 위험 방지에 필요한 산업용 로봇 방호장치로서 고용노동부장관이 정하여 고시하는 것
3. 다음 각 목의 어느 하나에 해당하는 보호구
   - 가. 추락 및 감전 위험방지용 안전모
   - 나. 안전화
   - 다. 안전장갑
   - 라. 방진마스크
   - 마. 방독마스크
   - 바. 송기(送氣)마스크
   - 사. 전동식 호흡보호구
   - 아. 보호복
   - 자. 안전대
   - 차. 차광(遮光) 및 비산물(飛散物) 위험방지용 보안경
   - 카. 용접용 보안면
   - 타. 방음용 귀마개 또는 귀덮개

답 프레스/크레인/리프트/롤러기/곤돌라

140 ☆

산업안전보건법상 안전인증대상 보호구 종류 5개 쓰시오.

🅗 윗 해설 참조

🅐 안전화/안전대/보호복/안전장갑/방진마스크

141 ☆☆☆

산업안전보건법상 안전인증대상 방호장치 5가지 쓰시오.

🅗 윗 해설 참조

🅐 절연용 방호구/프레스 방호장치/압력용기 압력방출용 파열판/압력용기 압력방출용 안전밸브/보일러 압력방출용 안전밸브

142 ☆

안전인증대상 기계, 설비, 방호장치, 보호구에 해당하는 것 6가지 고르시오.

1. 안전대   2. 연삭기 덮개   3. 아세틸렌 용접장치용 안전기   4. 압력용기   5. 보호복
6. 충돌 · 협착 등의 위험방지에 필요한 산업용 로봇 방호장치   7. 곤돌라   8. 컨베이어
9. 양중기용 과부하방지장치   10. 교류 아크용접기용 자동전격방지기
11. 동력식 수동대패용 칼날 접촉 방지장치

🅗 윗 해설 참조

🅐 1/4/5/6/7/9

143 ☆

다음 빈칸을 채우시오.

> 1. (ㄱ)란 달기발판 또는 운반구, 승강장치, 그 밖의 장치 및 이들에 부속된 기계부품에 의하여
>   구성되고, 와이어로프 또는 달기강선에 의하여 달기발판 또는 운반구가 전용 승강장치에 의하여
>   오르내리는 설비를 말한다.
> 2. (ㄴ)란 동력을 사용하여 사람이나 화물을 운반하는 것을 목적으로 하는 기계설비

해 – "곤돌라"란 달기발판 또는 운반구, 승강장치, 그 밖의 장치 및 이들에 부속된 기계부품에 의하여 구성되고,
와이어로프 또는 달기강선에 의하여 달기발판 또는 운반구가 전용 승강장치에 의하여 오르내리는 설비를
말한다.
– "리프트"란 동력을 사용하여 사람이나 화물을 운반하는 것을 목적으로 하는 기계설비로서 다음 각 목의 것
을 말한다.

답 ㄱ : 곤돌라   ㄴ : 리프트

144 ☆

크레인 펜던트 스위치 관련 내용이며 빈칸을 채우시오.

> 1. 펜던트 스위치에는 크레인의 비상정지용 누름버튼과 손을 떼면 자동적으로 (ㄱ)로 복귀되는
>   각각의 작동 종류에 대한 누름버튼 또는 스위치 등이 비치되어있고 정상적으로 작동될 것
> 2. 조작용 전기회로의 전압은 교류 대지전압 (ㄴ)볼트 이하 또는 직류 (ㄷ)볼트 이하일 것

해 펜던트 스위치
가. 펜던트 스위치에는 크레인의 비상정지용 누름버튼과 손을 떼면 자동적으로 정지위치(off)로 복귀되는 각
각의 작동종류에 대한 누름버튼 또는 스위치 등이 비치되어있고 정상적으로 작동될 것
나. 조작용 전기회로의 전압은 교류 대지전압 150볼트 이하 또는 직류 300볼트 이하일 것
다. 펜던트스위치에 접속된 케이블은 꼬임이나 무리한 힘이 가해지지 않도록 보조와이어로프 등으로 지지될 것
라. 펜던트스위치는 조작위치에서의 바닥면에서 0.9미터에서 1.7미터 사이에 위치할 것

답 ㄱ : 정지위치(off)   ㄴ : 150   ㄷ : 300

145 ☆

화물자동차 관련 내용이다. 빈칸을 쓰시오.

> 사업주는 (**A**)으로부터 짐 윗면까지의 높이가 (**B**) 이상인 화물자동차에 짐을 싣는 작업 또는 내리는 작업을 하는 경우에는 근로자의 추가 위험을 방지하기 위하여 해당 작업에 종사하는 근로자가 바닥과 적재함의 짐 윗면 간을 안전하게 오르내리기 위한 설비를 설치하여야 한다.

해 사업주는 **바닥**으로부터 짐 윗면까지의 높이가 **2미터** 이상인 화물자동차에 짐을 싣는 작업 또는 내리는 작업을 하는 경우에는 근로자의 추가 위험을 방지하기 위하여 해당 작업에 종사하는 근로자가 바닥과 적재함의 짐 윗면 간을 안전하게 오르내리기 위한 설비를 설치하여야 한다.

답 A: 바닥　B: 2m

146 ☆☆

보호구 안전인증대상인 차광보안경 관련 내용이다. 빈칸을 채우시오.

> 1. (**A**)이란 착용자 시야를 확보하는 보안경 일부로서 렌즈 및 플레이트 등을 말한다.
> 2. (**B**)란 유해광선을 차단하는 원형 또는 변형모양의 렌즈(플레이트)를 말한다.
> 3. (**C**)이란 필터 입사에 대한 투과 광속의 비를 말한다.
> 4. (**D**)란 필터와 플레이트의 유해광선을 차단할 수 있는 능력을 말하고 자외선, 가시광선 및 적외선에 대해 표기할 수 있다.

해 1. "접안경"이란 착용자 시야를 확보하는 보안경의 일부로서 렌즈 및 플레이트 등을 말한다.
2. "필터"란 해로운 자외선 및 적외선 또는 강렬한 가시광선의 강도를 감소시킬 수 있도록 설계된 것을 말한다.
3. "필터렌즈(플레이트)"란 유해광선을 차단하는 원형 또는 변형모양의 렌즈(플레이트)를 말한다.
4. "커버렌즈(플레이트)"란 분진, 칩, 액체약품 등 비산물로부터 눈을 보호하기 위해 사용하는 렌즈(플레이트)를 말한다.
5. "시감투과율"이란 필터 입사에 대한 투과 광속의 비를 말한다.
6. "적외선 투과율"은 780나노미터 이상 1,400나노미터 이하, 780나노미터 이상 2,000나노미터 이하 영역의 평균 분광투과율을 말한다.
7. "차광도 번호(scale number)"란 필터와 플레이트의 유해광선을 차단할 수 있는 능력을 말하고 자외선, 가시광선 및 적외선에 대해 표기할 수 있다.

답 A: 접안경　B: 필터렌즈(플레이트)　C: 시감투과율　D: 차광도 번호

147 ☆

보호구에 대한 정의이다. 빈칸을 쓰시오.

> 1. 물체가 떨어지거나 날아올 위험 또는 근로자가 추락할 위험이 있는 작업: (A)
> 2. 고열에 의한 화상 등의 위험이 있는 작업: (B)
> 3. 물체의 낙하·충격, 물체에의 끼임, 감전 또는 정전기의 대전(帶電)에 의한 위험이 있는 작업:
>   (C)

해 1. 물체가 떨어지거나 날아올 위험 또는 근로자가 추락할 위험이 있는 작업: 안전모
   2. 높이 또는 깊이 2미터 이상의 추락할 위험이 있는 장소에서 하는 작업: 안전대(安全帶)
   3. 물체의 낙하·충격, 물체에의 끼임, 감전 또는 정전기의 대전(帶電)에 의한 위험이 있는 작업: 안전화
   4. 물체가 흩날릴 위험이 있는 작업: 보안경
   5. 용접 시 불꽃이나 물체가 흩날릴 위험이 있는 작업: 보안면
   6. 감전의 위험이 있는 작업: 절연용 보호구
   7. 고열에 의한 화상 등의 위험이 있는 작업: 방열복
   8. 선창 등에서 분진(粉塵)이 심하게 발생하는 하역작업: 방진마스크
   9. 섭씨 영하 18도 이하 급냉동어창에서 하는 하역작업: 방한모·방한복·방한화·방한장갑
   10. 물건을 운반하거나 수거·배달하기 위하여「도로교통법」제2조제18호가목5)에 따른 이륜자동차 또는 같은 법 제2조제19호에 따른 원동기장치자전거를 운행하는 작업:「도로교통법 시행규칙」제32조제1항 각 호의 기준에 적합한 승차용 안전모
   11. 물건을 운반하거나 수거·배달하기 위해「도로교통법」제2조제21호의2에 따른 자전거 등을 운행하는 작업:「도로교통법 시행규칙」제32조제2항의 기준에 적합한 안전모

답 A: 안전모   B: 방열복   C: 안전화

148 ☆

안전대 관련 내용이다. 빈칸을 쓰시오.

> (A): 신체지지의 목적으로 전신에 착용하는 띠 모양의 것으로서 상체 등 신체 일부분만 지지하는 것은 제외
> (B): 벨트 또는 안전그네를 구명줄 또는 구조물 등 그 밖의 걸이설비와 연결하기 위한 줄모양의 부품
> (C): 벨트 또는 안전그네와 죔줄을 연결하기 위한 D자형의 금속 고리
> (D): 벨트 또는 안전그네를 신체에 착용하기 위해 그 끝에 부착한 금속장치
> (E): 죔줄과 걸이설비 등 또는 D링과 연결하기 위한 금속장치

답 A: 안전그네   B: 죔줄   C: D링   D: 버클   E: 훅(카라비너)

149 ☆☆

가죽제 안전화 시험 항목 4가지를 쓰시오.

해 은면결렬시험/인열강도시험/내부식성시험/인장강도시험 및 신장률/내유성시험/내압박성시험
/내충격성시험/박리저항시험/내답발성시험

답 내유성시험/내부식성시험/내압박성시험/내답발성시험

150 ☆

다음 그림에 해당하는 가죽제 안전화 성능시험명을 쓰시오.

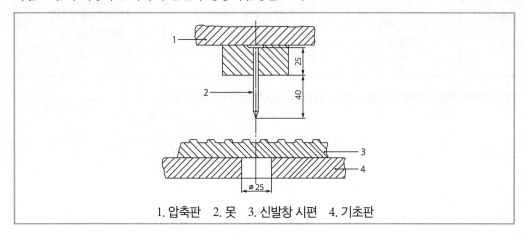

1. 압축판   2. 못   3. 신발창 시편   4. 기초판

답 내답발성시험

151 ☆☆

관계자 외 출입금지 표지의 종류 3개 쓰시오.

해 안전보건표지 종류와 형태

5.	501 허가대상물질 작업장	502 석면취급/해체 작업장	503 금지대상물질의 취급 실험실 등
관계자 외 출입금지	관계자 외 출입금지 (허가물질 명칭) 제조/사용/보관 중 보호구/보호복 착용 흡연 및 음식물 섭취 금지	관계자 외 출입금지 석면 취급/해체 중 보호구/보호복 착용 흡연 및 음식물 섭취 금지	관계자 외 출입금지 발암물질 취급 중 보호구/보호복 착용 흡연 및 음식물 섭취 금지

답 허가대상물질 작업장/석면취급 • 해체 작업장/금지대상물질의 취급 실험실

152 ☆

설치, 이전하거나 그 주요 구조부분을 변경하려는 경우, 유해위험방지계획서를 작성해 고용노동부장관에게 제출하고 심사를 받아야 하는 대통령령으로 정하는 기계, 기구 및 설비에 해당하는 것을 5가지 쓰시오.

해 "대통령령으로 정하는 기계 · 기구 및 설비"란 다음 각 호의 어느 하나에 해당하는 기계 · 기구 및 설비를 말한다.
   1. 금속이나 그 밖의 광물의 용해로   2. 화학설비   3. 건조설비   4. 가스집합 용접장치
   5. 근로자의 건강에 상당한 장해를 일으킬 우려가 있는 물질로서 고용노동부령으로 정하는 물질의 밀폐 · 환기 · 배기를 위한 설비

답 1. 화학설비
   2. 건조설비
   3. 금속 용해로
   4. 가스집합 용접장치
   5. 고용노동부령으로 정한 근로자 건강 해칠 우려 있는 물질의 환기를 위한 설비

153 ☆

유해위험방지계획서 작성 대상인 대통령령으로 정하는 크기, 높이 등에 해당하는 건설공사 관련 내용이다. 빈칸을 채우시오.

> "대통령령으로 정하는 크기 높이 등에 해당하는 건설공사"란 다음 각 호의 어느 하나에 해당하는 공사를 말한다.
> 1. 다음 각 목의 어느 하나에 해당하는 건축물 또는 시설 등의 건설 · 개조 또는 해체(이하 "건설 등"이라 한다) 공사
>   가. 지상높이가 (A   )미터 이상인 건축물 또는 인공구조물
>   나. 연면적 3만제곱미터 이상인 건축물
>   다. 연면적 5천제곱미터 이상인 시설로서 다음의 어느 하나에 해당하는 시설
>   1) 문화 및 집회시설(전시장 및 동물원 · 식물원은 제외한다)
>   2) 판매시설, 운수시설(고속철도의 역사 및 집배송 시설은 제외한다)
>   3) 종교시설
>   4) 의료시설 중 종합병원
>   5) 숙박시설 중 관광숙박시설
>   6) 지하도상가
>   7) 냉동 · 냉장 창고시설
> 2. 연면적 (B   )제곱미터 이상인 냉동 · 냉장 창고시설의 설비공사 및 단열공사
> 3. 최대 지간(支間)길이(다리의 기둥과 기둥의 중심사이의 거리)가 (C   )미터 이상인 다리의 건설 등 공사
> 4. 터널의 건설 등 공사
> 5. 다목적댐, 발전용댐, 저수용량 (D   )톤 이상의 용수 전용 댐 및 지방상수도 전용 댐의 건설등 공사
> 6. 깊이 (E   )미터 이상인 굴착공사

해 "대통령령으로 정하는 크기 높이 등에 해당하는 건설공사"란 다음 각 호의 어느 하나에 해당하는 공사를 말한다.

1. 다음 각 목의 어느 하나에 해당하는 건축물 또는 시설 등의 건설 · 개조 또는 해체(이하 "건설 등"이라 한다) 공사

   가. 지상높이가 31미터 이상인 건축물 또는 인공구조물

   나. 연면적 3만제곱미터 이상인 건축물

   다. 연면적 5천제곱미터 이상인 시설로서 다음의 어느 하나에 해당하는 시설

      1) 문화 및 집회시설(전시장 및 동물원 · 식물원은 제외한다)

      2) 판매시설, 운수시설(고속철도의 역사 및 집배송 시설은 제외한다)

      3) 종교시설

      4) 의료시설 중 종합병원

      5) 숙박시설 중 관광숙박시설

      6) 지하도상가

      7) 냉동 · 냉장 창고시설

2. 연면적 5천제곱미터 이상인 냉동 · 냉장 창고시설의 설비공사 및 단열공사

3. 최대 지간(支間)길이(다리의 기둥과 기둥의 중심사이의 거리)가 50미터 이상인 다리의 건설등 공사

4. 터널의 건설 등 공사

5. 다목적댐, 발전용댐, 저수용량 2천만톤 이상의 용수 전용 댐 및 지방상수도 전용 댐의 건설등 공사

6. 깊이 10미터 이상인 굴착공사

답 A : 31   B : 5,000   C : 50   D : 2천만   E : 10

154   ☆☆☆

건설현장에서 사용하는 작업발판 일체형 거푸집 종류 4개 쓰시오.

해 "작업발판 일체형 거푸집"이란 거푸집의 설치 · 해체, 철근 조립, 콘크리트 타설, 콘크리트 면처리 작업 등을 위하여 거푸집을 작업발판과 일체로 제작하여 사용하는 거푸집으로서 다음 각 호의 거푸집을 말한다.

1. 갱폼(gang form)

2. 슬립 폼(slip form)

3. 클라이밍 폼(climbing form)

4. 터널 라이닝 폼(tunnel lining form)

5. 그 밖에 거푸집과 작업발판이 일체로 제작된 거푸집 등

답 갱 폼/슬립 폼/클라이밍 폼/터널 라이닝 폼

155 ☆☆☆

산업안전보건법상 토사등이 떨어질 우려가 있는 등 위험한 장소에서 견고한 낙하물 보호구조를 갖춰야 하는 차량계 건설기계 종류 5가지 쓰시오.

해 사업주는 토사등이 떨어질 우려가 있는 등 위험한 장소에서 차량계 건설기계[불도저, 트랙터, 굴착기, 로더(loader: 흙 따위를 퍼올리는 데 쓰는 기계), 스크레이퍼(scraper: 흙을 절삭 · 운반하거나 펴 고르는 등의 작업을 하는 토공기계), 덤프트럭, 모터그레이더(motor grader: 땅 고르는 기계), 롤러(roller: 지반 다짐용 건설기계), 천공기, 항타기 및 항발기로 한정한다]를 사용하는 경우에는 해당 차량계 건설기계에 견고한 낙하물 보호구조를 갖춰야 한다.

답 로더/롤러/불도저/굴착기/항타기

156 ☆

산업안전보건법상 운전자가 운전위치를 이탈하면 안되는 기계 종류 3가지 쓰시오.

해 사업주는 다음 각 호의 기계를 운전하는 경우 운전자가 운전위치를 이탈하게 해서는 아니 된다.
  1. 양중기
  2. 항타기 또는 항발기(권상장치에 하중을 건 상태)
  3. 양화장치(화물을 적재한 상태)

답 양중기/양화장치(화물 적재상태)/항타기(권상장치에 하중 건 상태)

157 ☆

산업안전보건법상 양중기 종류 4개 쓰시오.

해 양중기란 다음 각 호의 기계를 말한다.
  1. 크레인[호이스트(hoist)를 포함한다]
  2. 이동식 크레인
  3. 리프트(이삿짐운반용 리프트의 경우에는 적재하중이 0.1톤 이상인 것으로 한정한다)
  4. 곤돌라
  5. 승강기

답 승강기/곤돌라/이동식 크레인/크레인(호이스트 포함)

158 ☆☆

산업안전보건법상 승강기 종류 4개 쓰시오.

해 "승강기"란 건축물이나 고정된 시설물에 설치되어 일정한 경로에 따라 사람이나 화물을 승강장으로 옮기는 데에 사용되는 설비로서 다음 각 목의 것을 말한다.

가. 승객용 엘리베이터: 사람의 운송에 적합하게 제조 · 설치된 엘리베이터

나. 승객화물용 엘리베이터: 사람의 운송과 화물 운반을 겸용하는데 적합하게 제조 · 설치된 엘리베이터

다. 화물용 엘리베이터: 화물 운반에 적합하게 제조 · 설치된 엘리베이터로서 조작자 또는 화물취급자 1명은 탑승할 수 있는 것(적재용량이 300킬로그램 미만인 것은 제외한다)

라. 소형화물용 엘리베이터: 음식물이나 서적 등 소형 화물의 운반에 적합하게 제조 · 설치된 엘리베이터로서 사람의 탑승이 금지된 것

마. 에스컬레이터: 일정한 경사로 또는 수평로를 따라 위 · 아래 또는 옆으로 움직이는 디딤판을 통해 사람이나 화물을 승강장으로 운송시키는 설비

답 에스컬레이터/승객용 엘리베이터/화물용 엘리베이터/승객화물용 엘리베이터

159 ☆☆☆☆

산업안전보건법상의 중대재해 종류 3개 쓰시오.

해 "중대재해"란 다음 각 호의 어느 하나에 해당하는 재해를 말한다.

1. 사망자가 1명 이상 발생한 재해
2. 3개월 이상의 요양이 필요한 부상자가 동시에 2명 이상 발생한 재해
3. 부상자 또는 직업성 질병자가 동시에 10명 이상 발생한 재해

답 1. 사망자 1명 이상 발생한 재해
2. 직업성 질병자가 동시에 10명 이상 발생한 재해
3. 3개월 이상 요양이 필요한 부상자가 동시에 2명 이상 발생한 재해

160 ☆

산업안전보건법상의 중대재해 종류이다. 빈칸을 쓰시오.

> "중대재해"란 다음 각 호의 어느 하나에 해당하는 재해를 말한다.
> 1. 사망자가 (A   )명 이상 발생한 재해
> 2. 3개월 이상의 요양이 필요한 부상자가 동시에 (B   )명 이상 발생한 재해
> 3. 부상자 또는 (C   )가 동시에 10명 이상 발생한 재해

🔑 A: 1   B: 2   C: 직업성 질병자

161 ☆☆☆☆

사업 내 안전보건교육의 종류 4개 쓰시오.

해

근로자 안전보건교육	정기교육/채용 시 교육/작업내용 변경 시 교육/특별교육/건설업 기초안전보건교육
관리감독자 안전보건교육	정기교육/채용 시 교육/작업내용 변경 시 교육/특별교육
특수형태근로종사자에 대한 안전보건교육	최초 노무제공 시 교육/특별교육

🔑 정기교육/특별교육/채용 시 교육/작업내용 변경 시 교육

162

☆☆

빈칸을 채우시오.

1. 사업주는 순간풍속이 초당 (A   )m를 초과하는 바람이 불어올 우려가 있는 경우 옥외에 설치되어 있는 주행크레인에 대해 이탈방지장치를 작동시키는 등 이탈방지를 위한 조치를 해야 한다.
2. 사업주는 순간풍속이 초당 (B   )m를 초과하는 바람이 불어 올 우려가 있는 경우 옥외에 설치되어 있는 승강기에 대하여 받침의 수를 증가시키는 등 승강기가 무너지는 것을 방지하기 위한 조치를 하여야 한다.
3. 사업주는 순간풍속이 초당 (C   )m를 초과하는 바람이 불어올 우려가 있는 경우 건설용 리프트 (지하에 설치되어 있는 것은 제외한다)에 대하여 받침의 수를 증가시키는 등 그 붕괴 등을 방지하기 위한 조치를 하여야 한다.

해 1. 사업주는 순간풍속이 초당 30미터를 초과하는 바람이 불어올 우려가 있는 경우 옥외에 설치되어 있는 주행 크레인에 대하여 이탈방지장치를 작동시키는 등 이탈 방지를 위한 조치를 하여야 한다.
2. 사업주는 순간풍속이 초당 35미터를 초과하는 바람이 불어 올 우려가 있는 경우 옥외에 설치되어 있는 승강기에 대하여 받침의 수를 증가시키는 등 승강기가 무너지는 것을 방지하기 위한 조치를 하여야 한다.
3. 사업주는 순간풍속이 초당 35미터를 초과하는 바람이 불어올 우려가 있는 경우 건설용 리프트(지하에 설치되어 있는 것은 제외한다)에 대하여 받침의 수를 증가시키는 등 그 붕괴 등을 방지하기 위한 조치를 하여야 한다.

답 A: 30   B: 35   C: 35

163 ☆☆☆

다음에 해당하는 충전전로에 대한 접근 한계거리를 쓰시오.

| 1. 220V | 2. 1kV | 3. 23kV | 4. 155kV | 5. 380V | 6. 6.6kV | 7. 0.7kV |

해

충전전로의 선간전압(단위 : kV)	충전전로에 대한 접근 한계거리 (단위 : cm)
0.3 이하	접촉금지
0.3 초과 0.75 이하	30
0.75 초과 2 이하	45
2 초과 15 이하	60
15 초과 37 이하	90
37 초과 88 이하	110
88 초과 121 이하	130
121 초과 145 이하	150
145 초과 169 이하	170
169 초과 242 이하	230
242 초과 362 이하	380
362 초과 550 이하	550
550 초과 800 이하	790

답 1. 접촉금지 2. 45cm 3. 90cm 4. 170cm 5. 30cm 6. 60cm 7. 30cm

164 ☆☆☆☆☆☆☆☆☆

조명은 근로자들의 작업환경의 측면에서 중요한 안전요소이다. 산업안전보건기준에 관한 규칙에서 규정하는 다음의 작업장소의 조도기준을 쓰시오.

| 1. 초정밀 작업 : (A)lux 이상 | 2. 정밀 작업 : (B)lux 이상 |
| 3. 보통 작업 : (C)lux 이상 | 4. 그 밖의 작업 : (D)lux 이상 |

해 사업주는 근로자가 상시 작업하는 장소의 작업면 조도(照度)를 다음 각 호의 기준에 맞도록 하여야 한다. 다만, 갱내(坑內) 작업장과 감광재료(感光材料)를 취급하는 작업장은 그러하지 아니하다.
1. 초정밀작업 : 750럭스(lux) 이상   2. 정밀작업 : 300럭스 이상
3. 보통작업 : 150럭스 이상   4. 그 밖의 작업 : 75럭스 이상

답 A : 750   B : 300   C : 150   D : 75

165 ☆

전기기계, 기구 등으로 인한 위험방지, 배선 및 이동전선으로 인한 위험방지, 전기작업에 대한 위험방지 대책을 적용하지 않아도 되는 전압 기준을 쓰시오.

해 대지전압이 30V 이하인 전기기계 · 기구 · 배선 또는 이동전선에 대해서는 적용하지 아니한다.
　여담으로 우리나라 안전전압은 30V 이하다.

답 30V 이하

166 ☆

절연용 보호구 규정 제외 내용이다. 빈칸을 채우시오.

절연용 보호구 사용 규정은 대지전압이 (　A　) 이하인 전기기계 · 기구 · 배선 또는 이동전선에 대해서는 적용하지 아니한다.

해 윗 해설 참조

답 30V

167 ☆☆

누전차단기 관련 내용이다. 빈칸을 채우시오.

전기기계 · 기구에 설치되어 있는 누전차단기는 정격감도전류가 (　A　) 이하이고, 작동시간은 (　B　) 이내일 것. 다만, 정격전부하전류가 50암페어 이상인 전기기계 · 기구에 접속되는 누전차단기는 오작동을 방지하기 위해 정격감도전류 (　C　) 이하로, 작동시간 (　D　) 이내로 할 수 있다.

해 사업주는 설치한 누전차단기를 접속하는 경우에 다음 각 호의 사항을 준수하여야 한다.
　1. 전기기계 · 기구에 설치되어 있는 누전차단기는 정격감도전류가 30밀리암페어 이하이고 작동시간은 0.03초 이내일 것. 다만, 정격전부하전류가 50암페어 이상인 전기기계 · 기구에 접속되는 누전차단기는 오작동을 방지하기 위하여 정격감도전류 200밀리암페어 이하로, 작동시간 0.1초 이내로 할 수 있다.

답 A: 30mA　B: 0.03초　C: 200mA　D: 0.1초

168

☆☆☆☆

다음 방폭구조의 표시기호를 쓰시오.

1. 내압방폭구조	2. 충전방폭구조	3. 몰드방폭구조	4. 특수방폭구조
5. 본질안전방폭구조	6. 안전증방폭구조	7. 유입방폭구조	8. 비점화방폭구조

해 다음에 따른 해당 방폭구조 기호. 다만, 위험지역에 설치되는 관련기기의 경우, "Ex d[ia] IIC T4" 등과 같이 방폭구조의 기호를 대괄호 [ ]로 표시하여야 하며, 위험지역에 설치할 수 없는 관련기기의 경우, "[Ex ia] IIC" 와 같이 Ex 기호와 방폭구조의 기호 모두를 대괄호 [ ]로 표시하고, 온도등급을 표시하지 않는다.
   1) "d": 내압 방폭구조
   2) "e": 안전증 방폭구조
   3) "ia": 본질안전 방폭구조, 보호방식 "ia"
   4) "ib": 본질안전 방폭구조, 보호방식 "ib"
   5) "ma": 몰드 방폭구조, 보호방식 "ma"
   6) "mb": 몰드 방폭구조, 보호방식 "mb"
   7) "nA": n형식 방폭구조, 보호방식 "nA"
   8) "nC": n형식 방폭구조, 보호방식 "nC"
   9) "nL": n형식 방폭구조, 보호방식 "nL"
   10) "nR": n형식 방폭구조, 보호방식 "nR"
   11) "o": 유입 방폭구조
   12) "px" : 압력 방폭구조, 보호형식 "px"
   13) "py" : 압력 방폭구조, 보호형식 "py"
   14) "pz" : 압력 방폭구조, 보호형식 "pz"
   15) "q" : 충전 방폭구조
   16) "s" : 특수 방폭구조

답 1. Ex d   2. Ex q   3. Ex ma/mb   4. Ex s
   5. Ex ia/ib   6. Ex e   7. Ex o   8. Ex nA/nC/nL/nR

169   ☆☆

가스 · 증기 방폭구조의 종류 6가지 쓰시오.(기호 포함)

해 윗 해설 참조

답 1. 내압 방폭구조(Ex d)   2. 안전증 방폭구조(Ex e)   3. 몰드 방폭구조(Ex ma/mb)
   4. 유입 방폭구조(Ex o)   5. 충전 방폭구조(Ex q)   6. 특수 방폭구조(Ex s)

170   ☆

심실세동 치사 전류를 설명하시오. (공식 포함)

답 통전 전류를 다시 증가해서 심장에 흐르는 전류가 어떤 값에 도달하면, 심장이 경련을 일으키며, 정상 맥동이
   뛰지 않게 되어 혈액을 내보내는 심실이 세동을 일으키게 되는 전류이며
   공식은 I : 심실세동전류(mA) $= \dfrac{165}{\sqrt{통전\ 시간\,(s)}}$ 이다.

171 ☆☆

다음 각 업종에 해당하는 안전관리자 최소인원을 쓰시오.

> 1. 펄프 제조업 : 상시근로자 600명   2. 고무제품 제조업 : 상시근로자 300명
> 3. 통신업 : 상시근로자 500명   4. 운수업 : 상시근로자 1,000명
> 5. 식료품 제조업 : 상시근로자 600명   6. 1차금속 제조업 : 상시근로자 200명
> 7. 플라스틱제품 제조업 : 상시근로자 300명   8. 건설업 : 공사금액 1,000억원
> 9. 목재 제조업 : 상시근로자 90명

해

사업 종류	사업장 상시근로자 수	안전관리자 수
1. 토사석 광업 2. 식료품 제조업, 음료 제조업 3. 섬유제품 제조업 ; 의복 제외 4. 목재 및 나무제품 제조업 ; 가구 제외 5. 펄프, 종이 및 종이제품 제조업 6. 코크스, 연탄 및 석유정제품 제조업 7. 화학물질 및 화학제품 제조업 ; 의약품 제외 8. 의료용 물질 및 의약품 제조업 9. 고무 및 플라스틱제품 제조업	상시근로자 50명 이상 500명 미만	1명 이상
10. 비금속 광물제품 제조업 11. 1차 금속 제조업 12. 금속가공제품 제조업 ; 기계 및 가구 제외 13. 운수 및 창고업 14. 전자부품, 컴퓨터, 영상, 음향 및 통신장비 제조업 15. 의료, 정밀, 광학기기 및 시계 제조업 16. 전기장비 제조업 17. 기타 기계 및 장비 제조업 18. 자동차 및 트레일러 제조업 19. 기타 운송장비 제조업 20. 가구 제조업 21. 기타 제품 제조업 22. 산업용 기계 및 장비 수리업 23. 서적, 잡지 및 기타 인쇄물 출판업 24. 폐기물 수집, 운반, 처리 및 원료 재생업 25. 환경 정화 및 복원업 26. 자동차 종합 수리업, 자동차 전문 수리업 27. 발전업	상시근로자 500명 이상	2명 이상

28. 농업, 임업 및 어업 29. 제2호~제21호까지의 사업을 제외한 제조업 30. 전기, 가스, 증기 및 공기조절 공급업(발전업은 제외한다) 31. 수도/하수/폐기물 처리, 원료 재생업(제23, 26호 해당 사업 제외) 32. 도매 및 소매업　33. 숙박 및 음식점업 34. 영상 · 오디오 기록물 제작 및 배급업 35. 라디오 방송업 및 텔레비전 방송업　36. 우편 및 통신업 37. 부동산업　38. 임대업 ; 부동산 제외　39. 연구개발업 40. 사진처리업　41. 사업시설 관리 및 조경 서비스업	상시근로자 50명 이상 1천명 미만	1명 이상
42. 청소년 수련시설 운영업　43. 보건업 44. 예술, 스포츠 및 여가 관련 서비스업 45. 개인 및 소비용품수리업(제26호에 해당하는 사업은 제외) 46. 기타 개인 서비스업 47. 공공행정(청소, 시설관리, 조리 등 현업업무에 종사하는 사람으로서 　　고용노동부장관이 정하여 고시하는 사람으로 한정한다) 48. 교육서비스업 중 초등 · 중등 · 고등 교육기관, 특수학교 · 외국인학 　　교 및 대안학교(청소, 시설관리, 조리 등 현업업무에 종사하는 사람 　　으로서 고용노동부장관이 정하여 고시하는 사람으로 한정한다)	상시근로자 1천명 이상	2명 이상
49. 건설업	공사금액 50억원 이상 800억원 미만	1명 이상
	공사금액 800익원 이 상 1,500억원 미만	2명 이상
	공사금액 1,500억원 이상 2,200억원 미만	3명 이상
	공사금액 2,200억원 이상 3천억원 미만	4명 이상
	공사금액 3천억원 이 상 3,900억원 미만	5명 이상
	공사금액 3,900억원 이상 4,900억원 미만	6명 이상
	공사금액 4,900억원 이상 6천억원 미만	7명 이상
	공사금액 6천억원 이 상 7,200억원 미만	8명 이상
	공사금액 7,200억원 이상 8,500억원 미만	9명 이상
	공사금액 8,500억원 이상 1조원 미만	10명 이상
	1조원 이상	11명 이상

답 1. 2명　2. 1명　3. 1명　4. 2명　5. 2명　6. 1명　7. 1명　8. 2명　9. 1명

172 ☆

안전보건관리담당자 기준이며 빈칸을 채우시오.

> 사업주는 상시근로자 (A)인 제조업과 임업 사업장에 안전보건관리담당자를 (B) 이상 선임
> 해야 한다.

🖩 사업주는 상시근로자 20명 이상 50명 미만인 사업장에 안전보건관리담당자를 1명 이상 선임해야 한다.
  1. 제조업
  2. 임업
  3. 하수, 폐수 및 분뇨 처리업
  4. 폐기물 수집, 운반, 처리 및 원료 재생업
  5. 환경 정화 및 복원업
📋 1. 20명 이상 50명 미만   2. 1명

173 ☆

다음의 각 경우에 적응성 있는 소화기를 보기에서 고르시오.

보기		
1. 이산화탄소소화기	2. 포소화기	3. 봉상수소화기
4. 봉상강화액소화기	5. 분말소화기	6. 할로겐화합물 소화기
7. 건조사		
1. 전기설비	2. 인화성 액체	3. 자기반응성 액체

해 소화설비의 적응성(제4류 위험물: 인화성 액체, 제5류 위험물: 자기반응성 물질)

소화설비의 구분			건축물·그 밖의 공작물	전기설비	제1류 위험물 알칼리금속과산화물등	제1류 위험물 그 밖의 것	제2류 위험물 철분·금속분·마그네슘등	제2류 위험물 인화성고체	제2류 위험물 그 밖의 것	제3류 위험물 금수성물품	제3류 위험물 그 밖의 것	제4류 위험물	제5류 위험물	제6류 위험물
옥내소화전 또는 옥외소화전설비			○			○		○	○		○		○	○
스프링클러설비			○			○		○	○		○	△	○	○
물분무등소화설비		물분무소화설비	○	○		○		○	○		○	○	○	○
물분무등소화설비		포소화설비	○			○		○	○		○	○	○	○
물분무등소화설비		불활성가스소화설비		○				○				○		
물분무등소화설비		할로겐화합물소화설비		○				○				○		
물분무등소화설비	분말소화설비	인산염류등	○	○		○		○	○			○		○
물분무등소화설비	분말소화설비	탄산수소염류등		○	○			○		○		○		
물분무등소화설비	분말소화설비	그 밖의 것			○		○			○				
대형·소형수동식소화기		봉상수(棒狀水)소화기	○			○		○	○		○		○	○
대형·소형수동식소화기		무상수(霧狀水)소화기	○	○		○		○	○		○		○	○
대형·소형수동식소화기		봉상강화액소화기	○			○		○	○		○		○	○
대형·소형수동식소화기		무상강화액소화기	○	○		○		○	○		○	○	○	○
대형·소형수동식소화기		포소화기	○			○		○	○		○	○	○	○
대형·소형수동식소화기		이산화탄소소화기		○				○				○		△
대형·소형수동식소화기		할로겐화합물소화기		○				○				○		
대형·소형수동식소화기	분말소화기	인산염류소화기	○	○		○		○	○			○		○
대형·소형수동식소화기	분말소화기	탄산수소염류소화기		○	○			○		○		○		
대형·소형수동식소화기	분말소화기	그 밖의 것			○		○			○				
기타		물통 또는 수조	○			○		○	○		○		○	○
기타		건조사			○	○	○	○	○	○	○	○	○	○
기타		팽창질석 또는 팽창진주암			○	○	○	○	○	○	○	○	○	○

비고

1. "○"표시는 당해 소방대상물 및 위험물에 대하여 소화설비가 적응성이 있음을 표시하고, "△"표시는 제4류 위험물을 저장 또는 취급하는 장소의 살수기준면적에 따라 스프링클러설비의 살수밀도가 다음 표에 정하는 기준 이상인 경우에는 당해 스프링클러설비가 제4류 위험물에 대하여 적응성이 있음을, 제6류 위험물을 저장 또는 취급하는 장소로서 폭발의 위험이 없는 장소에 한하여 이산화탄소소화기가 제6류 위험물에 대하여 적응성이 있음을 각각 표시한다.

답 1. 1/5/6 2. 1/2/5/6/7 3. 2/3/4/7

174 ☆☆

전기화재 급수와 적응성 있는 소화설비 3가지만 쓰시오.

해

일반
화재
(A급)
	• 종이/목재/섬유류
	• **표현색**: 백색
	• 적용가능 소화기
	  - 할론(사염화탄소)소화약제 - 할로겐화합물 및 불활성기체소화약제
	  - 분말(인산염류)소화약제 - 산알칼리소화약제 - 강화액소화약제 - 포소화약제
	  - 물, 침윤소화약제 - 고체에어로졸 화합물 - 마른모래 - 팽창질석, 팽창진주암

유류
화재
(B급)
	• **표현색**: 황색
	• 적용가능 소화기
	  - CO_2소화약제 - 할론(사염화탄소)소화약제 - 할로겐화합물 및 불활성기체소화약제
	  - 분말(인산염류/중탄산염류)소화약제 - 산알칼리소화약제 - 강화액소화약제 - 포소화약제
	  - 물, 침윤소화약제 - 고체에어로졸 화합물 - 마른모래 - 팽창질석, 팽창진주암

전기
화재
(C급)
	• **표현색**: 청색
	• 적용가능 소화기
	  - CO_2소화약제 - 할론(사염화탄소)소화약제 - 할로겐화합물 및 불활성기체소화약제
	  - 분말(인산염류/중탄산염류)소화약제 - 고체에어로졸 화합물

금속 화재 (D급)	• **표현색**: 표시없음 • 적용가능 소화기 - 탄산수소염류 분말소화설비 - 건조사/팽창질석/팽창진주암

답 급수: C

적응성 있는 소화설비: CO_2소화약제/할론(사염화탄소)소화약제/분말(인산염류)소화약제

175 ☆☆☆☆

산업안전보건법상 위험물질 종류에 있어 각 종류에 해당하는 것을 쓰시오.

> 인화성 액체
> 1. 에틸에테르, 가솔린, 아세트알데히드, 산화프로필렌, 그 밖에 인화점이 (A)이고 초기끓는점이 (B)인 물질
> 2. 노르말헥산, 아세톤, 메틸에틸케톤, 메틸알코올, 에틸알코올, 이황화탄소, 그 밖에 인화점이 섭씨 23도 미만이고 초기 끓는점이 (C)를 초과하는 물질
> 3. 크실렌, 아세트산아밀, 등유, 경유, 테레핀유, 이소아밀알코올, 아세트산, 하이드라진, 그 밖에 인화점이 (D)인 물질
>
> 부식성 산류
> 1. 농도가 (E)인 염산, 황산, 질산, 그 밖에 이와 같은 정도 이상의 부식성 가지는 물질
> 2. 농도가 (F)인 인산, 아세트산, 불산, 그 밖에 이와 같은 정도 이상의 부식성 가지는 물질
>
> 부식성 염기류
> 1. 농도가 (G)인 수산화나트륨, 수산화칼륨, 그 밖에 이와 같은 정도 이상의 부식성을 가지는 염기류

해 1. 폭발성 물질 및 유기과산화물

    가. 질산에스테르류   나. 니트로화합물   다. 니트로소화합물   라. 아조화합물   마. 디아조화합물

    바. 하이드라진 유도체   사. 유기과산화물   아. 그 밖에 가목부터 사목까지의 물질과 같은 정도의 폭발 위
       험이 있는 물질   자. 가목부터 아목까지의 물질을 함유한 물질

2. 물반응성 물질 및 인화성 고체

    가. 리튬 나. 칼륨·나트륨   다. 황   라. 황린   마. 황화인·적린   바. 셀룰로이드류

    사. 알킬알루미늄·알킬리튬   아. 마그네슘 분말   자. 금속 분말(마그네슘 분말은 제외한다)

    차. 알칼리금속(리튬·칼륨 및 나트륨은 제외한다)

    카. 유기 금속화합물(알킬알루미늄 및 알킬리튬은 제외한다)   타. 금속의 수소화물

    파. 금속의 인화물   하. 칼슘 탄화물, 알루미늄 탄화물

    거. 그 밖 가목부터 하목까지의 물질과 같은 정도의 발화성 또는 인화성이 있는 물질

    너. 가목부터 거목까지의 물질을 함유한 물질

3. 산화성 액체 및 산화성 고체

    가. 차아염소산 및 그 염류   나. 아염소산 및 그 염류   다. 염소산 및 그 염류(= 염소산칼륨)

    라. 과염소산 및 그 염류   마. 브롬산 및 그 염류   바. 요오드산 및 그 염류

    사. 과산화수소 및 무기 과산화물   아. 질산 및 그 염류(= 질산나트륨)   자. 과망간산 및 그 염류

    차. 중크롬산 및 그 염류   카. 그 밖에 가목부터 차목까지의 물질과 같은 정도의 산화성 있는 물질

    타. 가목부터 카목까지의 물질을 함유한 물질

4. 인화성 액체

    가. 에틸에테르, 가솔린, 아세트알데히드, 산화프로필렌, 그 밖에 인화점이 섭씨 23도 미만이고 초기끓는
       점이 섭씨 35도 이하인 물질

    나. 노르말헥산, 아세톤, 메틸에틸케톤, 메틸알코올, 에틸알코올, 이황화탄소, 그 밖에 인화점이 섭씨 23도
       미만이고 초기 끓는점이 섭씨 35도를 초과하는 물질

    다. 크실렌, 아세트산아밀, 등유, 경유, 테레핀유, 이소아밀알코올, 아세트산, 하이드라진, 그 밖에 인화점
       이 섭씨 23도 이상 섭씨 60도 이하인 물질

5. 인화성 가스

    가. 수소   나. 아세틸렌   다. 에틸렌   라. 메탄   마. 에탄   바. 프로판   사. 부탄

    아. 영 별표 13에 따른 인화성 가스

6. 부식성 물질

    가. 부식성 산류

    (1) 농도가 20퍼센트 이상인 염산, 황산, 질산, 그 밖에 이와 같은 정도 이상의 부식성 가지는 물질

    (2) 농도가 60퍼센트 이상인 인산, 아세트산, 불산, 그 밖에 이와 같은 정도 이상의 부식성 가지는 물질

    나. 부식성 염기류

    농도가 40퍼센트 이상인 수산화나트륨, 수산화칼륨, 그 밖에 이와 같은 정도 이상의 부식성을 가지는 염기류

7. 급성 독성 물질

답 A: 23℃ 미만   B: 35℃ 이하   C: 35℃   D: 23℃ 이상 60℃ 이하

    E: 20% 이상   F: 60% 이상   G : 40% 이상

176 ☆☆

고압가스 용기의 색채를 쓰시오.(의료용 제외)

| 1. 산소 | 2. 아세틸렌 | 3. 액화암모니아 | 4. 질소 | 5. 수소 | 6. 헬륨 |

ᄒᆡ 가연성가스 및 독성가스 용기

가스의 종류	도색의 구분	가스의 종류	도색의 구분
액화석유가스	밝은 회색	액화암모니아	백색
수소	주황색	액화염소	갈색
아세틸렌	황색	그 밖의 가스	회색

의료용 가스용기

가스의 종류	도색의 구분	가스의 종류	도색의 구분
산소	백색	질소	흑색
액화탄산가스	회색	아산화질소	청색
헬륨	갈색	싸이크로프로판	주황색
에틸렌	자색	그 밖의 가스	회색

그 밖의 가스용기

가스의 종류	도색의 구분	가스의 종류	도색의 구분
산소	녹색	액화탄산가스	청색
질소	회색	소방용용기	소방법에 따른 도색
그 밖의 가스	회색	-	-

답 1. 녹색 2. 황색 3. 백색 4. 회색 5. 주황색 6. 회색

177 ☆

TLV – TWA의 정의를 쓰시오.

해

종류	정의
시간가중평균노출기준 (Time Weighted Average, TWA)	1일 8시간 작업을 기준으로 하여 유해인자의 측정치에 발생시간을 곱하여 8시간으로 나눈 값
단시간노출기준 (Short Term Exposure Limit, STEL)	15분간의 시간가중 평균노출값
최고노출기준 (Ceiling, C)	근로자가 1일 작업시간동안 잠시라도 노출되어서는 아니 되는 기준

탑 시간가중 평균노출기준으로 1일 8시간 작업 기준으로 유해인자 측정치에 발생 시간을 곱해 8시간으로 나눈 값으로 낮을수록 독성이 크다.

178 ☆

급성독성물질에 대한 설명에서 빈칸을 채우시오.

> 1. LD_{50}은 (A)mg/kg을 쥐에 대한 경구투입 실험에 의해 실험동물 50%를 사망케 한다.
> 2. LD_{50}은 (B)mg/kg을 쥐 또는 토끼에 대한 경피흡수 실험에 의해 실험동물 50%를 사망케 한다.
> 3. LC_{50}은 가스로 (C)ppm을 쥐에 대한 4시간 동안 흡입 실험에 의해 실험동물 50%를 사망케 한다.
> 4. LC_{50}은 증기로 (D)mg/L을 쥐에 대한 4시간 동안 흡입 실험에 의해 실험동물 50%를 사망케 한다.
> 5. LC_{50}은 분진, 미스트로 (E)mg/L을 쥐에 대한 4시간 동안 흡입 실험에 의해 실험동물 50%를 사망케 한다.

해 급성 독성 물질

　가. 쥐에 대한 경구투입실험에 의하여 실험동물의 50퍼센트를 사망시킬 수 있는 물질의 양, 즉 LD_{50}(경구, 쥐)이 킬로그램당 300밀리그램 – (체중) 이하인 화학물질

　나. 쥐 또는 토끼에 대한 경피흡수실험에 의하여 실험동물의 50퍼센트를 사망시킬 수 있는 물질의 양, 즉 LD_{50}(경피, 토끼 또는 쥐)이 킬로그램당 1,000밀리그램 – (체중) 이하인 화학물질

　다. 쥐에 대한 4시간 동안의 흡입실험에 의하여 실험동물의 50퍼센트를 사망시킬 수 있는 물질의 농도, 즉 가스 LD_{50}(쥐, 4시간 흡입)이 2,500ppm 이하인 화학물질, 증기 LD_{50}(쥐, 4시간 흡입)이 10mg/L 이하인 화학물질, 분진 또는 미스트 1mg/L 이하인 화학물질

탑 A : 300　B : 1,000　C : 2,500　D : 10　E : 1

179 ☆☆

소음관련 내용이다, 빈칸을 채우시오.

> 1. "소음작업"이란 1일 8시간 작업을 기준으로 (　A　) 이상 소음이 발생하는 작업을 말한다.
> 2. "강렬한 소음작업"이란 다음 각목의 어느 하나에 해당하는 작업을 말한다.
>   가. 90데시벨 이상의 소음이 1일 (　B　)시간 이상 발생하는 작업
>   나. 95데시벨 이상의 소음이 1일 4시간 이상 발생하는 작업
>   다. 100데시벨 이상의 소음이 1일 (　C　)시간 이상 발생하는 작업
>   라. 105데시벨 이상의 소음이 1일 (　D　)시간 이상 발생하는 작업
>   마. 110데시벨 이상의 소음이 1일 (　E　)분 이상 발생하는 작업
>   바. 115데시벨 이상의 소음이 1일 (　F　)분 이상 발생하는 작업
> 3. "충격소음작업"이란 소음이 1초 이상의 간격으로 발생하는 작업으로서 다음 각 목의 어느 하나에 해당하는 작업을 말한다.
>   가. 120데시벨을 초과하는 소음이 1일 (　G　)회 이상 발생하는 작업

🔲 1. "소음작업"이란 1일 8시간 작업을 기준으로 85데시벨 이상의 소음이 발생하는 작업을 말한다.
2. "강렬한 소음작업"이란 다음 각목의 어느 하나에 해당하는 작업을 말한다.
　가. 90데시벨 이상의 소음이 1일 8시간 이상 발생하는 작업
　나. 95데시벨 이상의 소음이 1일 4시간 이상 발생하는 작업
　다. 100데시벨 이상의 소음이 1일 2시간 이상 발생하는 작업
　라. 105데시벨 이상의 소음이 1일 1시간 이상 발생하는 작업
　마. 110데시벨 이상의 소음이 1일 30분 이상 발생하는 작업
　바. 115데시벨 이상의 소음이 1일 15분 이상 발생하는 작업
3. "충격소음작업"이란 소음이 1초 이상의 간격으로 발생하는 작업으로서 다음 각 목의 어느 하나에 해당하는 작업을 말한다.
　가. 120데시벨을 초과하는 소음이 1일 1만회 이상 발생하는 작업
　나. 130데시벨을 초과하는 소음이 1일 1천회 이상 발생하는 작업
　다. 140데시벨을 초과하는 소음이 1일 1백회 이상 발생하는 작업

🔲 A: 85dB　B: 8　C: 2　D: 1　E: 30　F: 15　G: 10,000

180 ☆

근로자가 소음작업, 강렬한 소음작업 또는 충격소음작업에 종사하는 경우 사업주가 근로자에게 알려야 하는 사항 3가지 쓰시오.

해 사업주는 근로자가 소음작업, 강렬한 소음작업 또는 충격소음작업에 종사하는 경우에 다음 각 호의 사항을 근로자에게 알려야 한다.
　1. 해당 작업장소의 소음 수준
　2. 인체에 미치는 영향과 증상
　3. 보호구의 선정과 착용방법
　4. 그 밖에 소음으로 인한 건강장해 방지에 필요한 사항

답 보호구 착용방법/작업장소 소음 수준/인체에 미치는 영향

181 ☆☆

산업안전보건법령상 다음 경우에 해당하는 항타기, 항발기, 양중기의 권상용 와이어로프(또는 달기체인)의 안전계수를 쓰시오.

> 1. 근로자가 탑승하는 운반구를 지지하는 달기와이어로프 또는 달기체인 경우: (**A**) 이상
> 2. 화물의 하중을 직접 지지하는 달기와이어로프 또는 달기체인의 경우: (**B**) 이상
> 3. 훅, 샤클, 클램프, 리프팅 빔의 경우: (**C**) 이상

해 사업주는 양중기의 와이어로프 등 달기구의 안전계수(달기구 절단하중의 값을 그 달기구에 걸리는 하중의 최대값으로 나눈 값을 말한다)가 다음 각 호의 구분에 따른 기준에 맞지 아니한 경우에는 이를 사용해서는 아니 된다.
　1. 근로자가 탑승하는 운반구를 지지하는 달기와이어로프 또는 달기체인 경우: 10 이상
　2. 화물의 하중을 직접 지지하는 달기와이어로프 또는 달기체인의 경우: 5 이상
　3. 훅, 샤클, 클램프, 리프팅 빔의 경우: 3 이상
　4. 그 밖의 경우: 4 이상

답 A: 10　B: 5　C: 3

182

☆

산업안전보건법령상 항타기 관련 내용이다. 빈칸을 채우시오.

> 1. 사업주는 항타기 또는 항발기의 권상용 와이어로프의 안전계수가 (A) 이상이 아니면 이를 사용해서는 아니 된다.
> 2. 권상용 와이어로프는 추 또는 해머가 최저의 위치에 있을 때 또는 널말뚝을 빼내기 시작할 때를 기준으로 권상장치의 드럼에 적어도 (B)회 감기고 남을 수 있는 충분한 길이일 것
> 3. 권상용 와이어로프는 권상장치의 (C)에 클램프·클립 등을 사용해 견고하게 고정할 것

🔲 – 사업주는 항타기 또는 항발기의 권상용 와이어로프의 안전계수가 5 이상이 아니면 이를 사용해서는 아니 된다.
   – 사업주는 항타기 또는 항발기에 권상용 와이어로프를 사용하는 경우에 다음 각 호의 사항을 준수해야 한다.
   1. 권상용 와이어로프는 추 또는 해머가 최저의 위치에 있을 때 또는 널말뚝을 빼내기 시작할 때를 기준으로 권상장치의 드럼에 적어도 2회 감기고 남을 수 있는 충분한 길이일 것
   2. 권상용 와이어로프는 권상장치의 드럼에 클램프·클립 등을 사용해 견고하게 고정할 것
   3. 권상용 와이어로프에서 추·해머 등과의 연결은 클램프·클립 등을 사용하여 견고하게 할 것
   4. 제2호 및 제3호의 클램프·클립 등은 한국산업표준 제품이거나 한국산업표준이 없는 제품의 경우에는 이에 준하는 규격을 갖춘 제품을 사용할 것

📋 A: 5   B: 2   C: 드럼

183

☆☆☆

방호장치 자율안전기준 고시상, 롤러기 급정지장치 조작부의 설치위치를 알맞게 쓰시오.
(단, 위치는 급정지장치 조작부의 중심점을 기준으로 한다.)

종류	설치위치
손조작식	밑면에서 (A)
복부조작식	밑면에서 (B)
무릎조작식	밑면에서 (C)

🔲 조작부의 설치 위치에 따른 급정지장치의 종류

종류	설치 위치	비고
손조작식	밑면에서 1.8m 이내	위치는 급정지장치의 조작부의 중심점을 기준
복부조작식	밑면에서 0.8m 이상 1.1m 이내	
무릎조작식	밑면에서 0.6m 이내	

📋 A: 1.8m 이내   B: 0.8m 이상 1.1m 이내   C: 0.6m 이내

184 ☆

다음은 안전검사 주기에 관한 사항이다. 빈칸을 채우시오.

> - 크레인(이동식 크레인은 제외한다), 리프트(이삿짐운반용 리프트는 제외한다) 및 곤돌라는 사업장
>   에 설치가 끝난 날부터 (A) 이내에 최초 안전검사를 실시하되, 그 이후부터 (B)마다(건설
>   현장에서 사용하는 것은 최초로 설치한 날로부터 (C)마다) 안전검사 실시한다.
> - 압력용기사업장에 설치가 끝난 날부터 (D) 이내에 최초 안전검사를 실시하되, 그 이후부터
>   (E)마다(공정안전 보고서를 제출하여 확인을 받은 압력용기는 (F)마다)

해 법에 따른 안전검사 대상기계 등의 안전검사 주기는 다음 각 호와 같다.
  1. 크레인(이동식 크레인은 제외한다), 리프트(이삿짐운반용 리프트는 제외한다) 및 곤돌라: 사업장에 설치
     가 끝난 날부터 3년 이내에 최초 안전검사를 실시하되, 그 이후부터 2년마다(건설현장에서 사용하는 것은
     최초로 설치한 날부터 6개월마다)
  2. 이동식 크레인, 이삿짐운반용 리프트 및 고소작업대: 「자동차관리법」 제8조에 따른 신규등록 이후 3년 이
     내에 최초 안전검사를 실시하되, 그 이후부터 2년마다
  3. 프레스, 전단기, 압력용기, 국소 배기장치, 원심기, 롤러기, 사출성형기, 컨베이어, 산업용 로봇, 혼합기, 파
     쇄기 또는 분쇄기: 사업장에 설치가 끝난 날부터 3년 이내에 최초 안전검사를 실시하되, 그 이후부터 2년
     마다(공정안전 보고서를 제출하여 확인을 받은 압력용기는 4년마다)

답 A: 3년 B: 2년 C: 6개월 D: 3년 E: 2년 F: 4년

185 ☆☆

압력용기 안전검사 주기에 관련된 내용이다. 빈칸을 채우시오.

> 사업장에 설치가 끝난 날부터 (A) 이내에 최초 안전검사를 실시하되, 그 이후부터 (B)마다
> (공정안전 보고서를 제출하여 확인을 받은 압력용기는 C 마다)

해 윗 해설 참조
답 A: 3년 B: 2년 C: 4년

186   ☆☆

보일러에 설치하는 방호장치에 대한 안전기준이다. 빈칸을 채우시오.

> 1. 사업주는 보일러의 안전한 가동을 위하여 보일러 규격에 맞는 (**A**)를 1개 또는 2개 이상 설치
>   하고 (**B**)(설계압력 또는 최고허용압력을 말한다. 이하 같다) 이하에서 작동되도록 해야 한다.
>   다만, (**A**)가 2개 이상 설치된 경우에는 (**B**) 이하에서 1개가 작동되고, 다른 (**A**)는
>   (**B**)(**C**) 이하에서 작동되도록 부착하여야 한다.
> 2. 사업주는 보일러의 과열을 방지하기 위하여 최고사용압력과 상용압력 사이에서 보일러의 버너 연
>   소를 차단할 수 있도록 (**D**)를 부착하여 사용하여야 한다.

해 1. 사업주는 보일러의 안전한 가동을 위하여 보일러 규격에 맞는 압력방출장치를 1개 또는 2개 이상 설치하
   고 최고사용압력(설계압력 또는 최고허용압력을 말한다. 이하 같다) 이하에서 작동되도록 하여야 한다.
   다만, 압력방출장치가 2개 이상 설치된 경우에는 최고사용압력 이하에서 1개가 작동되고, 다른 압력방출
   장치는 최고사용압력 1.05배 이하에서 작동되도록 부착하여야 한다.
   2. 사업주는 보일러의 과열을 방지하기 위하여 최고사용압력과 상용압력 사이에서 보일러의 버너 연소를
   차단할 수 있도록 압력제한스위치를 부착하여 사용하여야 한다.

답 A: 압력방출장치 B: 최고사용압력 C: 1.05배 D: 압력제한스위치

187   ☆☆☆

화학설비, 시설의 안전거리 기준이다. 빈칸을 채우시오.

> 1. 단위 공정시설, 설비로부터 다른 공정시설 및 설비 사이 : (A)m 이상 이격
> 2. 플레어스택으로부터 위험물 저장탱크, 위험물 하역설비 사이 : 반경 (B)m 이상 이격
> 3. 위험물 저장탱크로부터 단위 공정설비, 보일러, 가열로 사이 : 저장탱크 외면에서 (C)m 이상 이격
> 4. 사무실, 연구실, 식당 등으로부터 공정설비, 위험물 저장탱크, 보일러, 가열로 사이 : 사무실 등 외면 으로부터 (D)m 이상 이격

🈳 안전거리

구분	안전거리
단위공정시설 및 설비로부터 다른 단위공정 시설 및 설비의 사이	설비의 바깥 면으로부터 10미터 이상
플레어스택으로부터 단위공정시설 및 설비, 위험 물질 저장탱크 또는 위험물질 하역설비의 사이	플레어스택으로부터 반경 20미터 이상. 다만, 단위공정시설 등이 불연재로 시공된 지붕 아래 에 설치된 경우는 그러하지 아니하다.
위험물질 저장탱크로부터 단위공정시설 및 설비, 보 일러 또는 가열로의 사이	저장탱크의 바깥 면으로부터 20미터 이상. 다만, 저장 탱크의 방호벽, 원격조종 소화설비 또는 살수설비를 설치한 경우는 그러하지 아니하다
사무실 · 연구실 · 실험실 · 정비실 또는 식당으로 부 터 단위공정시설 및 설비, 위험물질 저장탱크, 위험물 질 하역설비, 보일러 또는 가열로의 사이	사무실 등의 바깥 면으로부터 20미터 이상. 다만, 난 방용 보일러인 경우 또는 사무실 등의 벽을 방호구조 로 설치한 경우에는 그러하지 아니하다.

🈶 A : 10   B : 20   C : 20   D : 20

188 ☆

다음 보기에서 상해와 재해를 구분하시오.

• 골절 • 떨어짐 • 중독 및 질식 • 끼임 • 이상온도 접촉 • 화재 • 넘어짐 • 뇌졸중

🅗

	상해	재해
정의	인간이 위험에 노출되어 발생하는 사망, 질병, 신체적 손상	사고의 결과로 받은 또는 생긴 인명피해나 재산상의 손실
종류	• 골절 • 절단 • 타박상 • 찰과상 • 중독, 질식 • 화상 • 감전 • 뇌진탕 • 고혈압 • 뇌졸중 • 피부염 • 진폐 • 수근관증후군	• 떨어짐 • 넘어짐 • 깔림,뒤집힘 • 부딪힘 • 맞음 • 끼임 • 무너짐 • 절단, 베임, 찔림 • 감전 폭발, 파열 • 화재 • 이상온도 접촉 • 불균형, 무리한 동작 • 화학물질 누출, 접촉 • 산소결핍 • 빠짐, 익사 • 사업장내 교통사고 • 사업장외 교통사고 • 체육행사 등의 사고 • 폭력행위 • 동물상해 • 기타 • 분류불능

🅑 상해: 골절, 중독 및 질식, 뇌졸중   재해: 떨어짐, 끼임, 이상온도 접촉, 화재, 넘어짐

189 ☆

컬러테라피에 관한 내용이다. 빈칸을 채우시오.

(A): 열정, 생명력　　　(B): 주의, 희망　　　　　(C): 우울, 불안 (D): 마음 진정, 냉담　　(E): 안전, 평화

🅑 A: 빨간색 B: 노란색 C: 보라색 D: 파란색 E: 녹색

190 ☆☆

안전보건표지의 색도기준에 관한 다음 표의 빈칸을 채우시오.

색채	색도기준	용도	사용 예
(A)	(F)	금지	정지신호, 소화설비 및 그 장소, 유해행위의 금지
		경고	화학물질 취급장소에서의 유해 · 위험 경고
(B)	5Y 8.5/12	경고	화학물질 취급장소에서의 유해 · 위험경고 이외의 위험경고, 주의표지 또는 기계방호물
(C)	2.5PB 4/10	(G)	특정 행위의 지시 및 사실의 고지
(D)	2.5G 4/10	(H)	비상구 및 피난소, 사람 또는 차량의 통행표지
(E)	N9.5	-	파란색 또는 녹색에 대한 보조색
검은색	N0.5	-	문자 및 빨간색 또는 노란색에 대한 보조색

🖩 안전보건표지 색도기준 및 용도

색채	색도기준	용도	사용 예
빨간색	7.5R 4/14	금지	정지신호, 소화설비 및 그 장소, 유해행위의 금지
		경고	화학물질 취급장소에서의 유해 · 위험 경고
노란색	5Y 8.5/12	경고	화학물질 취급장소에서의 유해 · 위험경고 이외의 위험경고, 주의표지 또는 기계방호물
파란색	2.5PB 4/10	지시	특정 행위의 지시 및 사실의 고지
녹색	2.5G 4/10	안내	비상구 및 피난소, 사람 또는 차량의 통행표지
흰색	N9.5	-	파란색 또는 녹색에 대한 보조색
검은색	N0.5	-	문자 및 빨간색 또는 노란색에 대한 보조색

※ 안전보건표지는 제 네이버 카페 교육자료 코너에 있으니 꼭 다운로드 ~ !

🖩 A : 빨간색　　B : 노란색　　C : 파란색　　D : 녹색　　E : 흰색　　F : 7.5R 4/14
　　G : 지시　　H : 안내

191
☆☆☆☆

안전보건표지에 대한 내용이다. 알파벳에 알맞은 단어를 쓰시오.

> (**A**): 사람이 걸어 다녀서는 안 될 장소
> (**B**): 수리 또는 고장 등으로 만지거나 작동시키는 것을 금지해야 할 기계 · 기구 및 설비
> (**C**): 엘리베이터 등에 타는 것이나 어떤 장소에 올라가는 것을 금지
> (**D**): 정리 정돈 상태의 물체나 움직여서는 안 될 물체를 보존하기 위하여 필요한 장소
> (**E**): 화재가 발생할 염려가 있는 장소로서 화기취급을 금지하는 장소

해

분류	종류	용도 및 설치 · 부착 장소
금지 표지	출입금지	출입을 통제해야 할 장소
	보행금지	사람이 걸어 다녀서는 안 될 장소
	차량통행금지	제반 운반기기 및 차량의 통행을 금지시켜야 할 장소
	사용금지	수리 또는 고장 등으로 만지거나 작동시키는 것을 금지해야 할 기계 · 기구 및 설비
	탑승금지	엘리베이터 등에 타는 것이나 어떤 장소에 올라가는 것을 금지
	금연	담배를 피워서는 안 될 장소
	화기금지	화재가 발생할 염려가 있는 장소로서 화기취급을 금지하는 장소
	물체이동금지	정리 정돈 상태의 물체나 움직여서는 안 될 물체를 보존하기 위하여 필요한 장소

답 A: 보행금지　B: 사용금지　C: 탑승금지　D: 물체이동금지　E: 화기금지

192
☆

금지표시에 관한 것이다. 알맞은 표지 종류를 정확히 쓰시오.

종류	용도 및 설치 · 부착 장소	설치 · 부착 장소 예시
사용금지	수리 또는 고장 등으로 만지거나 작동시키는 것을 금지해야 할 기계 · 기구 및 설비	고장난 기계
(**A**)	엘리베이터 등에 타는 것이나 어떤 장소에 올라가는 것을 금지	고장난 엘리베이터
(**B**)	정리 정돈 상태의 물체나 움직여서는 안 될 물체를 보존하기위하여 필요한 장소	절전스위치옆

해 윗 해설 참조
답 A: 탑승금지　B: 물체이동금지

193 ☆

산업안전보건법상 안전보건표지에 있어 경고표지의 종류 4개 쓰시오. (위험장소경고 제외)

해 경고표지 종류

1. 인화성물질경고	2. 산화성물질경고	3. 폭발성물질경고
4. 급성독성물질경고	5. 부식성물질경고	6. 방사성물질경고
7. 고압전기경고	8. 매달린 물체경고	9. 낙하물경고
10. 고온경고	11. 저온경고	12. 몸균형상실경고
13. 레이저광선경고	14. 발암성 · 변이원성 · 생식독성 · 전신독성 · 호흡기과민성물질 경고	
15. 위험장소경고		

답 저온경고/고온경고/낙하물경고/고압전기경고

194 ☆

안내표지 종류 4개 쓰시오.

해 안내표지 종류

1. 녹십자표지	2. 응급구호표지	3. 들것	4. 세안장치
5. 비상용기구	6. 비상구	7. 좌측비상구	8. 우측비상구

답 들것/비상구/좌측비상구/우측비상구

195 ☆

위험장소 경고표지에 대해 물음에 답하시오.

> 1. 위험장소 경고표지를 그리시오.   2. 색을 쓰시오.

해

분류	색채
금지	바탕은 흰색, 기본모형은 빨간색, 관련 부호 및 그림은 검은색
경고	바탕은 노란색, 기본모형, 관련 부호 및 그림은 검은색 다만, 인화성물질 경고, 산화성물질 경고, 폭발성물질 경고, 급성독성물질 경고, 부식성물질 경고 및 발암성·변이원성·생식독성·전신독성·호흡기과민성 물질 경고의 경우 바탕은 무색, 기본모형은 빨간색(검은색도 가능)
지시	바탕은 파란색, 관련 그림은 흰색
안내	바탕은 흰색, 기본모형 및 관련 부호는 녹색 바탕은 녹색, 관련 부호 및 그림은 흰색
출입금지 표지	글자는 흰색바탕에 흑색다음 글자는 적색 - ○○○제조/사용/보관 중 - 석면취급/해체 중 - 발암물질 취급 중

※ 안전보건표지는 네이버 카페 교육자료 코너에 있으니 꼭 다운로드 ~ !

답 1.

2. 바탕색 : 노란색   기본모형/관련부호/그림 : 검은색

196   ☆

경고표지 중 바탕은 무색, 기본모형은 빨간색(검은색도 가능)인 표지 종류 5개 쓰시오.

해

분류	색채
금지	바탕은 흰색, 기본모형은 빨간색, 관련 부호 및 그림은 검은색
경고	바탕은 노란색, 기본모형, 관련 부호 및 그림은 검은색 다만, 인화성물질 경고, 산화성물질 경고, 폭발성물질 경고, 급성독성물질 경고, 부식성물질 경고 및 발암성 · 변이원성 · 생식독성 · 전신독성 · 호흡기과민성 물질 경고의 경우 바탕은 무색, 기본모형은 빨간색(검은색도 가능)
지시	바탕은 파란색, 관련 그림은 흰색
안내	바탕은 흰색, 기본모형 및 관련 부호는 녹색 바탕은 녹색, 관련 부호 및 그림은 흰색
출입금지 표지	글자는 흰색바탕에 흑색다음 글자는 적색 -○○○제조/사용/보관 중 - 석면취급/해체 중 - 발암물질 취급 중

답 인화성물질경고/산화성물질경고/폭발성물질경고/부식성물질경고/급성독성물질경고

197   ☆

금지표지의 색채기준(바탕색/기본모형/관련부호/그림)을 쓰시오.

해

분류	색채
금지	바탕은 흰색, 기본모형은 빨간색, 관련 부호 및 그림은 검은색
경고	바탕은 노란색, 기본모형, 관련 부호 및 그림은 검은색 다만, 인화성물질 경고, 산화성물질 경고, 폭발성물질 경고, 급성독성물질 경고, 부식성물질 경고 및 발암성 · 변이원성 · 생식독성 · 전신독성 · 호흡기과민성 물질 경고의 경우 바탕은 무색, 기본모형은 빨간색(검은색도 가능)
지시	바탕은 파란색, 관련 그림은 흰색
안내	바탕은 흰색, 기본모형 및 관련 부호는 녹색 바탕은 녹색, 관련 부호 및 그림은 흰색
출입금지 표지	글자는 흰색바탕에 흑색다음 글자는 적색 -○○○제조/사용/보관 중 - 석면취급/해체 중 - 발암물질 취급 중

답 바탕색 : 흰색   기본모형 : 빨간색   관련부호/그림 : 검은색

198 ☆

유류 저장탱크에 부착해야 하는 안전보건표지명과 종류, 모양, 색(바탕/기본모형)을 쓰시오.

해

인화성물질경고표지

답 표지명 : 인화성물질경고　　종류 : 경고표지　　모양 : 마름모　　색 : 바탕 – 무색, 기본모형 – 빨간색

199

☆☆☆☆☆☆☆☆

안전보건표지의 명칭을 쓰시오.

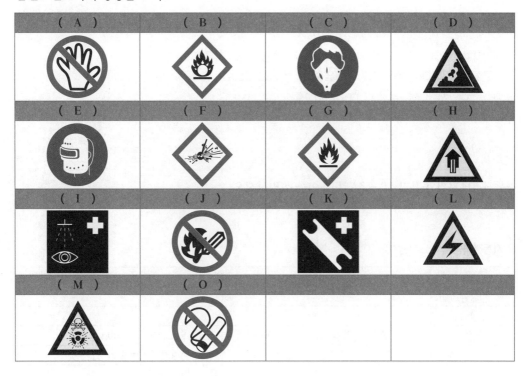

🔖 A : 사용금지   B : 산화성물질경고   C : 방진마스크착용   D : 낙하물경고

E : 보안면착용   F : 폭발성물질경고   G : 인화성물질경고   H : 고온경고

I : 세안장치   J : 화기금지   K : 들것   L : 고압전기경고

M : 방사성물질경고   O : 금연

200

☆

와이어로프 호칭이 '6 × 25(Fi)'라고 할 때 기호의 뜻을 쓰시오.

🔖 와이어로프 호칭

꼬임 수량(strand수) × 소선 수량(wire수)

S : 씰형   W : 워링톤형   WS : 워리톤시일형   Fi : 필러형

🔖 6 : 꼬임 수량   25 : 소선 수량   Fi : 필러형

201 ☆

아세틸렌가스 용기에 표시된 TP25와 FP25를 설명하시오.

해 내압시험압력(기호: TP, 단위: MPa) (액화석유가스용기 및 초저온용기는 제외)
  최고충전압력(기호: FP, 단위: MPa) (압축가스를 충전하는 용기 및 초저온용기에 한정)

답 TP25 : 내압시험압력 25MPa   FP25 : 최고충전압력 25MPa

202 ☆☆

자동전격방지기 종류가 SP – 3A일 때 이를 설명하시오.

해 자동전격방지기 표시법

종류		기호
외장형		SP
내장형		SPB
숫자		출력 측의 정격전류의 100단위의 수치(예 2.5 : 250A, 3 : 300A를 표시)
알파벳	A	용접기에 내장되어 있는 콘덴서의 유무에 관계없이 사용할 수 있는 것
	B	콘덴서를 내장하지 않은 용접기에 사용하는 것
	C	콘덴서 내장형 용접기에 사용하는 것
	E	엔진구동 용접기에 사용하는 전격방지기를 표시

답 SP : 외장형
  3 : 300A
  A : 용접기에 내장되어 있는 콘덴서 유무에 관계없이 사용할 수 있는 것

203   ☆☆☆

다음 위험점의 정의를 쓰시오.

| • 협착점 | • 끼임점 | • 물림점 | • 접선물림점 | • 회전말림점 |

해

협착점		왕복운동하는 동작부분과 고정부분 사이에 형성되는 위험점 **예** 프레스, 전단기, 굽힘기계
끼임점		고정부분과 회전 또는 직선운동 부분 사이에 형성되는 위험점 **예** 회전 풀리와 베드 사이, 연삭숫돌과 작업대, 핸들과 고정대 사이, 교반기의 날개와 하우스
절단점		회전하는 운동부 자체 위험이나 운동하는 기계 자체의 위험에서 형성되는 위험점 **예** 밀링커터, 둥근 톱날
물림점		서로 반대방향으로 회전하는 두 개의 회전체가 맞닿아서 생기는 위험점 **예** 기어, 롤러
접선물림점		회전하는 부분의 접선방향으로 물려들어갈 위험이 존재하는 위험점 **예** 풀리와 벨트, 체인과 스프라켓, 기어와 벨트
회전말림점		회전하는 물체의 길이 등이 불규칙한 부위와 돌기 회전부 위에 옷, 장갑 등이 말려드는 위험점 **예** 회전축, 드릴

답 협착점 : 왕복운동하는 동작부분과 고정부분 사이에 형성되는 위험점
끼임점 : 고정부분과 회전 또는 직선운동 부분 사이에 형성되는 위험점
물림점 : 서로 반대방향으로 회전하는 두 개의 회전체가 맞닿아서 생기는 위험점
접선물림점 : 회전하는 부분의 접선방향으로 물려들어갈 위험이 존재하는 위험점
회전말림점 : 회전하는 물체의 길이 등이 불규칙한 부위와 돌기 회전부 위에 옷, 장갑 등이 말려드는 위험점

204

☆

다음 설명에 맞는 연삭기 각도를 쓰시오.

1. 일반연삭작업 등에 사용하는 것을 목적으로 하는 탁상용 연삭기 숫돌 노출각도
2. 연삭숫돌의 상부를 사용하는 것을 목적으로 하는 탁상용 연삭기 덮개 노출각도
3. 원통연삭기, 센터리스연삭기, 공구연삭기, 만능연삭기, 그 밖에 이와 비슷한 연삭기 숫돌 노출각도
4. 휴대용 연삭기, 스윙연삭기, 스라브연삭기, 그 밖에 이와 비슷한 연삭기 숫돌 노출각도
5. 평면연삭기, 절단연삭기, 그 밖에 이와 비슷한 연삭기 덮개 각도

해 연삭기 덮개 각도 및 연삭숫돌 각도

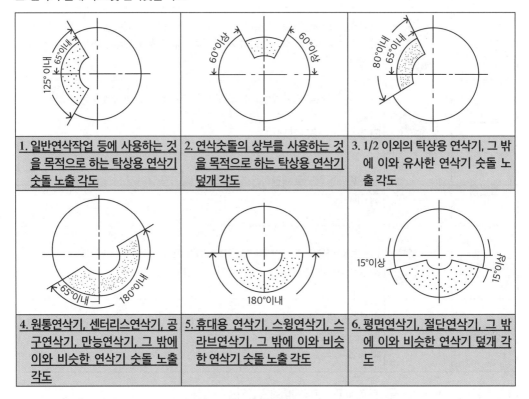

1. 일반연삭작업 등에 사용하는 것을 목적으로 하는 탁상용 연삭기 숫돌 노출 각도	2. 연삭숫돌의 상부를 사용하는 것을 목적으로 하는 탁상용 연삭기 덮개 각도	3. 1/2 이외의 탁상용 연삭기, 그 밖에 이와 유사한 연삭기 숫돌 노출 각도
4. 원통연삭기, 센터리스연삭기, 공구연삭기, 만능연삭기, 그 밖에 이와 비슷한 연삭기 숫돌 노출 각도	5. 휴대용 연삭기, 스윙연삭기, 스라브연삭기, 그 밖에 이와 비슷한 연삭기 숫돌 노출 각도	6. 평면연삭기, 절단연삭기, 그 밖에 이와 비슷한 연삭기 덮개 각도

답 1. 125도 이내   2. 60도 이내   3. 180도 이내   4. 180도 이내   5. 15도 이상

205 ☆

공정안전보고서와 관련되어 변경관리를 분류할 때 변경의 종류 3가지 쓰시오.

해 변경관리의 분류

1. 변경발의자는 변경관리 내용을 "변경" 또는 "단순 교체"로 분류하되, 확실한 판단이 서지 않을 경우에는 변경 발의부서의 장 또는 변경관리위원회의 판정에 따른다.
2. 변경대상으로 분류된 경우, "정상변경", "비상변경" 또는 "임시변경"으로 구분하여 해당 절차에 따라 실시한다.
3. 단순 교체인 경우에는 "정비작업일지"에 기재하고, 시행한다.
4. 긴급한 상황으로 우선 처리가 필요한 경우에는 비상변경절차에 따른다.

답 정상변경/비상변경/임시변경

206 ☆

강관비계 사용하여 조립 시 사용되는 부속철물 종류 3가지 쓰시오.

해 강관비계 조립에 필요한 부재

비계용 강관, 받침철물(조절형, 고정형 등), 이음철물(강관조인트 등), 조임철물(클램프 등), 벽이음재, 작업발판

답 클램프/벽이음재/강관조인트

207 ☆☆

사업주가 실시해야 하는 건강진단 종류 5가지 쓰시오.

답 일반건강진단/수시건강진단/임시건강진단/특수건강진단/배치 전 건강진단

208

다음 물질을 대상으로 한 특수건강진단 배치 후 첫 번째로 받는 시기를 쓰시오.

• 벤젠　　• 소음, 충격소음　　• 염화비닐　　• 석면, 면 분진

📋 특수건강진단 시기 및 주기

구분	대상 유해인자	시기 (배치 후 첫 번째 특수 건강진단)	주기
1	• N,N-디메틸아세트아미드　　• 디메틸포름아미드	1개월 이내	6개월
2	• 벤젠	2개월 이내	6개월
3	• 1,1,2,2-테트라클로로에탄　　• 사염화탄소 • 아크릴로니트릴　　• 염화비닐	3개월 이내	6개월
4	• 석면, 면 분진	12개월 이내	12개월
5	• 광물성 분진　　• 목재 분진　　• 소음 및 충격소음	12개월 이내	24개월
6	제1호부터 제5호까지의 대상 유해인자를 제외한 별표22의 모든 대상 유해인자	6개월 이내	12개월

📝 • 벤젠 : 2개월 이내　　　• 소음, 충격소음 : 12개월 이내　　　• 염화비닐 : 3개월 이내
　• 석면, 면 분진 : 12개월 이내

209

근골격계에 영향을 주는 VDT 증후군 같은 반복성 질환은 누적외상성질환(CTDs)으로 통칭된다.
누적외상성질환(CTDs)의 발생요인 3가지 쓰시오.

📖 "근골격계질환"이란 반복적인 동작, 부적절한 작업자세, 무리한 힘의 사용, 날카로운 면과의 신체접촉, 진동
및 온도 등의 요인에 의하여 발생하는 건강장해로서 목, 어깨, 허리, 팔·다리의 신경·근육 및 그 주변 신체
조직 등에 나타나는 질환을 말한다.

📝 진동/반복적 동작/무리한 힘 사용

210 ☆

자동운동 생기기 쉬운 조건 3가지 쓰시오.

🔁 광점 작을 것/대상 단순할 것/시야의 다른 부분이 어두울 것

211 ☆☆☆

폭굉유도거리 짧아지는 조건 4가지 쓰시오.

🔁 압력 높을수록 폭굉유도거리 짧아진다.
점화원 에너지 높을수록 폭굉유도거리 짧아진다.
연소속도 빠를수록 폭굉유도거리 짧아진다.
관 직경 작을수록 폭굉유도거리 짧아진다.

212 ☆☆

분진폭발 위험성 증가시키는 조건 4가지 쓰시오.

🔁 분진 온도가 높을수록 폭발 위험성 커진다.
분진 발열량이 높을수록 폭발 위험성 커진다.
분위기 중 산소 농도가 클수록 폭발 위험성 커진다.
분진 표면적이 입자체적보다 클수록 폭발 위험성 커진다.

213 ☆

분진폭발과정이다. 순서대로 나열하시오.

> A. 주위 공기와 혼합   B. 점화원에 의해 폭발   C. 폭발열에 의해 주위 입자 온도상승
> D. 입자표면 온도 상승   E. 입자표면 열분해 및 기체 발생

🔲 분진폭발 발생 순서
- 입자표면 온도 상승 → 입자표면 열분해 및 기체 발생 → 주위 공기와 혼합 → 점화원에 의해 폭발 → 폭발열에 의해 주위 입자 온도상승
- 퇴적분진 → 비산 → 분산 → 발화원 → 전면폭발 → 2차폭발

🔳 D→E→A→B→C

214 ☆

정전기 대전 종류 4가지 쓰시오.

🔲 정전기 발생현상 종류

마찰 대전	두 물체의 마찰이나 마찰에 의한 접촉 위치 이동으로 전하 분리 및 재배열이 일어나서 정전기 발생하는 현상
박리 대전	서로 밀착되어 있는 물체가 떨어질 때 전하 분리가 일어나 정전기 발생하는 현상 🔳 옷 벗을 때
유동 대전	액체류가 파이프 등 내부에서 유동할 때 액체와 관 벽 사이에서 정전기가 발생되는 현상이며 파이프 속에 저항이 높은 액체가 흐를 때 발생
분출 대전	분체류, 액체류, 기체류가 단면적이 작은 분출구를 통해 공기 중으로 분출될 때 분출하는 물질과 분출구의 마찰로 인해 정전기가 발생되는 현상
충돌 대전	분체류와 같은 입자 상호간이나 입자와 고체와의 충돌에 의해 빠른 접촉 또는 분리가 행하여짐으로써 정전기가 발생되는 현상
파괴 대전	고체나 분체류 같은 물체가 파괴되었을 시 전하분리가 일어나면서 생기는 현상
교반 대전	탱크로리나 탱크 내 액체가 서로 교반 될 때 발생하는 현상

🔳 박리대전/파괴대전/유동대전/분출대전

215   ☆☆

정전기 대전에 관한 내용이다. 빈칸을 채우시오.

(**A**): 서로 밀착되어 있는 물체가 떨어질 때 전하 분리가 일어나 정전기 발생하는 현상
(**B**): 고체나 분체류 같은 물체가 파괴되었을 시 전하 분리가 일어나면서 생기는 현상
(**C**): 액체류가 파이프 내부에서 유동할 때 액체와 관 벽 사이에서 정전기가 발생되는 현상
(**D**): 분체류, 액체류, 기체류가 단면적이 작은 분출구를 통해 공기 중으로 분출될 때 분출하는 물질과 분출구의 마찰로 인해 정전기가 발생되는 현상
(**E**): 탱크로리나 탱크 내 액체가 서로 교반될 때 발생하는 현상

📖 윗 해설 참조
📋 A: 박리대전   B: 파괴대전   C: 유동대전   D: 분출대전   E: 교반대전

216   ☆

변전설비에서 MOF를 설명하시오.

📋 MOF는 Metering Out Fit으로 계기용 변성기이며 전력량을 측정하기 위해 사용되며 과전류로 인한 재해방지를 목적으로 사용된다.

217   ☆

강제 환기의 정의를 쓰시오.

📋 송풍기, 환기 팬 등에 의해 강제적으로 실내를 환기하는 것으로 기계 환기라고도 한다.

218 ☆

정격하중과 권상하중의 정의를 쓰시오.

해 – "정격하중(rated load)"이란 크레인의 권상하중에서 훅, 크래브 또는 버킷 등 달기기구의 중량에 상당하는 하중을 뺀 하중을 말한다. 다만, 지브가 있는 크레인 등으로서 경사각의 위치, 지브의 길이에 따라 권상능력이 달라지는 것은 그 위치의 권상하중에서 달기기구의 중량을 뺀 하중 가운데 최대치를 말한다.
   – "권상하중(hoisting load)"이란 들어 올릴 수 있는 최대의 하중을 말한다.

답 정격하중 : 권상하중에서 훅 등 달기기구 중량에 상당하는 하중을 뺀 하중
   권상하중 : 들어 올릴 수 있는 최대 하중

219 ☆☆☆

고체의 연소 형태 4가지 쓰시오.

해

기체	확산 연소	가연성 가스가 공기 중의 지연성가스와 접촉하여 접촉면에서 연소가 일어나는 현상
	예혼합 연소	가연성 가스와 지연성 가스가 미리 일정한 농도로 혼합된 상태에서 점화원에 의하여 연소되는 현상
액체	증발 연소	액체 표면에서 증발하는 가연성 증기가 공기와 혼합하여 연소범위 내에서 열원에 의하여 연소하는 현상
	분무 연소	액체연료를 미세 유적으로 미립화해 공기와 혼합시켜 연소시키는 것
고체	분해 연소	고체가 가열돼 열분해 일어나고 가연성 가스가 공기 중 산소와 타는 연소 예 목재
	증발 연소	고체 가연물이 가열되어 융해되고 가연성 증기가 발생, 공기와 혼합해 연소하는 형태 예 나프탈렌
	표면 연소	고체의 표면이 고온을 유지하면서 연소하는 현상 예 목탄, 숯, 코크스
	자기 연소	• 연소에 필요한 산소를 포함하고 있는 물질이 연소하는 것 • 공기 중 산소를 필요로 하지 않고 자신이 분해되며 타는 것 예 TNT, 니트로셀룰로오스

답 분해연소/증발연소/표면연소/자기연소

220   ☆☆☆

토사 붕괴의 종류 3가지 쓰시오.

🖼 토사의 붕괴는 사면천단부 붕괴, 사면중심부 붕괴, 사면하단부 붕괴의 형태이며 작업위치와 붕괴예상지점의
사전조사를 필요로 한다.

🔖 사면천단부 붕괴/사면중심부 붕괴/사면하단부 붕괴

221   ☆

토석 붕괴의 외적 원인 4가지 쓰시오.

🖼 토석이 붕괴되는 외적 원인은 다음 각 호와 같으므로 굴착작업 시에 적절한 조치를 취하여야 한다.
1. 사면, 법면의 경사 및 기울기의 증가
2. 절토 및 성토 높이의 증가
3. 공사에 의한 진동 및 반복 하중의 증가
4. 지표수 및 지하수의 침투에 의한 토사 중량의 증가
5. 지진, 차량, 구조물의 하중작용
6. 토사 및 암석의 혼합층 두께

🔖 사면 경사 증가/성토 높이 증가/구조물 하중작용/공사에 의한 진동 증가

222   ☆

토사붕괴의 발생을 예방하기 위한 점검시기 4가지 쓰시오.

🖼 토사붕괴의 발생을 예방하기 위하여 다음 각 호의 사항을 점검하여야 한다.
1. 전 지표면의 답사
2. 경사면의 지층 변화부 상황 확인
3. 부석의 상황 변화의 확인
4. 용수의 발생 유·무 또는 용수량의 변화 확인
5. 결빙과 해빙에 대한 상황의 확인
6. 각종 경사면 보호공의 변위, 탈락 유·무
7. 점검시기는 작업 전·중·후, 비온 후, 인접 작업구역에서 발파한 경우에 실시한다.

🔖 작업 전/작업 중/작업 후/비온 후

223 ☆☆☆

전기설비기술기준에서 정의하는 전압의 구분을 쓰시오.

📖 전압을 구분하는 저압, 고압 및 특고압은 다음 각 호의 것을 말한다.
   1. 저압: 직류는 1.5kV 이하, 교류는 1kV 이하인 것.
   2. 고압: 직류는 1.5kV를, 교류는 1kV를 초과하고, 7kV 이하인 것.
   3. 특고압: 7kV를 초과하는 것.
📋 저압 - 직류: 1.5kV 이하, 교류: 1kV 이하
   고압 - 직류: 1.5kV 초과, 교류: 1kV 초과 7kV 이하
   특고압 - 직류, 교류 7kV 초과

224 ☆

비파괴 검사 종류 4가지 쓰시오.

📖 비파괴검사 종류

육안 검사	재료 및 제품을 직접 또는 간접적으로 관찰해 결함 유무 판단하는 시험방법
방사선 투과 검사	• X선 강도나 노출시간 조절해 검사하는 방법 • 재료 및 용접부의 내부결함 검사에 사용
초음파 탐상 검사	설비의 내부에 균열 결함을 확인할 수 있는 가장 적절한 검사방법이며 용접부에 발생한 미세균열, 용입부족, 융합불량의 검출에 가장 적합한 비파괴검사법
자분 탐상 검사	• 강자성체의 결함을 찾을 때 사용하는 비파괴시험으로 표면 또는 표층(표면에서 수 mm 이내)에 결함이 있을 경우 누설자속을 이용하여 육안으로 결함을 검출하는 시험법 • 오스테나이트 계열 스테인리스 강판의 표면 균열 발생을 검출하기 곤란
침투 탐상 검사	비자성 금속 표면 균열검사이며 물체의 표면에 침투력이 강한 적색 또는 형광성의 침투액을 표면 개구 결함에 침투시켜 직접 또는 자외선 등으로 관찰하여 결함장소와 크기를 판별하는 비파괴시험
음향 탐상 검사	외부응력이나 내부의 변형과정에서 방출되는 낮은 응력파(stress wave)를 감지하여 측정하는 비파괴시험
와류 탐상 검사	도체에 교류를 통한 코일을 접근시켰을 때, 결함이 존재하면 코일에 유기되는 전압이나 전류가 변하는 것을 이용한 검사방법

📋 육안검사/자분탐상검사/침투탐상검사/와류탐상검사

225 ☆

밀폐공간에서 실행해야 할 퍼지작업 종류 3가지를 쓰시오.

웹 1. 사이폰 퍼지(Siphon Purging)
보호 장치로부터 배수되는 액체를 불활성 가스로 대체하기 위하여, 액체를 채운 후 배수함으로서 그 공간에 불활성 가스가 공급되도록 하는 방법
2. 진공 퍼지(Vacuum Purging)
저장용기나 반응기 등에 일반적으로 많이 사용되는 방법으로서, 먼저 보호하려는 장치의 압력을 감소시킨 상태에서 불활성 가스의 주입으로 진공을 파괴하여 퍼지시키는 방법
3. 압력 퍼지(Pressure Purging)
역으로 불활성 가스를 가압하에서 장치 내로 주입하고 불활성 가스가 공간에 채워진 후에 압력을 대기로 방출함으로서 정상 압력으로 환원하는 방법
4. 일소 퍼지(Sweep − Through Purging)(= 스위프 퍼지)
한쪽 개구부를 통하여 퍼지가스를 장치 안으로 주입하고 다른 쪽 개구부를 통하여 가스를 배출함으로서 잔여 증기를 일소하는 방법
답 일소 퍼지/진공 퍼지/압력 퍼지

226 ☆

터널 계측은 굴착지반의 거동, 지보공 부재의 변위, 응력의 변화 등에 대한 정밀 측정을 실시하므로서 시공의 안전성을 사전에 확보하고 설계 시의 조사치와 비교분석하여 현장조건에 적정하도록 수정, 보완하는데 그 목적이 있다. 터널 계측 방법 5가지 쓰시오.

웹 터널 계측은 굴착지반의 거동, 지보공 부재의 변위, 응력의 변화 등에 대한 정밀 측정을 실시하므로서 시공의 안전성을 사전에 확보하고 설계시의 조사치와 비교분석하여 현장조건에 적정하도록 수정, 보완하는데 그 목적이 있으며 다음 각 호를 기준으로 한다.
1. 터널내 육안조사　　2. 내공변위 측정　　3. 천단침하 측정
4. 록 볼트 인발시험　　5. 지표면 침하측정　　6. 지중변위 측정
7. 지중침하 측정　　8. 지중수평변위 측정　　9. 지하수위 측정
10. 록 볼트 축력측정　　11. 뿜어붙이기 콘크리트 응력측정　　12. 터널내 탄성과 속도측정
13. 주변 구조물의 변형상태 조사
답 내공변위 측정/지중변위 측정/천단침하 측정/지중침하 측정/지표면 침하측정

227 ☆

안전기에 자율안전확인 표시 외 추가 표시사항 2가지를 쓰시오.

🕮 자율안전확인 역화방지기(= 안전기)에는 자율안전확인의 표시에 따른 표시 외에 다음 각 목의 사항을 추가로 표시하여야 한다.
가. 가스의 흐름방향
나. 가스의 종류

🔑 가스 종류/가스 흐름방향

228 ☆

위험성평가와 관련된 내용이다. 빈칸을 채우시오.

1. (　A　)이란 유해위험을 일으킬 잠재적 가능성이 있는 것의 고유한 특징이나 속성을 말한다.
2. (　B　)이란 유해 · 위험요인이 사망, 부상 또는 질병으로 이어질 수 있는 가능성과 중대성 등을 고려한 위험의 정도를 말한다.
3. (　C　)란 사업주가 스스로 유해 · 위험요인을 파악하고 해당 유해 · 위험요인의 위험성 수준을 결정하여, 위험성을 낮추기 위한 적절한 조치를 마련하고 실행하는 과정을 말한다.

🕮 1. "유해 · 위험요인"이란 유해 · 위험을 일으킬 잠재적 가능성이 있는 것의 고유한 특징이나 속성을 말한다.
2. "위험성"이란 유해 · 위험요인이 사망, 부상 또는 질병으로 이어질 수 있는 가능성과 중대성 등을 고려한 위험의 정도를 말한다.
3. "위험성평가"란 사업주가 스스로 유해 · 위험요인을 파악하고 해당 유해 · 위험요인의 위험성 수준을 결정하여, 위험성을 낮추기 위한 적절한 조치를 마련하고 실행하는 과정을 말한다.

🔑 A: 유해위험요인　B: 위험성　C: 위험성평가

229 ☆☆

지반 굴착 시 굴착면 기울기 기준이다. 빈칸을 채우시오.

지반 종류	굴착면 기울기
모래	(A)
연암 및 풍화암	(B)
경암	(C)
그 밖의 흙	(D)

해

지반 종류	굴착면 기울기
모래	1 : 1.8
연암 및 풍화암	1 : 1
경암	1 : 0.5
그 밖의 흙	1 : 1.2

답 A: 1:1.8   B: 1:1   C: 1:0.5   D: 1:1.2

230 ☆

다음 설명에 맞는 용어를 쓰시오.

1. 단조로운 업무가 장시간 지속될 때 작업자의 감각기능 및 판단능력이 둔화 또는 마비되는 현상
2. 초기고장의 결함을 찾아 고장률을 안정시키는 과정
3. 운동대사량과 기초대사량의 비

해 3. 에너지 대사율(RMR) = $\dfrac{운동대사량}{기초대사량}$

작업강도 구분

작업구분	RMR	작업 종류
경작업	2이하	가벼운 작업
중작업(中)	2 ~ 4	보통 작업
중작업(重)	4 ~ 7	힘든 작업
초중작업	7 이상	매우 힘든 작업

답 1. 감각차단현상   2. 디버깅   3. 에너지 대사율

231 ☆

TWI 교육내용 4가지 쓰시오.

해 TWI 교육내용

JIT(Job Instruction Training)	• 작업지도훈련	• 부하 직원 가르침
JMT(Job Method Training)	• 작업방법훈련	• 작업개선기법
JRT(Job Relation Training)	• 인간관계훈련	• 부하통솔기법
JST(Job Safety Training)	• 작업안전훈련	• 안전작업위한훈련

답 작업지도훈련(JIT)/작업방법훈련(JMT)/작업안전훈련(JST)/인간관계훈련(JRT)

232 ☆☆

재해조사의 목적 3가지 쓰시오.

답 재해예방 자료수집/동종 및 유사재해 재발방지/재해발생 원인 및 결함 규명

산업안전산업기사 2022년

03

필답형 기출문제

잠깐! 더 효율적인 공부를 위한 링크들을 적극 이용하세요~!

직8딴 홈페이지

- 출시한 책 확인 및 구매

직8딴 카카오오픈톡방

- 실시간 저자의 질문 답변
(주7일 아침 11시~새벽 2시까지, 전화로도 함)
- 직8딴 구매자전용 복지와 혜택 획득
(최소 달에 40만원씩 기프티콘 지급)
- 구매자들과의 소통 및 EHS 관련 정보 습득

직8딴 네이버카페

- 실시간으로 최신화되는 정오표 확인
(정오표: 책 출시 이후 발견된 오타/오류를 모아놓은 표, 매우 중요)
- 공부에 도움되는 컬러버전 그림 및 사진 습득
- 직8딴 구매자전용 복지와 혜택 획득

직8딴 유튜브

- 저자 직접 강의 시청 가능
- 공부 팁 및 암기법 획득
- 국가기술자격증 관련 정보 획득

1회 기출문제

001

둥근톱 두께가 1mm일 때 분할날 두께(mm)와 분할날 두께 관련 공식을 구하시오.

해 분할날의 두께는 둥근톱 두께의 1.1배 이상일 것 → 1 · 1.1 = 1.1mm

$1.1t_1 \leqq t_2 < b$ (t_1 : 톱 두께, t_2 : 분할날 두께, b : 치진 폭)

답 분할날 두께 : 1.1mm   공식 : $1.1t_1 \leqq t_2 < b$ (t_1 : 톱 두께, t_2 : 분할날 두께, b : 치진 폭)

002

빈칸을 채우시오.

> 1. 사무직 종사 근로자의 정기교육시간 : 매반기 (**A**)시간 이상
> 2. 일용근로자 및 근로계약기간이 1주일 이하인 기간제근로자의 채용 시의 교육시간 :
>   (**B**)시간 이상
> 3. 일용근로자 및 근로계약기간이 1주일 이하인 기간제근로자의 작업내용 변경 시의 교육시간 :
>   (**C**)시간 이상

답 A : 6   B : 1   C : 1

003

교량작업 시 작업계획서 내용 5가지 쓰시오.

답 1. 작업 방법
   2. 사용 기계 종류
   3. 부재 낙하 방지 방법
   4. 작업지휘자 배치계획
   5. 근로자 추락 방지위한 안전조치 방법

004

산업안전보건법에 따른 산업안전보건위원회의 심의, 의결사항 4개 쓰시오.

🔳 안전보건교육/작업환경 점검/산업재해 원인 조사/안전보건관리규정 작성

005

사업장에 승강기 설치·조립·수리 또는 해체 작업 시 사업주의 조치사항 3가지 쓰시오.

🔳 1. 날씨가 몹시 나쁜 경우 작업 중지시킬 것
　 2. 작업지휘자 선임해 그 사람 지휘하에 작업 실시할 것
　 3. 작업구역에 관계자 외 출입금지하고, 그 취지를 보기 쉬운 곳에 표시할 것

006

콘크리트 타설작업을 위한 콘크리트 펌프카를 사용 시 사업주의 준수사항 3가지 쓰시오.

🔳 1. 난간에서 작업할 시 안전난간 설치할 것
　 2. 작업 시작 전 콘크리트 타설장치 점검할 것
　 3. 붐 조정 시 주변 전선에 의한 위험 예방할 것

007

근로자가 충전전로에서 작업하는 경우 사업주의 조치사항 내용이다. 빈칸을 채우시오.

> 2. 충전전로에 근접한 장소에서 전기작업을 하는 경우에는 해당 전압에 적합한 (**B**)를 설치할 것.
>   다만, 저압인 경우에는 해당 전기작업자가 (**A**)를 착용하되, 충전전로에 접촉할 우려가 없는 경
>   우에는 절연용 방호구를 설치하지 아니할 수 있다.
> 3. 근로자가 (**B**)의 설치 · 해체작업을 하는 경우에는 (**A**)를 착용하거나 활선작업용 기구 및
>   장치를 사용하도록 할 것
> 4. 유자격자가 아닌 근로자가 충전전로 인근의 높은 곳에서 작업할 때에 근로자의 몸 또는 긴 도전성
>   물체가 방호되지 않은 충전전로에서 대지전압이 (**C**) 이하인 경우에는 (**D**) 이내로, 대지
>   전압이 (C)를 넘는 경우에는 (**E**)당 (**F**)씩 더한 거리 이내로 각각 접근할 수 없도록 할 것

📋 A: 절연용 보호구   B: 절연용 방호구   C: 50kV   D: 300cm   E: 10kV   F: 10cm

008

사업주가 과압에 따른 폭발을 방지하기 위하여 폭발 방지 성능과 규격을 갖춘 안전밸브 또는
파열판을 설치해야 한다. 이 중 반드시 파열판을 설치해야 하는 경우 3개 쓰시오.

📋 1. 급격한 압력상승 우려 있는 시
   2. 급성 독성물질 누출로 작업환경 오염될 우려 있는 시
   3. 운전 중 안전밸브에 이상 물질 누적되어 안전밸브가 작동되지 않을 우려 있는 시

009

산업안전보건법상의 중대재해 종류 3개 쓰시오.

📋 1. 사망자 1명 이상 발생한 재해
   2. 직업성 질병자가 동시에 10명 이상 발생한 재해
   3. 3개월 이상 요양이 필요한 부상자가 동시에 2명 이상 발생한 재해

010

안전보건표지에 대한 내용이다. 알파벳에 알맞은 단어를 쓰시오.

(**A**): 사람이 걸어 다녀서는 안 될 장소
(**B**): 수리 또는 고장 등으로 만지거나 작동시키는 것을 금지해야 할 기계 · 기구 및 설비
(**C**): 엘리베이터 등에 타는 것이나 어떤 장소에 올라가는 것을 금지
(**D**): 정리 정돈 상태의 물체나 움직여서는 안 될 물체를 보존하기 위하여 필요한 장소
(**E**): 화재가 발생할 염려가 있는 장소로서 화기취급을 금지하는 장소

답 A: 보행금지　B: 사용금지　C: 탑승금지　D: 물체이동금지　E: 화기금지

011

조명은 근로자들의 작업환경의 측면에서 중요한 안전요소이다. 산업안전보건기준에 관한 규칙에서 규정하는 다음의 작업장소의 조도기준을 쓰시오.

1. 초정밀 작업: (**A**)lux 이상 　　 2. 정밀 작업: (**B**)lux 이상
3. 보통 작업: (**C**)lux 이상 　　 4. 그 밖의 작업: (**D**)lux 이상

답 A : 750　B : 300　C : 150　D : 75

012

보일러에 설치하는 방호장치에 대한 안전기준이다. 빈칸을 채우시오.

1. 사업주는 보일러의 안전한 가동을 위하여 보일러 규격에 맞는 (**A**)를 1개 또는 2개 이상 설치하고 (**B**)(설계압력 또는 최고허용압력을 말한다. 이하 같다) 이하에서 작동되도록 해야 한다. 다만, (**A**)가 2개 이상 설치된 경우에는 (**B**) 이하에서 1개가 작동되고, 다른 (**A**)는 (**B**)(**C**) 이하에서 작동되도록 부착하여야 한다.
2. 사업주는 보일러의 과열을 방지하기 위하여 최고사용압력과 상용압력 사이에서 보일러의 버너 연소를 차단할 수 있도록 (**D**)를 부착하여 사용하여야 한다.

답 A : 압력방출장치　B : 최고사용압력　C : 1.05배　D : 압력제한스위치

013

※ 1문제는 출제기준 변경/법개정으로 삭제되었습니다.

2회 기출문제

001

산업안전보건법상 노사협의체의 근로자위원과 사용자위원 자격을 각 2가지씩 쓰시오.

📋 근로자위원 : 전체 사업 근로자대표/명예산업안전감독관 1명
사용자위원 : 전체 사업 대표/안전관리자 1명

002

다음 조건으로 강도율을 구하시오.

• 근로자수 : 100명	• 1일 8시간씩 연 300일 근무	• 장해등급 14급 : 1명
• 사망 2명	• 휴업일수 : 37일	

📊 근로손실일수

구분	사망	신체장해자등급										
	1~3	4	5	6	7	8	9	10	11	12	13	14
근로손실일수(일)	7,500	5,500	4,000	3,000	2,200	1,500	1,000	600	400	200	100	50

$$강도율 = \frac{총요양근로손실일수}{연근로시간수} \cdot 10^3 = \frac{7,500 \cdot 2 + 50 + 37 \cdot \dfrac{300}{365}}{100 \cdot 8 \cdot 300} \cdot 10^3 = 62.84$$

📋 강도율 : 62.84

003

공기압축기 가동 시 작업시작 전 점검사항 5개 쓰시오.

📋 윤활유 상태/회전부 덮개/언로드 밸브 기능/드레인 밸브 조작/압력방출장치 기능

004

산업안전보건법상의 중대재해 종류 3개 쓰시오.

답 1. 사망자 1명 이상 발생한 재해
   2. 직업성 질병자가 동시에 10명 이상 발생한 재해
   3. 3개월 이상 요양이 필요한 부상자가 동시에 2명 이상 발생한 재해

005

전로 차단 순서를 바르게 나열하시오.

> A. 전원을 차단한 후 각 단로기 등을 개방하고 확인할 것
> B. 차단장치나 단로기 등에 잠금장치 및 꼬리표를 부착할 것
> C. 검전기를 이용하여 작업 대상 기기가 충전되었는지를 확인할 것
> D. 전기기기등에 공급되는 모든 전원을 관련 도면, 배선도 등으로 확인할 것
> E. 개로된 전로에서 유도전압 또는 전기에너지가 축적되어 근로자에게 전기위험을 끼칠 수 있는 전기기기등은 접촉하기 전에 잔류전하를 완전히 방전시킬 것
> F. 전기기기등이 다른 노출 충전부와의 접촉, 유도 또는 예비동력원의 역송전 등으로 전압이 발생할 우려 있는 경우는 충분한 용량을 가진 단락 접지기구를 이용해 접지할 것

답 D→A→B→E→C→F

006

빈칸을 채우시오.

> 1. 사무직 종사 근로자의 정기교육시간: 매반기 (A)시간 이상
> 2. 일용근로자 및 근로계약기간이 1주일 이하인 기간제근로자의 채용 시의 교육시간:
>   (B)시간 이상
> 3. 일용근로자 및 근로계약기간이 1주일 이하인 기간제근로자의 작업내용 변경 시의
>   교육시간: (C)시간 이상
> 4. 판매업무에 직접 종사하는 근로자의 정기교육시간: 매반기 (D)시간 이상

답 A: 6 B: 1 C: 1 D: 6

007

조명은 근로자들의 작업환경의 측면에서 중요한 안전요소이다. 산업안전보건기준에 관한 규칙에서 규정하는 다음의 작업장소의 조도기준을 쓰시오.

> 1. 초정밀 작업: (A   )lux 이상   2. 정밀 작업: (B   )lux 이상
> 3. 보통 작업: (C   )lux 이상   4. 그 밖의 작업: (D   )lux 이상

📖 A: 750   B: 300   C: 150   D: 75

008

산업안전보건법상 보호구 안전인증 제품의 표시사항 5개 쓰시오.

📖 형식/규격/제조자명/제조연월/안전인증 번호

009

방호장치 자율안전기준 고시상, 롤러기 급정지장치 조작부 설치위치를 알맞게 쓰시오.
(단, 위치는 급정지장치 조작부의 중심점을 기준으로 한다.)

종류	설치위치
손조작식	밑면에서 (A)
복부조작식	밑면에서 (B)
무릎조작식	밑면에서 (C)

📖 A: 1.8m 이내   B: 0.8m 이상 1.1m 이내   C: 0.6m 이내

010

달기 체인의 사용금지 규정 내용이다. 빈칸을 채우시오.

> - 달기 체인의 길이가 달기 체인이 제조된 때의 길이의 (　A　)% 초과한 것
> - 링의 단면지름이 달기 체인이 제조된 때의 해당 링의 지름의 (　B　)%를 초과하여 감소한 것

답 A : 5　B : 10

011

산업안전보건법상 안전인증대상 방호장치 4가지 쓰시오.

답 절연용 방호구/프레스 방호장치/압력용기 압력방출용 파열판/압력용기 압력방출용 안전밸브

012

013

※ 2문제는 출제기준 변경/법개정으로 삭제되었습니다.

3회 기출문제

001

산업안전보건법상 안전관리자의 직무 5개 쓰시오.

🗒 1. 사업장 순회점검
   2. 업무 수행 내용 기록
   3. 위험성 평가에 관한 지도
   4. 산업재해 발생 원인 조사
   5. 안전교육 실시에 관한 지도

002

산업재해 예방을 위해 종합적인 개선조치할 필요가 있다고 인정되는 사업장의 사업주에게 안전보건진단을 받아 안전보건개선계획을 수립하라 명할 수 있는 경우 4가지 쓰시오.

🗒 1. 누출 사고 등으로 사업장 주변까지 피해가 확산된 사업장
   2. 산업재해율이 같은 업종 평균 산업재해율의 2배 이상인 사업장
   3. 사업주가 필요한 안전조치를 이행하지 않아 중대재해 발생한 사업장
   4. 직업성 질병자가 연간 2명 이상(상시근로자 1천명 이상 사업장 경우 3명 이상) 발생한 사업장

003

산업안전보건법에서 산업재해 발생시 사업주가 기록, 보존해야 하는 사항 4가지 쓰시오.

🗒 사업장 개요/재해 발생 일시/재해 발생 원인/재해 재발방지 계획

004

인화성 가스가 존재하여 폭발이나 화재가 발생할 위험이 있는 경우나 지하철도 공사를 시행하는 사업주는 터널굴착 등으로 인하여 도시가스관이 노출된 경우에 설치하는 자동경보장치에 대해 작업시작 전 점검사항 3가지 쓰시오.

📋 계기 이상 유무/검지부 이상 유무/경보장치 작동상태

005

교류아크용접기 방호장치에 관한 설명이다. 빈칸을 쓰시오.

> 1. (**A**)란 대상으로 하는 용접기의 주회로(변압기의 경우는 1차회로 또는 2차회로)를 제어하는 장치를 가지고 있어, 용접봉의 조작에 따라 용접할 때에만 용접기의 주회로를 형성하고, 그 외에는 용접기의 출력측의 무부하전압을 25볼트 이하로 저하시키도록 동작하는 장치를 말한다.
> 2. (**B**)이란 정격주파수, 정격전원전압에 있어서 전격방지기의 주접점에 정격전류를 단속하였을 때 부하시간과 전시간과의 비의 백분율을 말한다.
> 3. (**C**)이란 용접봉을 피용접물에 접촉시켜서 전격방지기의 주접점이 폐로될(닫힐) 때까지의 시간을 말한다.
> 4. (**D**)이란 용접봉 홀더에 용접기 출력측의 (**E**)이 발생한 후 주접점이 개방될 때까지의 시간을 말한다.
> 5. (**F**)란 정격전원전압(전원을 용접기의 출력측에서 취하는 경우는 무부하전압의 하한값을 포함한다)에 있어서 전격방지기를 시동시킬 수 있는 출력회로의 시동감도로서 명판에 표시된 것을 말한다.

📋 A: 교류아크용접기용 자동전격방지기   B: 정격사용률   C: 시동시간   D: 지동시간
   E: 무부하전압   F: 표준시동감도

006

프레스 방호장치에 관한 설명 중 빈칸을 채우시오.

1. 정상동작 표시램프는 (A)색, 위험 표시램프는 (B)색으로 하며 쉽게 근로자가 볼 수 있는 곳에 설치해야 한다.
2. 누름버튼을 양손으로 동시에 조작하지 않으면 작동시킬 수 없는 구조이어야 하며, 양쪽버튼 작동 시간 차이는 최대 (C)초 이내일 때 프레스가 동작되도록 해야 한다.
3. 양수조작식 방호장치의 일반구조에 있어 누름버튼의 상호간 내측거리는 (D)mm 이상이어야 한다.
4. 손쳐내기식 방호장치에서 슬라이드 하행정거리의 (E) 위치에서 손을 완전히 밀어내야 한다.
5. 손쳐내기식 방호장치에서 방호판의 폭은 금형폭의 (F) 이상이어야 하고, 행정길이가 300㎜ 이상의 프레스 기계에는 방호판 폭을 (G)로 해야 한다.

📋 A: 녹   B: 붉은   C: 0.5   D: 300   E: 3/4   F: 1/2   G: 300mm

007

교류아크용접기(자동으로 작동되는 것은 제외한다)를 사용 시 교류아크용접기에 자동전격방지기를 설치하여야 하는 장소 3가지 구하시오.

📋 1. 보일러 내부 등 도전체에 둘러싸인 장소
　 2. 철골 등 도전성 높은 물체에 근로자가 접촉할 우려가 있는 장소
　 3. 근로자가 땀으로 인해 도전성 높은 습윤 상태에서 작업하는 장소

008

폭굉유도거리 짧아지는 조건 4가지 쓰시오.

📋 1. 압력 높을수록 폭굉유도거리 짧아진다.
　 2. 점화원 에너지 높을수록 폭굉유도거리 짧아진다.
　 3. 연소속도 빠를수록 폭굉유도거리 짧아진다.
　 4. 관 직경 작을수록 폭굉유도거리 짧아진다.

009

보호구 안전인증 고시의 방진마스크 종류이다. 알파벳에 맞는 종류명을 쓰시오.

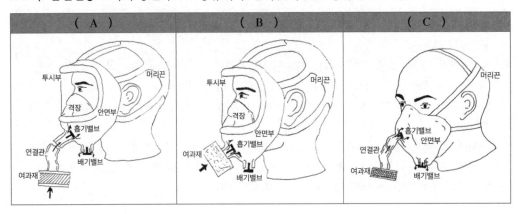

답 A : 격리식 전면형   B : 직결식 전면형   C : 격리식 반면형

010

011

012

013

※ 4문제는 출제기준 변경/법개정으로 삭제되었습니다.

산업안전산업기사 2023년

04

필답형 기출문제

잠깐! 더 효율적인 공부를 위한 링크들을 적극 이용하세요~!

직8딴 홈페이지

- 출시한 책 확인 및 구매

직8딴 카카오오픈톡방

- 실시간 저자의 질문 답변
(주7일 아침 11시~새벽 2시까지, 전화로도 함)
- 직8딴 구매자전용 복지와 혜택 획득
(최소 달에 40만원씩 기프티콘 지급)
- 구매자들과의 소통 및 EHS 관련 정보 습득

직8딴 네이버카페

- 실시간으로 최신화되는 정오표 확인
(정오표: 책 출시 이후 발견된 오타/오류를 모아놓은 표, 매우 중요)
- 공부에 도움되는 컬러버전 그림 및 사진 습득
- 직8딴 구매자전용 복지와 혜택 획득

직8딴 유튜브

- 저자 직접 강의 시청 가능
- 공부 팁 및 암기법 획득
- 국가기술자격증 관련 정보 획득

2023년 필답형 기출문제

기출 중복문제 소거 정리

1회 기출문제

001

1,000rpm으로 회전하는 롤러의 앞면 롤러의 지름이 50cm인 경우 앞면 롤러의 표면속도(m/min)와 관련 규정에 따른 급정지거리(cm)를 구하시오.

헤 앞면 롤러의 표면속도에 따른 급정지거리

앞면 롤러의 표면속도(m/min)	급정지거리
30 미만	앞면 롤러 원주의 1/3 이내
30 이상	앞면 롤러 원주의 1/2.5 이내

원주 = 원의 둘레 = $\pi \cdot$ 롤러지름
표면(원주)속도 = $\pi \cdot$ 롤러지름 $\cdot rpm = \pi \cdot 0.5m \cdot 1,000/\min = 1,570.8m/\min$
급정지거리 = $\dfrac{\pi \cdot 롤러지름}{2.5} = \dfrac{\pi \cdot 50cm}{2.5} = 62.83cm$

답 표면속도: 1,570.8m/min   급정지거리: 62.83cm

002

산업안전보건법상 안전보건관리책임자의 직무 4개 쓰시오.

답 안전보건교육/작업환경 점검/산업재해 원인 조사/안전보건관리규정 작성

003

산업재해 예방을 위해 종합적인 개선조치를 할 필요가 있다고 인정되는 사업장의 사업주에게 안전보건진단을 받아 안전보건개선계획을 수립하라 명할 수 있는 경우에 대한 내용이다.
빈칸을 채우시오.

> - 산업재해율이 같은 업종 평균 산업재해율의 (**A**) 이상인 사업장
> - 직업성 질병자가 연간 (**B**) 이상(상시근로자 1천명 이상 사업장의 경우 (**C**) 이상) 발생한
>   사업장

📋 A: 2배   B: 2명   C: 3명

004

산업안전보건법상 사업장에 안전보건관리규정을 작성할 때 포함되어야 할 사항 4개 쓰시오.

📋 사고조사/안전보건교육/작업장 안전보건관리/안전보건 관리조직 직무

005

비계높이 2m 이상인 경우 설치하는 작업발판에 대한 내용이다. 빈칸을 채우시오.

> 1. 추락의 위험이 있는 장소에는 (**A**)을 설치할 것. 다만, 작업의 성질상 안전난간을 설치하는 것
>   이 곤란한 경우, 작업의 필요상 임시로 안전난간을 해체할 때에 (**B**)을 설치하거나 근로자로
>   하여금 (**C**)를 사용하도록 하는 등 추락위험 방지 조치를 한 경우에는 그러하지 아니하다.
> 2. 작업발판의 폭은 (**D**)cm 이상으로 하고, 발판재료간 틈은 (**E**)cm 이하로 할 것

📋 A: 안전난간   B: 추락방호망   C: 안전대   D: 40   E: 3

006

산업안전보건법령상 공정안전보고서 제출 대상 사업장 종류 4가지 쓰시오.

🔖 화약 제조업/원유 정제처리업/농약 원제 제조업/기타 석유정제물 재처리업

007

보호구 안전인증 고시상 안전모의 성능시험 항목 5개 쓰시오.

🔖 난연성/내수성/내관통성/내전압성/턱끈풀림

008

교류아크용접기(자동으로 작동되는 것은 제외한다)를 사용 시 교류아크용접기에 자동전격방지기를 설치하여야 하는 장소 3가지 구하시오.

🔖 1. 보일러 내부 등 도전체에 둘러싸인 장소
   2. 철골 등 도전성 높은 물체에 근로자가 접촉할 우려가 있는 장소
   3. 근로자가 땀으로 인해 도전성 높은 습윤 상태에서 작업하는 장소

009

산업안전보건법상 안전인증대상 기계 또는 설비 종류 5개 쓰시오.

🔖 프레스/크레인/리프트/롤러기/곤돌라

010

사업 내 안전보건교육의 종류 4개 쓰시오.

🔁 정기교육/특별교육/채용 시 교육/작업내용 변경 시 교육

011

화학설비, 시설의 안전거리 기준이다. 빈칸을 채우시오.

1. 단위 공정시설, 설비로부터 다른 공정시설 및 설비 사이: (A)m 이상 이격
2. 플레어스택으로부터 위험물 저장탱크, 위험물 하역설비 사이: 반경 (B)m 이상 이격
3. 위험물 저장탱크로부터 단위 공정설비, 보일러, 가열로 사이: 저장탱크 외면에서 (C)m 이상 이격
4. 사무실, 연구실, 식당 등으로부터 공정설비, 위험물 저장탱크, 보일러, 가열로 사이: 사무실 등 외면 으로부터 (D)m 이상 이격

🔁 A: 10   B: 20   C: 20   D: 20

012

013

※ 2문제는 출제기준 변경/법개정으로 삭제되었습니다.

2회 기출문제

001

다음 조건으로 강도율을 구하시오.

- 도수율 : 12
- 연재해건수 : 11건
- 재해자수 : 15명
- 총 휴업일수 : 150일
- 1일 9시간씩, 연간 250일 근무

해 $도수율 = \dfrac{재해건수}{연근로시간수} \cdot 10^6 = \dfrac{11}{평균근로자수 \cdot 9 \cdot 250} \cdot 10^6 = 12$

$\rightarrow 평균근로자수 = \dfrac{11 \cdot 10^6}{12 \cdot 9 \cdot 250} = 407.41 ≒ 408명$

$강도율 = \dfrac{총요양근로손실일수}{연근로시간수} \cdot 10^3 = \dfrac{150 \cdot \dfrac{250}{365}}{408 \cdot 9 \cdot 250} \cdot 10^3 = 0.11$

답 강도율 : 0.11

002

가연물이 있는 장소에서 하는 화재위험작업에서 사업자가 근로자에게 하는 특별안전보건 교육내용 4개 쓰시오.

답 작업절차/피난교육 등 비상조치/불티 흩날림 방지 조치/작업장 내 가연물 보관 현황

003

안전보건개선계획 관련 내용이다. 빈칸을 채우시오.

> - 법에 따라 안전보건개선계획서를 제출해야 하는 사업주는 법에 따른 안전보건개선계획서 수립·시행 명령을 받은 날부터 (A) 이내에 관할 지방고용노동관서의 장에게 해당 계획서를 제출(전자문서로 제출하는 것을 포함한다)해야 한다.
> - 지방고용노동관서의 장이 안전보건개선계획서를 접수한 경우에는 접수일부터 (B) 이내에 심사하여 사업주에게 그 결과를 알려야 한다.

🖼 A: 60일   B: 15일

004

지게차, 구내운반차 사용 작업 시 작업시작 전 점검사항 4개 쓰시오.

🖼 바퀴 이상 유무/전조등 기능 이상 유무/제동장치 기능 이상 유무/하역장치 기능 이상 유무

005

항타기 조립하거나 해체하는 경우 사업주가 점검해야 할 점검사항 4가지 쓰시오.

🖼 1. 본체 강도 적합 여부
2. 본체 연결부 손상 유무
3. 본체에 심한 손상 여부
4. 리더 버팀방법 이상 유무

006

가설통로 설치 시 준수사항이다. 빈칸을 채우시오.

> 1. 경사가 (A)도를 초과하는 경우에는 미끄러지지 않는 구조로 할 것
> 2. 수직갱에 가설된 통로의 길이가 15m 이상인 경우에는 (B)m 이내마다 계단참을 설치할 것
> 3. 건설공사에 사용하는 높이 8m 이상인 비계다리에는 (C)m 이내마다 계단참 설치할 것
> 4. 경사는 (D)도 이하일 것. 다만, 계단을 설치하거나 높이 (E)m 미만의 가설통로로서 튼튼한 손잡이를 설치한 경우에는 그러하지 아니하다.
> 5. 추락할 위험이 있는 장소에는 (F)을 설치할 것

📋 A: 15　B: 10　C: 7　D: 30　E: 2　F: 안전난간

007

프레스의 수인식 방호장치에서 수인끈, 안내통, 손목밴드 구비조건 4가지 쓰시오.

📋 1. 손목밴드는 착용감이 좋아야 한다.
　 2. 손목밴드 재료는 유연한 내유성 피혁으로 한다.
　 3. 수인끈 안내통은 끈 마모 방지 조치를 해야 한다.
　 4. 수인끈 재료는 합성섬유로 직경 4mm 이상이어야 한다.

008

산업안전보건법상 자율안전확인대상 기계 또는 설비 종류 5개 쓰시오.

📋 혼합기/파쇄기/인쇄기/컨베이어/산업용 로봇

009

다음 방폭구조의 표시기호를 쓰시오.

> 1. 내압방폭구조   2. 안전증방폭구조   3. 유입방폭구조

🔖 1. Ex d   6. Ex e   7. Ex o

010

다음은 안전검사 주기에 관한 사항이다. 빈칸을 채우시오.

> - 크레인(이동식 크레인은 제외한다), 리프트(이삿짐운반용 리프트는 제외한다) 및 곤돌라는 사업장
>   에 설치가 끝난 날부터 (A) 이내에 최초 안전검사를 실시하되, 그 이후부터 (B)마다(건설
>   현장에서 사용하는 것은 최초로 설치한 날로부터 (C)마다) 안전검사 실시한다.
> - 압력용기사업장에 설치가 끝난 날부터 (D) 이내에 최초 안전검사를 실시하되, 그 이후부터
>   (E)마다(공정안전 보고서를 제출하여 확인을 받은 압력용기는 (F)마다)

🔖 A: 3년   B: 2년   C: 6개월   D: 3년   E: 2년   F: 4년

011

안전보건표지의 명칭을 쓰시오.

(A)	(B)	(C)	(D)

🔖 A: 고온경고   B: 산화성물질경고   C: 화기금지   D: 고압전기경고

012

전로 차단 순서이다. 빈칸을 채우시오.

1. 전기기기등에 공급되는 모든 전원을 관련 도면, 배선도 등으로 확인할 것
2. 전원을 차단한 후 각 단로기 등을 개방하고 확인할 것
3. 차단장치나 단로기 등에 (A) 및 (B)를 부착할 것
4. 개로된 전로에서 유도전압 또는 전기에너지가 축적되어 근로자에게 전기위험을 끼칠 수 있는 전기 기기등은 접촉하기 전에 (C)를 완전히 방전시킬 것
5. (D)를 이용하여 작업 대상 기기가 충전되었는지를 확인할 것
6. 전기기기등이 다른 노출 충전부와의 접촉, 유도 또는 예비동력원의 역송전 등으로 전압이 발생할 우려 있는 경우에는 충분한 용량을 가진 (E)를 이용해 접지할 것

📖 A: 잠금장치   B: 꼬리표   C: 잔류전하   D: 검전기   E: 단락 접지기구

013

※ 1문제는 출제기준 변경/법개정으로 삭제되었습니다.

3회 기출문제

001

다음 조건으로 강도율을 구하시오.

• 도수율 : 12	• 연재해건수 : 11건	• 재해자수 : 15명
• 총 휴업일수 : 150일	• 1일 9시간씩, 연간 250일 근무	

해 $도수율 = \dfrac{재해건수}{연근로시간수} \cdot 10^6 = \dfrac{11}{평균근로자수 \cdot 9 \cdot 250} \cdot 10^6 = 12$

$\rightarrow 평균근로자수 = \dfrac{11 \cdot 10^6}{12 \cdot 9 \cdot 250} = 407.41 \fallingdotseq 408명$

$강도율 = \dfrac{총요양근로손실일수}{연근로시간수} \cdot 10^3 = \dfrac{150 \cdot \dfrac{250}{365}}{408 \cdot 9 \cdot 250} \cdot 10^3 = 0.11$

답 강도율 : 0.11

002

방독마스크에 안전인증 표시 외 추가표시사항 3가지를 쓰시오.

답 파과곡선도/사용상 주의사항/사용시간 기록카드

003

비, 눈으로 작업을 중지시킨 후 또는 비계를 조립, 해체하거나 변경한 후 그 비계에서 작업을 하는 경우 작업시작 전 점검사항 4개 쓰시오.

답 기둥 침하 상태/로프 부착 상태/손잡이 탈락 여부/발판재료 부착 상태

004

산업안전보건법상의 계단에 관한 내용이다. 빈칸을 채우시오.

> 1. 사업주는 계단 및 계단참을 설치하는 경우 매 제곱미터당 (A   )kg 이상의 하중에 견딜 수 있는
>   강도를 가진 구조로 설치하여야 하며 안전율은 (B   ) 이상으로 하여야 한다.
> 2. 계단 설치 시 그 폭을 (C   )m 이상으로 해야 한다.
> 3. 사업주는 높이가 (D   )m를 초과하는 계단에 높이 3미터 이내마다 진행방향으로 길이 (E)m
>   이상의 계단참을 설치해야 한다.
> 4. 높이 (F   )m 이상인 계단의 개방된 측면에 안전난간을 설치한다.

답 A : 500   B : 4   C : 1   D : 3   E : 1.2   F : 1

005

사업주가 과압에 따른 폭발을 방지하기 위하여 폭발 방지 성능과 규격을 갖춘 안전밸브 또는
파열판을 설치해야 한다. 이 중 반드시 파열판을 설치해야 하는 경우 3개 쓰시오.

답 1. 급격한 압력상승 우려 있는 시
   2. 급성 독성물질 누출로 작업환경 오염될 우려 있는 시
   3. 운전 중 안전밸브에 이상 물질 누적되어 안전밸브가 작동되지 않을 우려 있는 시

006

산업안전보건법상 안전인증 대상 기계 등이 안전기준에 적합한지를 확인하기 위해 안전인증
기관이 심사하는 심사 종류 3개와 심사기간을 쓰시오.(단, 외국 제조와 제품심사 내용 제외)

답 예비심사(7일)/서면심사(15일)/기술능력심사(30일)

007

폭발위험장소의 구분도(區分圖)를 작성하는 경우에는 한국산업표준으로 정하는 기준에 따라 가스폭발 위험장소 또는 분진폭발 위험장소로 설정하여 관리해야 하는 장소 2곳 쓰시오.

📋 인화성 가스 제조 장소/인화성 고체 제조 장소

008

교류아크용접기(자동으로 작동되는 것은 제외한다)를 사용 시 교류아크용접기에 자동전격방지기를 설치하여야 하는 장소 3가지 구하시오.

📋 1. 보일러 내부 등 도전체에 둘러싸인 장소
　2. 철골 등 도전성 높은 물체에 근로자가 접촉할 우려가 있는 장소
　3. 근로자가 땀으로 인해 도전성 높은 습윤 상태에서 작업하는 장소

009

설치, 이전하거나 그 주요 구조부분을 변경하려는 경우, 유해위험방지계획서를 작성해 고용노동부장관에게 제출하고 심사를 받아야 하는 대통령령으로 정하는 기계, 기구 및 설비에 해당하는 것을 5가지 쓰시오.

📋 1. 화학설비
　2. 건조설비
　3. 금속 용해로
　4. 가스집합 용접장치
　5. 고용노동부령으로 정한 근로자 건강 해칠 우려 있는 물질의 환기를 위한 설비

010

산업안전보건법령상 항타기 관련 내용이다. 빈칸을 채우시오.

> 1. 사업주는 항타기 또는 항발기의 권상용 와이어로프의 안전계수가 (**A**) 이상이 아니면 이를
>   사용해서는 아니 된다.
> 2. 권상용 와이어로프는 추 또는 해머가 최저의 위치에 있을 때 또는 널말뚝을 빼내기 시작할 때를
>   기준으로 권상장치의 드럼에 적어도 (**B**)회 감기고 남을 수 있는 충분한 길이일 것
> 3. 권상용 와이어로프는 권상장치의 (**C**)에 클램프 · 클립 등을 사용해 견고하게 고정할 것

📋 A : 5   B : 2   C : 드럼

011

폭굉유도거리 짧아지는 조건 4가지 쓰시오.

📋 1. 압력 높을수록 폭굉유도거리 짧아진다.
  2. 점화원 에너지 높을수록 폭굉유도거리 짧아진다.
  3. 연소속도 빠를수록 폭굉유도거리 짧아진다.
  4. 관 직경 작을수록 폭굉유도거리 짧아진다.

012

013

※ 2문제는 출제기준 변경/법개정으로 삭제되었습니다.

필답형 기출문제

잠깐! 더 효율적인 공부를 위한 링크들을 적극 이용하세요~!

직8딴 홈페이지

- 출시한 책 확인 및 구매

직8딴 카카오오픈톡방

- 실시간 저자의 질문 답변
(주7일 아침 11시~새벽 2시까지, 전화로도 함)
- 직8딴 구매자전용 복지와 혜택 획득
(최소 달에 40만원씩 기프티콘 지급)
- 구매자들과의 소통 및 EHS 관련 정보 습득

직8딴 네이버카페

- 실시간으로 최신화되는 정오표 확인
(정오표: 책 출시 이후 발견된 오타/오류를 모아놓은 표, 매우 중요)
- 공부에 도움되는 컬러버전 그림 및 사진 습득
- 직8딴 구매자전용 복지와 혜택 획득

직8딴 유튜브

- 저자 직접 강의 시청 가능
- 공부 팁 및 암기법 획득
- 국가기술자격증 관련 정보 획득

1회 기출문제

001

다음 조건으로 도수율을 구하시오.

- 근로자수: 500명   • 연재해발생건수: 4건   • 사상자: 9명   • 1인당 연근로시간: 3,000시간

해 도수율 = $\dfrac{재해건수}{연근로시간수} \cdot 10^6 = \dfrac{4}{500 \cdot 3,000} \cdot 10^6 = 2.67$

답 도수율: 2.67

002

화물의 최대중량(kg)을 구하시오.(단, 지게차 중량(G): 1,000kg, a: 1m, b: 1.5m)

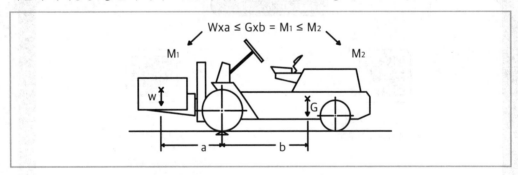

해 $W \cdot a \leq G \cdot b \rightarrow W \cdot 1 \leq 1,000 \cdot 1.5 \rightarrow W \leq 1,500$

　　W: 화물 중량　　　　　　　　　　　　G: 지게차 중량
　　a: 앞바퀴에서 화물 중심까지의 최단거리　　b: 앞바퀴에서 지게차 중심까지의 최단거리
　　M_1: 화물 모멘트($= W \cdot a$)　　　　　　M_2: 지게차 모멘트($= G \cdot b$)

답 화물의 최대중량: 1,500kg

003

빈칸을 채우시오.

> 1. 관리감독자 채용 시 교육시간: (**A**)시간 이상
> 2. 관리감독자 정기교육시간: 연간 (**B**)시간 이상
> 3. 관리감독자 작업내용 변경 시 교육시간: (**C**)시간 이상
> 4. 단기간 작업 또는 간헐적 작업인 경우 관리감독자 특별교육시간: (**D**)시간 이상

🔚 A: 8   B: 16   C: 2   D: 2

004

아세틸렌 용접장치 또는 가스집합 용접장치를 사용하는 금속의 용접·용단 또는 가열작업에서 사업자가 근로자에게 하는 특별안전보건 교육내용 5가지 쓰시오.

🔚 작업방법/초기대응/보호구 취급/용접 흄 등의 유해성/가스용접기 등의 기기점검

005

가스폭발 위험장소 또는 분진폭발 위험장소에 설치되는 건축물 등에 대해서 해당하는 부분을 내화 구조로 해야 하며 그 성능이 유지될 수 있도록 점검, 보수 등 적절한 조치를 하여야 한다. 이 경우에 해당하는 부분 3가지 쓰시오.

🔚 1. 건축물 기둥: 지상 1층(높이 6m 초과 시엔 6m)까지
   2. 배관 등의 지지대: 지상으로부터 1단(높이 6m 초과 시엔 6m)까지
   3. 위험물 취급용기 지지대(높이 30cm 이하 제외): 지상으로부터 지지대 끝부분까지

006

절연용 보호구 규정 제외 내용이다. 빈칸을 채우시오.

> 절연용 보호구 사용 규정은 대지전압이 (　A　) 이하인 전기기계 · 기구 · 배선 또는 이동전선에 대해서는 적용하지 아니한다.

답 30V

007

와이어로프 사용금지 규정 5개 쓰시오.

답 1. 꼬인 것
2. 이음매 있는 것
3. 심하게 변형된 것
4. 열에 의해 손상된 것
5. 지름 감소가 공칭지름의 7% 초과한 것

008

동기부여의 이론 중 매슬로우의 욕구위계이론 단계를 쓰시오.

답 생리적 욕구 → 안전의 욕구 → 사회적 욕구 → 존경의 욕구 → 자아실현의 욕구

009

프레스 방호장치에 관한 설명 중 빈칸을 채우시오.

> 1. 정상동작 표시램프는 (A)색, 위험 표시램프는 (B)색으로 하며 쉽게 근로자가 볼 수 있는 곳에 설치해야 한다.
> 2. 누름버튼을 양손으로 동시에 조작하지 않으면 작동시킬 수 없는 구조이어야 하며, 양쪽버튼 작동 시간 차이는 최대 (C)초 이내일 때 프레스가 동작되도록 해야 한다.

📋 A : 녹   B : 붉은   C : 0.5

010

산업안전보건법상 안전인증대상 보호구 종류 5개 쓰시오.

📋 안전화/안전대/보호복/안전장갑/방진마스크

011

산업안전보건법상 토사등이 떨어질 우려가 있는 등 위험한 장소에서 견고한 낙하물 보호구조를 갖춰야 하는 차량계 건설기계 종류 5가지 쓰시오.

📋 로더/롤러/불도저/굴착기/항타기

012

안전보건관리담당자 기준이며 빈칸을 채우시오.

> 사업주는 상시근로자 (A)인 제조업과 임업 사업장에 안전보건관리담당자를 (B)이상 선임 해야 한다.

📋 1. 20명 이상 50명 미만   2. 1명

013

안전보건표지의 색도기준에 관한 다음 표의 빈칸을 채우시오.

색채	색도기준	용도	사용 예
(A)	7.5R 4/14	금지	정지신호, 소화설비 및 그 장소, 유해행위의 금지
		경고	화학물질 취급장소에서의 유해 · 위험 경고
노란색	5Y 8.5/12	경고	화학물질 취급장소에서의 유해 · 위험경고 이외의 위험경고, 주의표지 또는 기계방호물
(B)	2.5PB 4/10	(D)	특정 행위의 지시 및 사실의 고지
(C)	2.5G 4/10	안내	비상구 및 피난소, 사람 또는 차량의 통행표지
흰색	N9.5	-	파란색 또는 녹색에 대한 보조색
검은색	N0.5	-	문자 및 빨간색 또는 노란색에 대한 보조색

📋 A: 빨간색   B: 파란색   C: 녹색   D: 지시

2회 기출문제

001

다음과 같은 조건에서 휴업재해율을 구하시오.

- 사업장 내 생산설비에 의한 휴업재해자수 : 10명
- 통상 출퇴근 재해에 의한 휴업재해자수 : 50명
- 총 휴업재해일수 : 300일   · 임금근로자수 : 1,000명   · 총요양근로손실일수 : 500일

해 휴업재해율 $= \dfrac{\text{휴업재해자수}}{\text{임금근로자수}} \cdot 100 = \dfrac{10}{1,000} \cdot 100 = 1$

※휴업재해자수란 근로복지공단 휴업급여 지급받은 재해자수이다. 다만, 질병에 의한 재해와 사업장 밖의 교통사고(운수업, 음식숙박업은 사업장 밖의 교통사고도 포함) · 체육행사 · 폭력행위 · 통상의 출퇴근으로 발생한 재해는 제외한다.

답 휴업재해율 : 1

002

O.J.T 교육의 특징 5가지 쓰시오.

답 1. 직속상사에 의한 교육가능
2. 효과가 바로 업무에 나타남
3. 개개인에게 적절한 훈련 가능
4. 직장 실정에 맞게 실제적 훈련 가능
5. 현장의 관리감독자가 강사가 되어 교육을 한다.

003

산업안전보건법령상 근로자 정기교육 내용 4가지 쓰시오.

답 1. 산업안전보건법령
2. 직무스트레스 예방
3. 산업안전 및 사고 예방
4. 산업보건 및 직업병 예방

004

산업안전보건법령상 사업주가 근로자에게 실시해야 하는 안전보건교육 중, 화학설비의 탱크 내 작업 시 특별안전보건 교육내용 3가지 쓰시오.(단, 그 밖에 안전·보건관리에 필요한 사항은 제외)

🖹 밸브 개폐장치 점검/탱크 내 산소농도 측정/이상 발생 시 응급조치

005

산업재해 예방을 위해 종합적인 개선조치를 할 필요가 있다고 인정되는 사업장의 사업주에게 안전보건개선계획을 수립하라 명할 수 있는 경우 2가지 쓰시오.(단, 법에 따른 유해인자의 노출기준을 초과한 사업장은 제외)

🖹 1. 직업성 질병자가 연간 2명 이상 발생한 사업장
   2. 산업재해율이 같은 업종의 규모별 평균 산업재해율보다 높은 사업장

006

사다리식 통로 설치 시 준수사항이다. 빈칸을 채우시오.

> 1. 사다리식 통로 길이가 10m 이상인 경우에는 (A   ) 이내마다 계단참을 설치할 것
> 2. 사다리의 상단은 걸쳐놓은 지점으로부터 (B   ) 이상 올라가도록 할 것
> 3. 발판과 벽과의 사이는 (C   ) 이상의 간격을 유지할 것

🖹 A: 5m   B: 60cm   C: 15cm

007

보기를 참고해 다음 이론에 해당하는 번호를 순서에 맞게 고르시오.(단, 중복 가능하다.)

보기
1. 사회적 환경 및 유전적 요소   2. 기본적 원인 3. 불안전한 행동 및 불안전한 상태(직접원인)   4. 작전적 에러 5. 사고   6. 재해(상해/손실/손해) 7. 관리의 부족   8. 개인적 결함 9. 관리구조   10. 전술적 에러
1. 하인리히의 도미노 이론   2. 버드의 최신 도미노 이론

답 1. 1 → 8 → 3 → 5 → 6   2. 7 → 2 → 3 → 5 → 6

008

방진마스크의 포집효율이다. 빈칸을 쓰시오.

형태 및 등급		염화나트륨(NaCl) 및 파라핀 오일(Paraffin oil) 시험(%)
분리식	특급	(A)
	1급	(B)
	2급	(C)
안면부 여과식	특급	(D)
	1급	94.0 이상
	2급	(E)

답 A: 99.95 이상   B: 94.0 이상   C: 80.0 이상   D: 99.0 이상   E: 80.0 이상

009

교류아크용접기 전격방지기 관련 단어에서 지동시간과 시동시간 정의를 쓰시오.

답 지동시간: 용접봉 홀더에 용접기 출력측의 무부하전압이 발생한 후 주접점이 개방될 때까지의 시간
    시동시간: 용접봉을 피용접물에 접촉시켜서 전격방지기의 주접점이 닫힐 때까지의 시간

010

산업안전보건법상 안전인증대상 기계 또는 설비 종류 5개 쓰시오.

📋 프레스/크레인/리프트/롤러기/곤돌라

011

다음 빈칸을 채우시오.

> 1. (ㄱ)란 달기발판 또는 운반구, 승강장치, 그 밖의 장치 및 이들에 부속된 기계부품에 의하여 구성되고, 와이어로프 또는 달기강선에 의하여 달기발판 또는 운반구가 전용 승강장치에 의하여 오르내리는 설비를 말한다.
> 2. (ㄴ)란 동력을 사용하여 사람이나 화물을 운반하는 것을 목적으로 하는 기계설비

📋 ㄱ: 곤돌라   ㄴ: 리프트

012

크레인 펜던트 스위치 관련 내용이며 빈칸을 채우시오.

> 1. 펜던트 스위치에는 크레인의 비상정지용 누름버튼과 손을 떼면 자동적으로 (ㄱ)로 복귀되는 각각의 작동 종류에 대한 누름버튼 또는 스위치 등이 비치되어있고 정상적으로 작동될 것
> 2. 조작용 전기회로의 전압은 교류 대지전압 (ㄴ)볼트 이하 또는 직류 (ㄷ)볼트 이하일 것

📋 ㄱ: 정지위치(off)   ㄴ: 150   ㄷ: 300

013

조명은 근로자들의 작업환경의 측면에서 중요한 안전요소이다. 산업안전보건기준에 관한 규칙에서 규정하는 다음의 작업장소의 조도기준을 쓰시오.

> 1. 초정밀 작업 : (A)lux 이상   2. 정밀 작업 : (B)lux 이상   3. 보통 작업 : (C)lux 이상

🔖 A : 750   B : 300   C : 150

3회 기출문제

001

기체의 조성비가 수소 28%, 메탄 45%, 에탄 27%일 때 메탄의 위험도와 혼합기체의 폭발상한값을 구하시오.(단, 수소 폭발범위: 4 ~ 75vol%, 메탄 폭발범위: 5 ~ 15vol%, 에탄 폭발범위: 3 ~ 12.4vol%이다.)

해 메탄 위험도 $= \dfrac{U-L}{L} = \dfrac{15-5}{5} = 2$

혼합기체 폭발상한값 $= UEL(\%) = \dfrac{\sum vol\%}{\sum \dfrac{vol\%}{UEL}} = \dfrac{28+45+27}{\dfrac{28}{75} + \dfrac{45}{15} + \dfrac{27}{12.4}} = 18.02\%$

UEL : 폭발상한계$(\%)$

답 메탄 위험도 : 2 혼합기체 폭발상한값 : 18.02%

002

보행금지 표지판 배경반사율 80%, 관련 그림 반사율 20%일 때 대비(%)를 구하시오.

해 대비 $= \dfrac{L_b - L_t}{L_b} \cdot 100\% = \dfrac{80-20}{80} \cdot 100\% = 75\%$

L_b : 배경반사율 L_t : 표적반사율

답 대비 : 75%

003

다음 조건으로 도수율을 구하시오.

• 재해건수 : 15건	• 요양손실일수 : 8,000일
• 재해휴업일수 : 300일	• 연근로시간 : 4,800,000시간

해 도수율 $= \dfrac{재해건수}{연근로시간수} \cdot 10^6 = \dfrac{15}{4,800,000} \cdot 10^6 = 3.13$

답 도수율 : 3.13

004

산업안전보건법상 안전인증대상 방호장치 5가지 쓰시오.

🔳 절연용 방호구/프레스 방호장치/압력용기 압력방출용 파열판/압력용기 압력방출용 안전밸브/보일러 압력방출용 안전밸브

005

산업안전보건법상의 중대재해 종류이다. 빈칸을 쓰시오.

> "중대재해"란 다음 각 호의 어느 하나에 해당하는 재해를 말한다.
> 1. 사망자가 (**A**)명 이상 발생한 재해
> 2. 3개월 이상의 요양이 필요한 부상자가 동시에 (**B**)명 이상 발생한 재해
> 3. 부상자 또는 (**C**)가 동시에 10명 이상 발생한 재해

🔳 A : 1   B : 2   C : 직업성 질병자

006

화물자동차 관련 내용이다. 빈칸을 쓰시오.

> 사업주는 (**A**)으로부터 짐 윗면까지의 높이가 (**B**) 이상인 화물자동차에 짐을 싣는 작업 또는 내리는 작업을 하는 경우에는 근로자의 추가 위험을 방지하기 위하여 해당 작업에 종사하는 근로자가 바닥과 적재함의 짐 윗면 간을 안전하게 오르내리기 위한 설비를 설치하여야 한다.

🔳 A : 바닥   B : 2m

007

건물 해체 작업 시 작업계획서 포함사항 4개 쓰시오.

🔑 해체방법/방호설비 방법/해체물 처분계획/사업장 내 연락방법

008

항타기 또는 항발기 무너짐 방지에 대한 내용이다. 빈칸을 채우시오.

> 사업주는 동력을 사용하는 항타기 또는 항발기에 대하여 무너짐을 방지하기 위하여 다음 각 호의 사항을 준수해야 한다.
> 1. 연약한 지반에 설치하는 경우에는 아웃트리거 · 받침 등 지지구조물의 침하를 방지하기 위하여 (A) 등을 사용할 것
> 2. 아웃트리거 · 받침 등 지지구조물이 미끄러질 우려가 있는 경우에는 (B) 등을 사용하여 해당 지지구조물을 고정시킬 것
> 3. 궤도 또는 차로 이동하는 항타기 또는 항발기에 대해서는 불시에 이동하는 것을 방지하기 위하여 (C) 등으로 고정시킬 것

🔑 A : 깔판, 받침목   B : 말뚝, 쐐기   C : 레일 클램프, 쐐기

009

안전대 관련 내용이다. 빈칸을 쓰시오.

> (A) : 신체지지의 목적으로 전신에 착용하는 띠 모양의 것으로서 상체 등 신체 일부분만 지지하는 것은 제외
> (B) : 벨트 또는 안전그네를 구명줄 또는 구조물 등 그 밖의 걸이설비와 연결하기 위한 줄모양의 부품
> (C) : 벨트 또는 안전그네와 죔줄을 연결하기 위한 D자형의 금속 고리
> (D) : 벨트 또는 안전그네를 신체에 착용하기 위해 그 끝에 부착한 금속장치
> (E) : 죔줄과 걸이설비 등 또는 D링과 연결하기 위한 금속장치

🔑 A : 안전그네   B : 죔줄   C : D링   D : 버클   E : 훅(카라비너)

010

금지표시에 관한 것이다. 알맞은 표지 종류를 정확히 쓰시오.

종류	용도 및 설치 · 부착 장소	설치 · 부착 장소 예시
사용금지	수리 또는 고장 등으로 만지거나 작동시키는 것을 금지해야 할 기계 · 기구 및 설비	고장난 기계
(A)	엘리베이터 등에 타는 것이나 어떤 장소에 올라가는 것을 금지	고장난 엘리베이터
(B)	정리 정돈 상태의 물체나 움직여서는 안 될 물체를 보존하기위하여 필요한 장소	절전스위치옆

🗒 A : 탑승금지   B : 물체이동금지

011

오늘의 안전교육 목적은 하인리히 도미노이론을 이해함이다. 도미노 이론 중 3번째 단계의 결함 2가지 쓰시오.

🗒 불안전한 행동/불안전한 상태

012

산업재해 조사표 항목에서 건설업만 작성하는 항목을 고르시오.

· 발주자   · 공정률   · 원수급 사업장명 · 휴대전화   · 근무형태   · 상해종류   · 공사현장명

🗒 발주자/공정률/원수급 사업장명/공사현장명

013

가스 · 증기 방폭구조의 종류 5가지 쓰시오.

🖩 내압 방폭구조/몰드 방폭구조/유입 방폭구조/충전 방폭구조/안전증 방폭구조

작업 서술형

잠깐! 더 효율적인 공부를 위한 링크들을 적극 이용하세요~!

직8딴 홈페이지
- 출시한 책 확인 및 구매

직8딴 카카오오픈톡방
- 실시간 저자의 질문 답변
(주7일 아침 11시~새벽 2시까지, 전화로도 함)
- 직8딴 구매자전용 복지와 혜택 획득
(최소 달에 40만원씩 기프티콘 지급)
- 구매자들과의 소통 및 EHS 관련 정보 습득

직8딴 네이버카페
- 실시간으로 최신화되는 정오표 확인
(정오표: 책 출시 이후 발견된 오타/오류를 모아놓은 표, 매우 중요)
- 공부에 도움되는 컬러버전 그림 및 사진 습득
- 직8딴 구매자전용 복지와 혜택 획득

직8딴 유튜브
- 저자 직접 강의 시청 가능
- 공부 팁 및 암기법 획득
- 국가기술자격증 관련 정보 획득

작업형 공부관련 팁!

📎 **모든 문제는 다 컴퓨터를 통해 영상으로 나옵니다.**

문제에는
1. 영상봐야 맞는 문제(위험요소 찾는 것, 해당 부위나 장비명)
2. 영상보지 않아도 되는 문제(보호구 종류나 법령 문제)
3. 영상보면 틀리는 문제(영상은 사고영상이나 법령을 묻는 문제)
이렇게 있으니까 항상 문제를 먼저 읽고 법령인지 잘 파악하세요(사업주가 ~ ~ ~ 이러면 법령문제!)

📎 **영상설명글 있는 문제는 가볍게 봐주세요.**

그냥 '아 이런 상황에서는 이런 답변이 가능하구나~ ~' 이렇게,,,
왜냐면 실제 영상에서는 변수가 많습니다,,, 기출문제는 복원이에요 복원
우리의 기억으로 만든 것들,,, 매우 불완전하죠,,
그러니 영상설명글이 있는 문제는 가볍게 보시고, 그 외 문제들에 공부시간 투자를 더 해주시면 됩니다!

📎 **책에는 필수불가결한 사진/그림 만 있어요.**

만약 공부에 필요한 사진과 그림을 보고 싶으시다면!
1. 직8딴 강의를 통해 관련 사진을 보시면 됩니다!
2. 직8딴 네이버카페 교육자료 코너에 들어가서 관련 사진을 보시면 됩니다!

📎 **컴퓨터로 보는 것이고, 영상 나온다하니 생소하겠지만 불안해하지 마세요.**

시험이든 무엇을 하든 간에 항상 자신감이 중요해요!!
즉 우리 심리상태가 매우 중요한 것이죠!!
작업형! 별 것 없습니다!!!!! 그저 컴퓨터로 영상이 나오고 종이에 답을 적는 것뿐!
그러니 너무 불안해 하거나 걱정하지 마세요~!

001 ☆☆☆

프레스 등을 사용하여 작업할 때 작업시작 전 점검사항 3개 쓰시오.

해

1. 프레스 등을 사용하여 작업을 할 때	1. 클러치 및 브레이크의 기능
	2. 크랭크축 · 플라이휠 · 슬라이드 · 연결봉 및 연결 나사의 풀림 여부
	3. 1행정 1정지기구 · 급정지장치 및 비상정지장치의 기능
	4. 슬라이드 또는 칼날에 의한 위험방지 기구의 기능
	5. 프레스의 금형 및 고정볼트 상태
	6. 방호장치의 기능
	7. 전단기(剪斷機)의 칼날 및 테이블의 상태

답 클러치 기능/방호장치 기능/비상정지장치 기능

002 ☆☆☆

이동식 크레인 사용하는 작업할 때 작업시작 전 점검사항 3개 쓰시오.

해

5. 이동식 크레인을 사용하여 작업을 할 때	1. 권과방지장치나 그 밖의 경보장치의 기능
	2. 브레이크 · 클러치 및 조정장치의 기능
	3. 와이어로프가 통하고 있는 곳 및 작업장소의 지반상태

답 권과방지장치 기능/클러치 기능/와이어로프 통하는 곳 상태

003 ☆

크레인 사용하는 작업할 때 작업시작 전 점검사항 3개 쓰시오.

해

4. 크레인을 사용하여 작업을 하는 때	1. 권과방지장치 · 브레이크 · 클러치 및 운전장치의 기능 2. 주행로의 상측 및 트롤리(trolley)가 횡행하는 레일의 상태 3. 와이어로프가 통하고 있는 곳의 상태

답 권과방지장치 기능/주행로 상측 레일 상태/와이어로프 통하는 곳 상태

004 ☆☆☆☆☆

지게차, 구내운반차 사용 작업 시 작업시작 전 점검사항 4개 쓰시오.

해

9. 지게차를 사용하여 작업을 하는 때	1. 제동장치 및 조종장치 기능의 이상 유무 2. 하역장치 및 유압장치 기능의 이상 유무 3. 바퀴의 이상 유무 4. 전조등 · 후미등 · 방향지시기 및 경보장치 기능의 이상 유무
10. 구내운반차를 사용하여 작업을 할 때	1. 제동장치 및 조종장치 기능의 이상 유무 2. 하역장치 및 유압장치 기능의 이상 유무 3. 바퀴의 이상 유무 4. 전조등 · 후미등 · 방향지시기 및 경음기 기능의 이상 유무 5. 충전장치를 포함한 홀더 등의 결합상태의 이상 유무

답 바퀴 이상 유무/전조등 기능 이상 유무/제동장치 기능 이상 유무/하역장치 기능 이상 유무

005 ☆☆☆☆☆

컨베이어 등을 사용하여 작업할 때 작업시작 전 점검사항 3개 쓰시오.

해

13. 컨베이어 등을 사용하여 작업을 할 때	1. 원동기 및 풀리(pulley) 기능의 이상 유무 2. 이탈 등의 방지장치 기능의 이상 유무 3. 비상정지장치 기능의 이상 유무 4. 원동기 · 회전축 · 기어 및 풀리 등의 덮개 또는 울 등의 이상 유무

답 덮개 이상 유무/풀리 기능 이상 유무/이탈방지장치 기능 이상 유무

006　　　　　　　　　　　　　　　　　　　　　　　　　　　　　☆☆☆

용접·용단 작업 등의 화재위험작업을 할 때 작업시작 전 사업주가 관리감독자로 하여금 점검하도록 해야 할 점검사항 2가지 쓰시오.

해

14의2. 용접 · 용단 작업 등의 화재위험작업을 할 때	1. 작업준비 및 작업절차 수립 여부 2. 화기작업에 따른 인근 가연성물질에 대한 방호조치 및 소화기구 비치 여부 3. 용접불티 비산방지덮개 또는 용접방화포 등 불꽃 · 불티 등의 비산을 방지 　하기 위한 조치 여부 4. 인화성 액체의 증기 또는 인화성 가스가 남아있지 않도록 하는 환기 조치 　여부 5. 작업근로자에 대한 화재예방 및 피난교육 등 비상조치 여부

답 작업절차 수립 여부/피난교육 등 비상조치 여부

007　　　　　　　　　　　　　　　　　　　　　　　　　　　　　　☆

교류아크용접기 사용해 작업할 때 작업시작 전 점검사항 2가지 쓰시오.

해

교류아크용접기 사용해 작업할 때	1. 용접기 외함 접지 상태 2. 자동전격방지기 작동상태 3. 용접봉 홀더 절연 상태 4. 전선 피복 손상 상태

답 전선 피복 손상 상태/용접봉 홀더 절연 상태

008 ☆

건설용 리프트를 이용하는 작업에서 사업자가 근로자에게 하는 특별안전보건 교육내용 3개 쓰시오.

🔳 특별교육 대상 작업별 교육

15. 건설용 리프트, 곤돌라를 이용한 작업	1. 방호장치 기능 및 사용에 관한 사항 2. 기계, 기구, 달기체인 및 와이어 등의 점검에 관한 사항 3. 화물의 권상·권하 작업방법 및 안전작업 지도에 관한 사항 4. 기계·기구의 특성 및 동작원리에 관한 사항 5. 신호방법 및 공동작업에 관한 사항 6. 그 밖에 안전·보건관리에 필요한 사항

🔳 신호방법/기계점검/기계 동작원리

009 ☆

크랭크 프레스기에 금형 설치 시 점검사항 4가지 쓰시오.

🔳 프레스의 금형 설치 점검사항
 1. 다이홀더와 펀치의 직각도, 생크홀과 펀치의 직각도
 2. 펀치와 다이의 평행도, 펀치와 볼스타면의 평행도
 3. 다이와 볼스타의 평행도

🔳 1. 다이와 볼스타의 평행도
 2. 펀치와 볼스타면의 평행도
 3. 펀치와 다이의 평행도
 4. 펀치와 생크홀의 직각도

010 ☆

프레스기에 금형 교체 시 안전상 점검사항 2가지 쓰시오.

🔳 안전블록 설치상태 점검/슬라이드 인터록 상태 점검

011   ☆☆☆☆

항타기 조립하거나 해체하는 경우 사업주가 점검해야 할 점검사항 4가지 쓰시오.

🔲 사업주는 항타기 또는 항발기를 조립하거나 해체하는 경우 다음 각 호의 사항을 점검해야 한다.
  1. 본체 연결부의 풀림 또는 손상의 유무
  2. 권상용 와이어로프 · 드럼 및 도르래의 부착상태의 이상 유무
  3. 권상장치의 브레이크 및 쐐기장치 기능의 이상 유무
  4. 권상기의 설치상태의 이상 유무
  5. 리더(leader)의 버팀 방법 및 고정상태의 이상 유무
  6. 본체 · 부속장치 및 부속품의 강도가 적합한지 여부
  7. 본체 · 부속장치 및 부속품에 심한 손상 · 마모 · 변형 또는 부식이 있는지 여부

📋 1. 본체 강도 적합 여부
  2. 본체 연결부 손상 유무
  3. 본체에 심한 손상 여부
  4. 리더 버팀방법 이상 유무

012 ☆

충전전로 인근에서 차량, 기계장치 등(이하 이 조에서 "차량등"이라 한다)의 작업이 있는 경우 사업주의 조치사항 3가지 쓰시오.

해 1. 사업주는 충전전로 인근에서 차량, 기계장치 등(이하 이 조에서 "차량등"이라 한다)의 작업이 있는 경우에 는 차량등을 충전전로의 충전부로부터 300센티미터 이상 이격시켜 유지시키되, 대지전압이 50킬로볼트 를 넘는 경우 이격시켜 유지하여야 하는 거리(이하 이조에서 "이격거리"라 한다)는 10킬로볼트 증가할 때 마다 10센티미터씩 증가시켜야 한다. 다만, 차량등의 높이를 낮춘 상태에서 이동하는 경우에는 이격거리 를 120센티미터 이상(대지전압이 50킬로볼트를 넘는 경우에는 10킬로볼트 증가할 때마다 이격거리를 10센티미터씩 증가)으로 할 수 있다.
2. 제1항에도 불구하고 충전전로의 전압에 적합한 절연용 방호구 등을 설치한 경우에는 이격거리를 절연용 방호구 앞면까지로 할 수 있으며, 차량등의 가공 붐대의 버킷이나 끝부분 등이 충전전로의 전압에 적합하 게 절연되어 있고 유자격자가 작업을 수행하는 경우에는 붐대의 절연되지 않은 부분과 충전전로 간의 이격거리는 표에 따른 접근 한계거리까지로 할 수 있다.
3. 사업주는 다음 각 호의 경우를 제외하고는 근로자가 차량등의 그 어느 부분과도 접촉하지 않도록 울타리 를 설치하거나 감시인 배치 등의 조치를 하여야 한다.
   – 근로자가 해당 전압에 적합한 절연용 보호구등을 착용하거나 사용하는 경우
   – 차량등의 절연되지 않은 부분이 표에 따른 접근 한계거리 이내로 접근하지 않도록 하는 경우
4. 사업주는 충전전로 인근에서 접지된 차량등이 충전전로와 접촉할 우려가 있을 경우에는 지상의 근로자가 접지점에 접촉하지 않도록 조치하여야 한다.

답 1. 감시인 배치할 것
2. 지상 근로자가 접지점에 접촉하지 않도록 조치할 것
3. 차량을 충전전로 충전부로부터 300cm 이상 이격시켜 유지시키되, 대지전압 50kV를 넘는 경우 이격거리는 10kV 증가할 때마다 10cm씩 증가시킬 것

013 ☆☆☆☆☆☆☆☆

흙막이 지보공의 설치 목적과 정기적으로 보수하고 점검해야 할 사항 3가지 쓰시오.

해 사업주는 흙막이 지보공을 설치하였을 때에는 정기적으로 다음 각 호의 사항을 점검하고 이상을 발견하면 즉시 보수하여야 한다.
1. 부재의 손상 · 변형 · 부식 · 변위 및 탈락의 유무와 상태
2. 버팀대의 긴압(緊壓)의 정도
3. 부재의 접속부 · 부착부 및 교차부의 상태
4. 침하의 정도

답 설치목적: 지반 붕괴 방지   점검사항: 부재 손상 유무/부재 접속부 상태/버팀대 긴압 정도

014 ☆

영상 속 행동에 대한 작업계획서 내용 4가지 쓰시오.

영상 설명
진돌이와 진순이가 롤러기 롤러를 교체하려고 한다. 롤러를 둘이서 들다 너무 무거워서 진순이의 허리가 나가버린다. 그러면서 롤러를 놓쳐 롤러가 진돌이 발에 떨어진다.

해 작업계획서 내용

11. 중량물의 취급 작업	1. 추락위험을 예방할 수 있는 안전대책 2. 낙하위험을 예방할 수 있는 안전대책 3. 전도위험을 예방할 수 있는 안전대책 4. 협착위험을 예방할 수 있는 안전대책 5. 붕괴위험을 예방할 수 있는 안전대책

답 1. 추락위험 예방 안전대책   2. 낙하위험 예방 안전대책   3. 전도위험 예방 안전대책
4. 협착위험 예방 안전대책

015 ★

영상 속 작업의 작업계획서 작성 시 포함사항 2가지 쓰시오.

영상 설명
압쇄기와 대형 브레이커를 이용해 건물을 해체하고 있다. 근처에 있던 진돌이는 감시인 신분으로 지켜보고 있다.

해 작업계획서 내용

10. 건물 등의 해체작업	1. 해체의 방법 및 해체 순서도면 2. 가설설비 · 방호설비 · 환기설비 및 살수 · 방화설비 등의 방법 3. 사업장 내 연락방법 4. 해체물의 처분계획 5. 해체작업용 기계 · 기구 등의 작업계획서 6. 해체작업용 화약류 등의 사용계획서 7. 그 밖에 안전 · 보건에 관련된 사항

답 해체방법/방호설비 방법

016 ☆

중대재해 발생 시 사업장 소재지를 관할하는 지방고용노동관서의 장에게 전화나 팩스로 보고해야 하는 사항 3개와 보고 시점을 쓰시오.

🔲 사업주는 중대재해가 발생한 사실을 알게 된 경우에는 법에 따라 지체없이 다음 각 호의 사항을 사업장 소재지를 관할하는 지방고용노동관서의 장에게 전화 · 팩스 또는 그 밖의 적절한 방법으로 보고해야 한다.
  1. 발생 개요 및 피해 상황   2. 조치 및 전망   3. 그 밖의 중요한 사항

🔳 보고사항 : 조치/발생개요/피해상황   보고 시점 : 지체없이

017 ☆☆☆☆

산업용 로봇의 작동범위 내에서 해당 로봇에 대해 교시 등의 작업을 할 경우에는 해당 로봇의 예기치 못한 작동 또는 오조작에 의한 위험을 방지하기 위하여 관련지침을 정하여 그 지침에 따라 작업을 하도록 하여야 하는데, 관련 지침에 포함되어야 할 사항 4개 쓰시오.

🔲 사업주는 산업용 로봇(이하 "로봇"이라 한다)의 작동범위에서 해당 로봇에 대하여 교시(敎示) 등[매니퓰레이터(manipulator)의 작동순서, 위치 · 속도의 설정 · 변경 또는 그 결과를 확인하는 것을 말한다. 이하 같다]의 작업을 하는 경우에는 해당 로봇의 예기치 못한 작동 또는 오(誤)조작에 의한 위험을 방지하기 위하여 다음 각 호의 조치를 하여야 한다. 다만, 로봇의 구동원을 차단하고 작업을 하는 경우에는 법의 조치를 하지 아니할 수 있다.
  1. 다음 각 목의 사항에 관한 지침을 정하고 그 지침에 따라 작업을 시킬 것
    가. 로봇의 조작방법 및 순서
    나. 작업 중의 매니퓰레이터의 속도
    다. 2명 이상의 근로자에게 작업을 시킬 경우의 신호방법
    라. 이상을 발견한 경우의 조치
    마. 이상을 발견하여 로봇의 운전을 정지시킨 후 이를 재가동시킬 경우의 조치
    바. 그 밖에 로봇의 예기치 못한 작동 또는 오조작에 의한 위험을 방지하기 위하여 필요한 조치

🔳 로봇 조작방법/이상 발견 시 조치/작업 중 매니퓰레이터 속도/2명 이상 작업 시 신호방법

018 ☆☆☆☆☆☆

밀폐공간에서 근로자에게 작업하도록 하는 경우, 사업주가 수립 시행해야 하는 밀폐공간 작업 프로그램의 내용 3가지를 쓰시오.

🖬 사업주는 밀폐공간에서 근로자에게 작업을 하도록 하는 경우 다음 각 호의 내용이 포함된 밀폐공간 작업 프로그램을 수립하여 시행하여야 한다.
　1. 사업장 내 밀폐공간의 위치 파악 및 관리 방안
　2. 밀폐공간 내 질식 · 중독 등을 일으킬 수 있는 유해 · 위험 요인의 파악 및 관리 방안
　3. 제2항에 따라 밀폐공간 작업 시 사전 확인이 필요한 사항에 대한 확인 절차
　4. 안전보건교육 및 훈련
　5. 그 밖에 밀폐공간 작업 근로자의 건강장해 예방에 관한 사항

🖬 안전보건교육/사업장 내 밀폐공간 위치 파악/밀폐공간 내 질식 유발하는 유해위험요인 파악

019 ☆

근로자가 밀폐공간에서 작업을 하기 전에 안전한 상태에서 작업하도록 사업주가 확인해야 할 사항 3가지 쓰시오.

🖬 사업주는 근로자가 밀폐공간에서 작업을 시작하기 전에 다음 각 호의 사항을 확인하여 근로자가 안전한 상태에서 작업하도록 하여야 한다.
　1. 작업 일시, 기간, 장소 및 내용 등 작업 정보
　2. 관리감독자, 근로자, 감시인 등 작업자 정보
　3. 산소 및 유해가스 농도의 측정결과 및 후속조치 사항
　4. 작업 중 불활성가스 또는 유해가스의 누출 · 유입 · 발생 가능성 검토 및 후속조치 사항
　5. 작업 시 착용하여야 할 보호구의 종류
　6. 비상연락체계

🖬 비상연락체계/산소 농도 측정결과/근로자 등 작업자 정보

020   ☆☆

밀폐공간 내 질식 방지 안전대책을 4가지만 쓰시오.

해 1. 작업시작 전 산소농도 및 유해가스 농도 등을 측정. 산소농도가 18% 미만일 때에는 환기를 실시
   2. 산소농도가 18% 이상인가를 확인하고 작업 중에도 계속 환기
   3. 환기 시 급기. 배기를 동시에 하는 것을 원칙
   4. 국소배기장치의 전원부에 잠금장치를 하고 감시인을 배치
   5. 환기를 실시할 수 없거나 산소결핍 위험 장소에 들어갈 때는 호흡용 보호구를 착용
답 감시인 배치/호흡용 보호구 착용/작업시작 전 산소농도 측정/산소농도 18% 이상인지 항시 확인

021   ☆☆☆

산업안전보건법령상 밀폐공간 관련해서 (   ) 에 알맞은 숫자를 쓰시오.

> "적정공기"란 산소농도의 범위가 (A) 이상 (B) 미만, 이산화탄소의 농도가 (C) 미만,
> 일산화탄소의 농도가 (D) 미만, 황화수소의 농도가 (E) 미만인 수준의 공기를 말한다.

해 "적정공기"란 산소농도의 범위가 18퍼센트 이상 23.5퍼센트 미만, 이산화탄소의 농도가 1.5퍼센트 미만,
   일산화탄소의 농도가 30피피엠 미만, 황화수소의 농도가 10피피엠 미만인 수준의 공기를 말한다.

답 A : 18%   B : 23.5%   C : 1.5%   D : 30ppm   E : 10ppm

022   ☆☆

조명은 근로자들의 작업환경의 측면에서 중요한 안전요소이다. 산업안전보건기준에 관한 규칙에
서 규정하는 다음의 작업장소의 조도기준을 쓰시오.

> 1. 초정밀 작업 : (A)   2. 정밀 작업 : (B)   3. 보통 작업 : (C)   4. 그 밖의 작업 : (D)

해 사업주는 근로자가 상시 작업하는 장소의 작업면 조도(照度)를 다음 각 호의 기준에 맞도록 하여야 한다.
   다만, 갱내(坑內) 작업장과 감광재료(感光材料)를 취급하는 작업장은 그러하지 아니하다.
   1. 초정밀작업 : 750럭스(lux) 이상   2. 정밀작업 : 300럭스 이상
   3. 보통작업 : 150럭스 이상   4. 그 밖의 작업 : 75럭스 이상
답 A : 750lux 이상   B : 300lux 이상   C : 150lux 이상   D : 75lux 이상

023 ☆

산업안전보건법령상 사업주가 발파작업에 종사하는 근로자에게 해야 할 준수사항 3가지를 쓰시오.

[해] 사업주는 발파작업에 종사하는 근로자에게 다음 각 호의 사항을 준수하도록 하여야 한다.

1. 얼어붙은 다이나마이트는 화기에 접근시키거나 그 밖의 고열물에 직접 접촉시키는 등 위험한 방법으로 융해되지 않도록 할 것
2. 화약이나 폭약을 장전하는 경우에는 그 부근에서 화기를 사용하거나 흡연을 하지 않도록 할 것
3. 장전구는 마찰 · 충격 · 정전기 등에 의한 폭발의 위험이 없는 안전한 것을 사용할 것
4. 발파공 충진재료는 점토 · 모래 등 발화성 또는 인화성의 위험이 없는 재료를 사용할 것
5. 점화 후 장전된 화약류가 폭발하지 아니한 경우 또는 장전된 화약류의 폭발 여부를 확인하기 곤란한 경우에는 다음 각 목의 사항을 따를 것
   가. 전기뇌관에 의한 경우에는 발파모선을 점화기에서 떼어 그 끝을 단락시켜 놓는 등 재점화되지 않도록 조치하고 그 때부터 5분 이상 경과한 후가 아니면 화약류의 장전장소에 접근시키지 않도록 할 것
   나. 전기뇌관 외의 것에 의한 경우에는 점화한 때부터 15분 이상 경과한 후가 아니면 화약류의 장전장소에 접근시키지 않도록 할 것
6. 전기뇌관에 의한 발파의 경우 점화하기 전에 화약류를 장전한 장소로부터 30미터 이상 떨어진 안전한 장소에서 전선에 대하여 저항측정 및 도통(導通)시험을 할 것

[답] 1. 화약 장전 시 부근에서 흡연하지 말 것
2. 발파공 충진재료는 모래 등 인화성 위험 없는 재료 사용할 것
3. 장전구는 마찰 등에 의한 폭발 위험 없는 안전한 것을 사용할 것

024 ☆

산업안전보건법령상 발파작업 시 사용되는 장전구 조건 1개와 발파공 충진재료 조건(정의)을 쓰시오.

[해] 윗 해설 참조
[답] 장전구 조건 : 마찰 등에 의한 폭발 위험 없는 안전한 것을 사용할 것
발파공 충진재료 조건(정의) : 모래 등 인화성 위험 없는 재료 사용할 것

025 ☆

점화 후 장전된 화약류가 폭발하지 않거나 장전된 화약류의 폭발 여부를 확인하기 곤란할 때 화약류 장전장소에 발파 후 몇 분이 지나야 접근 가능한지 쓰시오.

해 윗 해설 참조

답 전기뇌관일 때 : 5분   전기뇌관외의 것일 때 : 15분

026 ☆☆

구내운반차 관련 내용이다. 빈칸을 채우시오.

사업주는 구내운반차(작업장내 (A)을 주목적으로 하는 차량으로 한정한다)를 사용하는 경우에 다음 각 호의 사항을 준수해야 한다.
1. 주행을 제동하거나 정지상태를 유지하기 위하여 유효한 (B)를 갖출 것
2. (C)를 갖출 것
3. 운전석이 차 실내에 있는 것은 좌우에 한개씩 (D)를 갖출 것
4. (E)과 (F)을 갖출 것. 다만, 작업을 안전하게 하기 위하여 필요한 조명이 있는 장소에서 사용하는 구내운반차에 대해서는 그러하지 아니하다.

해 사업주는 구내운반차를 사용하는 경우에 다음 각 호의 사항을 준수해야 한다.
  1. 주행을 제동하거나 정지상태를 유지하기 위하여 유효한 제동장치를 갖출 것
  2. 경음기를 갖출 것
  3. 운전석이 차 실내에 있는 것은 좌우에 한개씩 방향지시기를 갖출 것
  4. 전조등과 후미등을 갖출 것. 다만, 작업을 안전하게 하기 위하여 필요한 조명이 있는 장소에서 사용하는 구내운반차에 대해서는 그러하지 아니하다.

답 A : 운반   B : 제동장치   C : 경음기   D : 방향지시기   E : 전조등   F : 후미등

027   ☆☆

산업안전보건법령상 고소작업대 이동 시 준수사항 3가지만 쓰시오.

🔳 사업주는 고소작업대를 이동하는 경우에는 다음 각 호의 사항을 준수해야 한다.
  1. 작업대를 가장 낮게 내릴 것
  2. 작업자를 태우고 이동하지 말 것. 다만, 이동 중 전도 등의 위험예방을 위하여 유도하는 사람을 배치하고 짧은 구간을 이동하는 경우에는 제1호에 따라 작업대를 가장 낮게 내린 상태에서 작업자를 태우고 이동할 수 있다.
  3. 이동통로의 요철상태 또는 장애물의 유무 등을 확인할 것

🔳 작업대 가장 낮게 내릴 것/작업자 태우고 이동하지 말 것/이동통로 요철상태 등 확인할 것

028   ☆

산업안전보건법령상 곤돌라의 운반구에 근로자를 탑승시킬 수 있는 조치사항 2가지 쓰시오.

🔳 사업주는 곤돌라의 운반구에 근로자를 탑승시켜서는 아니 된다. 다만, 추락 위험을 방지하기 위하여 다음 각 호의 조치를 한 경우에는 그러하지 아니하다.
  1. 운반구가 뒤집히거나 떨어지지 않도록 필요한 조치를 할 것
  2. 안전대나 구명줄을 설치하고, 안전난간을 설치할 수 있는 구조인 경우이면 안전난간을 설치할 것

🔳 구명줄 설치할 것/운반구 떨어지지 않도록 필요한 조치할 것

029 ☆☆☆

크레인으로 하물 인양 시 준수사항 3가지 쓰시오.

해 사업주는 크레인을 사용하여 작업을 하는 경우 다음 각 호의 조치를 준수하고, 그 작업에 종사하는 관계 근로자가 그 조치를 준수하도록 하여야 한다.

1. 인양할 하물(荷物)을 바닥에서 끌어당기거나 밀어내는 작업을 하지 아니할 것
2. 유류드럼이나 가스통 등 운반 도중에 떨어져 폭발하거나 누출될 가능성이 있는 위험물 용기는 보관함(또는 보관고)에 담아 안전하게 매달아 운반할 것
3. 고정된 물체를 직접 분리 · 제거하는 작업을 하지 아니할 것
4. 미리 근로자의 출입을 통제하여 인양 중인 하물이 작업자의 머리 위로 통과하지 않도록 할 것
5. 인양할 하물이 보이지 아니하는 경우에는 어떠한 동작도 하지 아니할 것(신호하는 사람에 의하여 작업을 하는 경우는 제외한다)

답 1. 인양할 하물을 바닥에서 밀어내는 작업하지 말 것
2. 인양할 하물이 보이지 않는 경우 어떠한 동작도 하지 말 것
3. 미리 근로자 출입 통제해 인양 중인 하물이 작업자 머리 위로 통과하지 않도록 할 것

030 ☆☆☆

가설통로 설치 시 준수사항 3개 쓰시오.

해 사업주는 가설통로를 설치하는 경우 다음 각 호의 사항을 준수하여야 한다.

1. 견고한 구조로 할 것
2. 경사는 30도 이하로 할 것. 다만, 계단을 설치하거나 높이 2미터 미만의 가설통로로서 튼튼한 손잡이를 설치한 경우에는 그러하지 아니하다.
3. 경사가 15도를 초과하는 경우에는 미끄러지지 아니하는 구조로 할 것
4. 추락할 위험이 있는 장소에는 안전난간을 설치할 것. 다만, 작업상 부득이한 경우에는 필요한 부분만 임시로 해체할 수 있다.
5. 수직갱에 가설된 통로의 길이가 15미터 이상인 경우에는 10미터 이내마다 계단참을 설치할 것
6. 건설공사에 사용하는 높이 8미터 이상 비계다리에는 7미터 이내마다 계단참 설치할 것

답 1. 견고한 구조로 할 것
2. 경사 30도 이하로 할 것
3. 추락 위험있는 장소에 안전난간 설치할 것

031 ☆☆

위험물을 액체상태로 저장하는 저장탱크를 설치하는 경우에는 위험물질이 누출되어 확산되는 것을 방지하기 위하여 설치하는 것의 명칭을 쓰시오.

해 사업주는 위험물을 액체상태로 저장하는 저장탱크를 설치하는 경우에는 위험물질이 누출되어 확산되는 것을 방지하기 위하여 방유제(防油堤)를 설치하여야 한다.

답 방유제

032 ☆

가솔린이 남아 있는 설비에 등유 등의 주입 관련 내용이다, 빈칸을 채우시오.

사업주는 화학설비로서 가솔린이 남아 있는 화학설비(위험물을 저장하는 것으로 한정한다), 탱크로리, 드럼 등에 등유나 경유를 주입하는 작업을 하는 경우에는 미리 그 내부를 깨끗하게 씻어내고 가솔린의 증기를 불활성 가스로 바꾸는 등 안전한 상태로 되어 있는지를 확인한 후에 그 작업을 하여야 한다. 다만, 다음 각 호의 조치를 하는 경우에는 그러하지 아니하다.
1. 등유나 경유를 주입하기 전에 탱크 · 드럼 등과 주입설비 사이에 (A)을 연결하여 (B)를 줄이도록 할 것
2. 등유나 경유를 주입하는 경우에는 그 액표면의 높이가 주입관의 선단의 높이를 넘을 때까지 주입속도를 초당 1미터 이하로 할 것

해 사업주는 화학설비로서 가솔린이 남아 있는 화학설비(위험물을 저장하는 것으로 한정한다), 탱크로리, 드럼 등에 등유나 경유를 주입하는 작업을 하는 경우에는 미리 그 내부를 깨끗하게 씻어내고 가솔린의 증기를 불활성 가스로 바꾸는 등 안전한 상태로 되어 있는지를 확인한 후에 그 작업을 하여야 한다. 다만, 다음 각 호의 조치를 하는 경우에는 그러하지 아니하다.
1. 등유나 경유를 주입하기 전에 탱크 · 드럼 등과 주입설비 사이에 접속선이나 접지선을 연결하여 전위차를 줄이도록 할 것
2. 등유나 경유를 주입하는 경우에는 그 액표면의 높이가 주입관의 선단의 높이를 넘을 때까지 주입속도를 초당 1미터 이하로 할 것

답 A: 접속선이나 접지선   B: 전위차

033 ☆

인화성 액체를 저장·취급하는 대기압탱크 관련 내용이다. 빈칸을 채우시오.

> (**A**)는 정상운전 시에 대기압탱크 내부가 (**B**)되지 않도록 충분한 용량의 것을 사용하여야
> 하며, 철저하게 유지·보수를 하여야 한다.

해 – 사업주는 인화성 액체를 저장·취급하는 대기압탱크에는 통기관 또는 통기밸브(breather valve) 등(이하
　　"통기설비"라 한다)을 설치하여야 한다.
　– 통기설비는 정상운전 시에 대기압탱크 내부가 진공 또는 가압되지 않도록 충분한 용량의 것을 사용하여
　　야 하며, 철저하게 유지·보수를 하여야 한다.

답 A: 통기설비　　B: 진공 또는 가압

034 ☆

사업주가 화학설비, 압력용기 또는 정변위 압축기에 반응 폭주 등 급격한 압력 상승 우려가 있는
경우 설치해야 하는 안전장치 2가지 쓰시오.

해 사업주는 다음 각 호의 어느 하나에 해당하는 설비에 대해서는 과압에 따른 폭발을 방지하기 위하여 폭발 방
　지 성능과 규격을 갖춘 안전밸브 또는 파열판(이하 "안전밸브등"이라 한다)을 설치하여야 한다. 다만, 안전밸
　브등에 상응하는 방호장치를 설치한 경우에는 그러하지 아니하다.

답 파열판/안전밸브

035

☆☆☆☆☆

근로자가 노출 충전부에서 작업할 때 감전위험 있을 시 해당 전로를 차단한다. 하지만, 전로를 차단하지 않는 경우가 있는데 그 경우 3가지 쓰시오.

🖬 사업주는 근로자가 노출된 충전부 또는 그 부근에서 작업함으로써 감전될 우려가 있는 경우에는 작업에 들어가기 전에 해당 전로를 차단하여야 한다. 다만, 다음 각 호의 경우에는 그러하지 아니하다.
   1. 생명유지장치, 비상경보설비, 폭발위험장소의 환기설비, 비상조명설비 등의 장치 · 설비의 가동이 중지되어 사고의 위험이 증가되는 경우
   2. 기기의 설계상 또는 작동상 제한으로 전로 차단이 불가능한 경우
   3. 감전, 아크 등으로 인한 화상, 화재 · 폭발의 위험이 없는 것으로 확인된 경우
🖬 1. 작동상 제한으로 전로 차단 불가능한 경우
   2. 감전으로 인한 화재 위험이 없는 것으로 확인된 경우
   3. 비상경보설비 등의 설비 가동이 중지되어 사고 위험이 증가되는 경우

036

☆

국소배기장치(이동식 제외)의 덕트 설치기준을 3가지 쓰시오.

🖬 사업주는 분진 등을 배출하기 위하여 설치하는 국소배기장치(이동식은 제외한다)의 덕트(duct)가 다음 각 호의 기준에 맞도록 하여야 한다.
   1. 가능하면 길이는 짧게 하고 굴곡부의 수는 적게 할 것
   2. 접속부의 안쪽은 돌출된 부분이 없도록 할 것
   3. 청소 구를 설치하는 등 청소하기 쉬운 구조로 할 것
   4. 덕트 내부에 오염물질이 쌓이지 않도록 이송속도를 유지할 것
   5. 연결 부위 등은 외부 공기가 들어오지 않도록 할 것
🖬 가능하면 길이 짧게 할 것/청소하기 쉬운 구조일 것/접속부 안쪽은 돌출 부분 없도록 할 것

037 ☆☆☆

국소배기장치의 후드 설치기준을 4가지 쓰시오.

🅗 사업주는 인체에 해로운 분진, 흄(fume, 열이나 화학반응에 의하여 형성된 고체증기가 응축되어 생긴 미세입자), 미스트(mist, 공기 중에 떠다니는 작은 액체방울), 증기 또는 가스 상태의 물질(이하 "분진등"이라 한다)을 배출하기 위하여 설치하는 국소배기장치의 후드가 다음 각 호의 기준에 맞도록 하여야 한다.
  1. 유해물질이 발생하는 곳마다 설치할 것
  2. 유해인자 발생형태와 비중, 작업방법 등을 고려하여 해당 분진 등의 발산원(發散源)을 제어할 수 있는 구조로 설치할 것
  3. 후드(hood) 형식은 가능하면 포위식 또는 부스식 후드를 설치할 것
  4. 외부식 또는 리시버식 후드는 해당 분진 등의 발산원에 가장 가까운 위치에 설치할 것
🅔 1. 가능하면 부스식 후드 설치할 것
  2. 유해물질 발생하는 곳마다 설치할 것
  3. 리시버식 후드는 분진 발산원에 가장 가까운 위치에 설치할 것
  4. 유해인자 비중 고려해 분진 발산원 제어할 수 있는 구조로 설치할 것

038 ☆

급기·배기 환기장치를 설치한 경우 법에 따른 밀폐설비나 국소배기장치를 설치하지 않아도 되는 경우 1가지 쓰시오.

🅗 사업주는 다음 각 호의 어느 하나에 해당하는 경우로서 급기(給氣)·배기(排氣) 환기장치를 설치한 경우에 법에 따른 밀폐설비나 국소배기장치를 설치하지 아니할 수 있다.
  1. 실내작업장의 벽·바닥 또는 천장에 대하여 관리대상 유해물질 취급업무를 수행할 때 관리대상 유해물질의 발산 면적이 넓어 법에 따른 설비를 설치하기 곤란한 경우
  2. 자동차의 차체, 항공기의 기체, 선체(船體) 블록(block) 등 표면적이 넓은 물체의 표면에 대하여 관리대상 유해물질 취급업무를 수행할 때 관리대상 유해물질의 증기 발산 면적이 넓어 법에 따른 설비를 설치하기 곤란한 경우
🅔 실내작업장 벽에 대하여 관리대상 유해물질 취급업무 수행할 때 관리대상 유해물질의 발산 면적이 넓어 설비 설치하기 곤란한 경우

039 ☆

안전난간이다. 물음에 답하시오.

> 1. 상부 난간대는 바닥면 · 발판 또는 경사로의 표면(이하 "바닥면등"이라 한다)으로부터 (A) 지점에 설치하고, 상부 난간대를 120센티미터 이하에 설치하는 경우에는 중간 난간대는 상부 난간대와 바닥면등의 중간에 설치해야 하며, 120센티미터 이상 지점에 설치하는 경우에는 중간 난간대를 2단 이상으로 균등하게 설치하고 난간의 상하 간격은 60센티미터 이하가 되도록 할 것.
> 2. 발끝막이판은 바닥면등으로부터 (B)의 높이를 유지할 것.
> 3. 난간대는 지름 (C)의 금속제 파이프나 그 이상의 강도가 있는 재료일 것

🔲 사업주는 근로자의 추락 등의 위험을 방지하기 위하여 안전난간을 설치하는 경우 다음 각 호의 기준에 맞는 구조로 설치해야 한다.
1. 상부 난간대, 중간 난간대, 발끝막이판 및 난간기둥으로 구성할 것. 다만, 중간 난간대, 발끝막이판 및 난간기둥은 이와 비슷한 구조와 성능을 가진 것으로 대체할 수 있다.
2. 상부 난간대는 바닥면 · 발판 또는 경사로의 표면(이하 "바닥면등"이라 한다)으로부터 90센티미터 이상 지점에 설치하고, 상부 난간대를 120센티미터 이하에 설치하는 경우에는 중간 난간대는 상부 난간대와 바닥면등의 중간에 설치해야 하며, 120센티미터 이상 지점에 설치하는 경우에는 중간 난간대를 2단 이상으로 균등하게 설치하고 난간의 상하 간격은 60센티미터 이하가 되도록 할 것. 다만, 난간기둥 간의 간격이 25센티미터 이하인 경우에는 중간 난간대를 설치하지 않을 수 있다.
3. 발끝막이판은 바닥면등으로부터 10센티미터 이상의 높이를 유지할 것. 다만, 물체가 떨어지거나 날아올 위험이 없거나 그 위험을 방지할 수 있는 망을 설치하는 등 필요한 예방 조치를 한 장소는 제외한다.
4. 난간기둥은 상부 난간대와 중간 난간대를 견고하게 떠받칠 수 있도록 적정한 간격을 유지할 것
5. 상부 난간대와 중간 난간대는 난간 길이 전체에 걸쳐 바닥면등과 평행을 유지할 것
6. 난간대는 지름 2.7센티미터 이상의 금속제 파이프나 그 이상의 강도가 있는 재료일 것
7. 안전난간은 구조적으로 가장 취약한 지점에서 가장 취약한 방향으로 작용하는 100킬로그램 이상의 하중에 견딜 수 있는 튼튼한 구조일 것

🔲 A : 90cm 이상   B : 10cm 이상   C : 2.7cm 이상

040
☆☆☆☆

비계 높이 2m 이상인 작업장소에 설치해야 하는 작업발판 폭과 발판 틈새를 쓰시오.

해 사업주는 비계(달비계, 달대비계 및 말비계는 제외한다)의 높이가 2미터 이상인 작업장소에 다음 각 호의 기준에 맞는 작업발판을 설치하여야 한다.
  1. 발판재료는 작업할 때의 하중을 견딜 수 있도록 견고한 것으로 할 것
  2. 작업발판의 폭은 40센티미터 이상으로 하고, 발판재료 간의 틈은 3센티미터 이하로 할 것. 다만, 외줄비계의 경우에는 고용노동부장관이 별도로 정하는 기준에 따른다.
  3. 제2호에도 불구하고 선박 및 보트 건조작업의 경우 선박블록 또는 엔진실 등의 좁은 작업공간에 작업발판을 설치하기 위하여 필요하면 작업발판의 폭을 30센티미터 이상으로 할 수 있고, 걸침비계의 경우 강관기둥 때문에 발판재료 간의 틈을 3센티미터 이하로 유지하기 곤란하면 5센티미터 이하로 할 수 있다. 이 경우 그 틈 사이로 물체 등이 떨어질 우려가 있는 곳에는 출입금지 등의 조치를 하여야 한다.
  4. 추락의 위험이 있는 장소에는 안전난간을 설치할 것. 다만, 작업의 성질상 안전난간을 설치하는 것이 곤란한 경우, 작업의 필요상 임시로 안전난간을 해체할 때에 추락방호망을 설치하거나 근로자로 하여금 안전대를 사용하도록 하는 등 추락위험 방지 조치를 한 경우에는 그러하지 아니하다.
  5. 작업발판의 지지물은 하중에 의하여 파괴될 우려가 없는 것을 사용할 것
  6. 작업발판 재료는 뒤집히거나 떨어지지 않도록 둘 이상의 지지물에 연결하거나 고정시킬 것
  7. 작업발판을 작업에 따라 이동시킬 경우에는 위험방지에 필요한 조치를 할 것

답 폭 : 40cm 이상   틈새 : 3cm 이하

041 ☆

고정식 사다리 설치 시 준수사항 3개 쓰시오.(치수가 있는 사항 쓸 것)

🔲 사업주는 사다리식 통로 등을 설치하는 경우 다음 각 호의 사항을 준수하여야 한다.
  1. 견고한 구조로 할 것
  2. 심한 손상·부식 등이 없는 재료를 사용할 것
  3. 발판의 간격은 일정하게 할 것
  4. 발판과 벽과의 사이는 15센티미터 이상의 간격을 유지할 것
  5. 폭은 30센티미터 이상으로 할 것
  6. 사다리가 넘어지거나 미끄러지는 것을 방지하기 위한 조치를 할 것
  7. 사다리의 상단은 걸쳐놓은 지점으로부터 60센티미터 이상 올라가도록 할 것
  8. 사다리식 통로의 길이가 10미터 이상인 경우에는 5미터 이내마다 계단참을 설치할 것
  9. 사다리식 통로의 기울기는 75도 이하로 할 것. 다만, 고정식 사다리식 통로의 기울기는 90도 이하로 하고, 그 높이가 7미터 이상인 경우에는 다음 각 목의 구분에 따른 조치를 할 것
    가. 등받이울이 있어도 근로자 이동에 지장이 없는 경우: 바닥으로부터 높이가 2.5미터 되는 지점부터 등받이울을 설치할 것
    나. 등받이울이 있으면 근로자가 이동이 곤란한 경우: 한국산업표준에서 정하는 기준에 적합한 개인용 추락 방지 시스템을 설치하고 근로자로 하여금 한국산업표준에서 정하는 기준에 적합한 전신안전대를 사용하도록 할 것
  10. 접이식 사다리 기둥 사용 시 접혀지거나 펼쳐지지 않도록 철물 등을 사용해 견고하게 조치할 것

🔳 1. 폭 30cm 이상으로 할 것
  2. 기울기는 90도 이하로 할 것
  3. 발판과 벽 사이는 15cm 이상 간격 유지할 것

042 ☆☆☆☆☆☆☆

가설공사표준안전작업지침상 이동식 사다리 설치해 사용할 때 준수사항 3가지를 쓰시오.

🔲 사업주는 이동식 사다리를 설치하여 사용함에 있어서 다음 각 호의 사항을 준수해야 한다.
  1. 길이가 6미터를 초과해서는 안 된다.
  2. 다리의 벌림은 벽 높이의 1/4정도가 적당하다.
  3. 벽면 상부로부터 최소한 60센티미터 이상의 연장길이가 있어야 한다.

🔳 1. 길이 6m 초과하지 말 것
  2. 다리 벌림은 벽 높이의 1/4정도로 할 것
  3. 벽면 상부로부터 최소 60cm 이상 연장길이 있을 것

043 ☆

산업안전보건법령상 크레인을 사용해 작업하는 경우 근로자에게 준수하도록 해야 할 조치사항 3가지를 쓰시오.

해 사업주는 크레인을 사용하여 작업을 하는 경우 다음 각 호의 조치를 준수하고, 그 작업에 종사하는 관계 근로자가 그 조치를 준수하도록 하여야 한다.
   1. 인양할 하물(荷物)을 바닥에서 끌어당기거나 밀어내는 작업을 하지 아니할 것
   2. 유류드럼이나 가스통 등 운반 도중에 떨어져 폭발하거나 누출될 가능성이 있는 위험물 용기는 보관함(또는 보관고)에 담아 안전하게 매달아 운반할 것
   3. 고정된 물체를 직접 분리 · 제거하는 작업을 하지 아니할 것
   4. 미리 근로자의 출입을 통제하여 인양 중인 하물이 작업자의 머리 위로 통과하지 않도록 할 것
   5. 인양할 하물이 보이지 아니하는 경우에는 어떠한 동작도 하지 아니할 것(신호하는 사람에 의하여 작업을 하는 경우는 제외한다)

답 1. 고정된 물체를 직접 분리하는 작업하지 말 것
   2. 인양할 하물을 바닥에서 밀어내는 작업하지 말 것
   3. 인양할 하물이 보이지 않는 경우 어떠한 동작도 하지 말 것

044 ☆☆☆☆☆

차량계 하역운반기계 부속장치 장착작업을 할 때 작업지휘자의 준수사항 2가지 쓰시오.

해 사업주는 차량계 하역운반기계등의 수리 또는 부속장치의 장착 및 해체작업을 하는 경우 해당 작업의 지휘자를 지정하여 다음 각 호의 사항을 준수하도록 하여야 한다.
   1. 작업순서를 결정하고 작업을 지휘할 것
   2. 안전지지대 또는 안전블록 등의 사용 상황 등을 점검할 것

답 작업순서 결정하고 작업 지휘할 것/안전블록 등의 사용 상황 점검할 것

045 ☆☆

차량계 하역운반기계 운전자가 운전위치를 이탈하고자 할 때 운전자의 준수사항 2개 쓰시오.

해 사업주는 차량계 하역운반기계등, 차량계 건설기계의 운전자가 운전위치를 이탈하는 경우 해당 운전자에게 다음 각 호의 사항을 준수하도록 하여야 한다.
1. 포크, 버킷, 디퍼 등의 장치를 가장 낮은 위치 또는 지면에 내려둘 것
2. 원동기를 정지시키고 브레이크를 확실히 거는 등 차량계 하역운반기계등, 차량계 건설기계의 갑작스러운 이동을 방지하기 위한 조치를 할 것
3. 운전석을 이탈하는 경우에는 시동키를 운전대에서 분리시킬 것. 다만, 운전석에 잠금장치를 하는 등 운전자가 아닌 사람이 운전하지 못하도록 조치한 경우는 그러하지 아니하다.

답 포크 등을 지면에 내려둘 것/갑작스러운 이동 방지하기 위한 조치할 것

046 ☆☆

화학설비와 그 부속설비의 개조·수리 및 청소 등을 위하여 해당 설비를 분해하거나 해당 설비의 내부에서 작업을 하는 경우에 사업주의 준수사항 3가지 쓰시오.

해 사업주는 화학설비와 그 부속설비의 개조·수리 및 청소 등을 위하여 해당 설비를 분해하거나 해당 설비의 내부에서 작업을 하는 경우에는 다음 각 호의 사항을 준수하여야 한다.
1. 작업책임자를 정하여 해당 작업을 지휘하도록 할 것
2. 작업장소에 위험물 등이 누출되거나 고온의 수증기가 새어나오지 않도록 할 것
3. 작업장 및 그 주변의 인화성 액체의 증기나 인화성 가스의 농도를 수시로 측정할 것

답 1. 작업책임자 정하여 작업 지휘할 것
2. 작업장의 인화성 가스 농도 수시로 측정할 것
3. 작업장소에 고온 수증기 새어나오지 않도록 할 것

047

근로자가 맨홀 내부에서 가스공급배관 해체하는 작업을 하는 경우, 사업주가 해야 하는 조치사항 3가지 쓰시오.

사업주는 근로자가 지하실이나 맨홀의 내부 또는 그 밖에 통풍이 불충분한 장소에서 가스를 공급하는 배관을 해체하거나 부착하는 작업을 하는 경우 다음 각 호의 조치를 하여야 한다.
1. 배관을 해체하거나 부착하는 작업장소에 해당 가스가 들어오지 않도록 차단할 것
2. 해당 작업을 하는 장소는 적정공기 상태가 유지되도록 환기를 하거나 근로자에게 공기호흡기 또는 송기마스크를 지급하여 착용하도록 할 것

답 송기마스크 지급해 착용시킴/적정공기상태 유지되도록 환기/가스 들어오지 않도록차단할 것

048

근골격계질환 예방관리 프로그램 시행에 관련된 내용이다. 빈칸을 채우시오.

> 사업주는 다음 각 호의 어느 하나에 해당하는 경우에 근골격계질환 예방관리 프로그램을 수립하여 시행하여야 한다.
> 1. 근골격계질환으로 산업재해보상보험법 시행령에 따라 업무상 질병으로 인정받은 근로자가 연간 (A) 이상 발생한 사업장 또는 (B) 이상 발생한 사업장으로서 발생 비율이 그 사업장 근로자 수의 (C) 이상인 경우
> 2. 근골격계질환 예방과 관련하여 노사 간 이견(異見)이 지속되는 사업장으로서 고용노동부장관이 필요하다고 인정하여 근골격계질환 예방관리 프로그램을 수립하여 시행할 것을 명령한 경우

사업주는 다음 각 호의 어느 하나에 해당하는 경우에 근골격계질환 예방관리 프로그램을 수립하여 시행하여야 한다.
1. 근골격계질환으로 산업재해보상보험법 시행령에 따라 업무상 질병으로 인정받은 근로자가 연간 10명 이상 발생한 사업장 또는 5명 이상 발생한 사업장으로서 발생 비율이 그 사업장 근로자 수의 10퍼센트 이상인 경우
2. 근골격계질환 예방과 관련하여 노사 간 이견(異見)이 지속되는 사업장으로서 고용노동부장관이 필요하다고 인정하여 근골격계질환 예방관리 프로그램을 수립하여 시행할 것을 명령한 경우

답 A: 10명   B: 5명   C: 10%

049   ☆☆

폭발성물질 저장소에 들어가는 작업자가 신발에 물을 묻히는 이유와 화재 시 적합한 소화방법을 쓰시오.

해 – 신발에 물을 묻히는 이유

대부분의 물체는 습도가 증가하면 전기 저항치가 감소하고 이에 따라 대전성이 저하된다. 작업자가 신발에 물을 묻히게 되면 도전성이 증가하고 이에 따라 작업화 표면의 대전성이 저하되므로 정전기에 의한 화재 폭발을 방지할 수 있다.

– 화재 시 적합한 소화방법: 다량 주수에 의한 냉각소화

답 – 신발에 물을 묻히는 이유: 작업화 표면의 대전성이 저하되므로 정전기에 의한 화재 폭발을 방지할 수 있다.

– 화재 시 적합한 소화방법: 다량 주수에 의한 냉각소화

050   ☆

달기 체인의 사용금지 규정 3개 쓰시오.

해 다음 각 목의 어느 하나에 해당하는 달기 체인을 달비계에 사용해서는 아니 된다.

1. 달기 체인의 길이가 달기 체인이 제조된 때의 길이의 5퍼센트 초과한 것
2. 링의 단면지름이 달기 체인이 제조된 때의 해당 링의 지름의 10퍼센트를 초과하여 감소한 것
3. 균열이 있거나 심하게 변형된 것

답 1. 심하게 변형된 것

2. 달기 체인 길이가 제조된 때 길이의 5% 초과한 것
3. 링 단면 지름이 제조된 때의 10% 초과해 감소한 것

051 ☆

산업안전보건법령상 내부의 이상 상태를 조기에 파악하기 위하여 필요한 온도계·유량계·압력계 등의 계측장치를 설치해야 하는 화학설비 종류 4가지 쓰시오.

🅗 사업주는 위험물을 같은 표에서 정한 기준량 이상으로 제조하거나 취급하는 다음 각 호의 어느 하나에 해당하는 화학설비(이하 "특수화학설비"라 한다)를 설치하는 경우에는 내부의 이상 상태를 조기에 파악하기 위하여 필요한 온도계 · 유량계 · 압력계 등의 계측장치를 설치하여야 한다.
1. 발열반응이 일어나는 반응장치
2. 증류 · 정류 · 증발 · 추출 등 분리를 하는 장치
3. 가열시켜 주는 물질의 온도가 가열되는 위험물질의 분해온도 또는 발화점보다 높은 상태에서 운전되는 설비
4. 반응폭주 등 이상 화학반응에 의하여 위험물질이 발생할 우려가 있는 설비
5. 온도가 섭씨 350도 이상이거나 게이지 압력이 980킬로파스칼 이상인 상태에서 운전되는 설비
6. 가열로 또는 가열기

🅓 가열로/증류 등 분리하는 장치/발열반응 일어나는 반응장치/350℃ 이상에서 운전되는 설비

052 ☆☆

산업안전보건법령상 내부 이상상태를 조기에 파악하기 위하여 특수화학설비에 설치해야 하는 계측장치 3가지를 쓰시오.

🅗 윗 해설 참조
🅓 온도계/유량계/압력계

053 ☆☆☆☆

산업안전보건법령상 특수화학설비 내부 이상상태를 조기에 파악하기 위하여 설치해야 할 장치 2가지를 쓰시오.

🅗 윗 해설 참조
사업주는 특수화학설비를 설치하는 경우에는 그 내부의 이상 상태를 조기에 파악하기 위하여 필요한 자동경보장치를 설치하여야 한다. 다만, 자동경보장치를 설치하는 것이 곤란한 경우에는 감시인을 두고 그 특수화학설비의 운전 중 설비를 감시하도록 하는 등의 조치를 하여야 한다.
🅓 계측장치/자동경보장치(만약 4가지 물어보면 온도계/유량계/압력계/자동경보장치)

054 ☆

산업안전보건법령상 특수화학설비 내부 이상상태를 조기에 파악하기 위하여 그리고, 이상 상태의 발생에 따른 폭발·화재 또는 위험물의 누출을 방지하기 위하여 설치해야 할 장치 2가지를 쓰시오.(온도계·유량계·압력계 등의 계측장치 제외)

해 사업주는 특수화학설비를 설치하는 경우에는 그 내부의 이상 상태를 조기에 파악하기 위하여 필요한 자동경보장치를 설치하여야 한다. 다만, 자동경보장치를 설치하는 것이 곤란한 경우에는 감시인을 두고 그 특수화학설비의 운전 중 설비를 감시하도록 하는 등의 조치를 하여야 한다.
사업주는 특수화학설비를 설치하는 경우에는 이상 상태의 발생에 따른 폭발 · 화재 또는 위험물의 누출을 방지하기 위하여 원재료 공급의 긴급차단, 제품 등의 방출, 불활성가스의 주입이나 냉각용수 등의 공급을 위하여 필요한 장치 등을 설치하여야 한다.

답 자동경보장치/긴급차단장치

055 ☆☆☆☆☆☆

전주 변압기가 활선인지 확인할 수 있는 방법 3가지를 쓰시오.

답 단로기 이용해 확인/검전기 이용해 확인/테스터기 이용해 확인

056 ☆

전로 차단 순서를 바르게 나열하시오.

> A. 전원을 차단한 후 각 단로기 등을 개방하고 확인할 것
> B. 차단장치나 단로기 등에 잠금장치 및 꼬리표를 부착할 것
> C. 검전기를 이용하여 작업 대상 기기가 충전되었는지를 확인할 것
> D. 전기기기등에 공급되는 모든 전원을 관련 도면, 배선도 등으로 확인할 것
> E. 개로된 전로에서 유도전압 또는 전기에너지가 축적되어 근로자에게 전기위험을 끼칠 수 있는 전기기기등은 접촉하기 전에 잔류전하를 완전히 방전시킬 것
> F. 전기기기등이 다른 노출 충전부와의 접촉, 유도 또는 예비동력원의 역송전 등으로 전압이 발생할 우려 있는 경우는 충분한 용량을 가진 단락 접지기구를 이용해 접지할 것

해 전로 차단은 다음 각 호의 절차에 따라 시행하여야 한다.
1. 전기기기등에 공급되는 모든 전원을 관련 도면, 배선도 등으로 확인할 것
2. 전원을 차단한 후 각 단로기 등을 개방하고 확인할 것
3. 차단장치나 단로기 등에 잠금장치 및 꼬리표를 부착할 것
4. 개로된 전로에서 유도전압 또는 전기에너지가 축적되어 근로자에게 전기위험을 끼칠 수 있는 전기기기등은 접촉하기 전에 잔류전하를 완전히 방전시킬 것
5. 검전기를 이용하여 작업 대상 기기가 충전되었는지를 확인할 것
6. 전기기기등이 다른 노출 충전부와의 접촉, 유도 또는 예비동력원의 역송전 등으로 전압이 발생할 우려 있는 경우에는 충분한 용량을 가진 단락 접지기구를 이용해 접지할 것

답 D→A→B→E→C→F

057 ☆

산업안전보건법령상 누전에 의한 감전위험을 방지하기 위하여 해당 전로의 정격에 적합하고 감도가 양호하며 확실하게 작동하는 감전방지용 누전차단기를 설치하는 조건을 4가지만 쓰시오.

해 사업주는 다음 각 호의 전기 기계 · 기구에 대하여 누전에 의한 감전위험을 방지하기 위하여 해당 전로의 정격에 적합하고 감도(전류 등에 반응하는 정도)가 양호하며 확실하게 작동하는 감전방지용 누전차단기를 설치해야 한다.

1. 대지전압이 150볼트를 초과하는 이동형 또는 휴대형 전기기계 · 기구
2. 물 등 도전성이 높은 액체가 있는 습윤장소에서 사용하는 저압(1.5천볼트 이하 직류전압이나 1천볼트 이하의 교류전압을 말한다)용 전기기계 · 기구
3. 철판 · 철골 위 등 도전성이 높은 장소에서 사용하는 이동형 또는 휴대형 전기기계 · 기구
4. 임시배선의 전로가 설치되는 장소에서 사용하는 이동형 또는 휴대형 전기기계 · 기구

답 1. 대지전압 150V 초과하는 휴대형 전기기계
2. 철골 위 등 도전성 높은 장소에서 사용하는 휴대형 전기기계
3. 임시배선 전로가 설치되는 장소에서 사용하는 휴대형 전기기계
4. 물 등 도전성 높은 액체가 있는 습윤장소에서 사용하는 저압용 전기기계

058 ☆☆

교류아크용접기(자동으로 작동되는 것은 제외한다)를 사용 시 교류아크용접기에 자동전격방지기를 설치하여야 하는 장소 3가지 구하시오.

해 사업주는 다음 각 호의 어느 하나에 해당하는 장소에서 교류아크용접기(자동으로 작동되는 것은 제외한다)를 사용하는 경우에는 교류아크용접기에 자동전격방지기를 설치하여야 한다.

1. 선박의 이중 선체 내부, 밸러스트 탱크(ballast tank, 평형수 탱크), 보일러 내부 등 도전체에 둘러싸인 장소
2. 추락할 위험이 있는 높이 2미터 이상의 장소로 철골 등 도전성이 높은 물체에 근로자가 접촉할 우려가 있는 장소
3. 근로자가 물 · 땀 등으로 인하여 도전성이 높은 습윤 상태에서 작업하는 장소

답 1. 보일러 내부 등 도전체에 둘러싸인 장소
2. 철골 등 도전성 높은 물체에 근로자가 접촉할 우려가 있는 장소
3. 근로자가 땀으로 인해 도전성 높은 습윤 상태에서 작업하는 장소

059

☆☆☆☆☆☆

교류아크용접기로 배관 용접할 시 감전될 수 있는 장비의 위치 5가지 쓰시오.

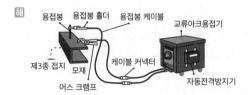

解

団 용접기/용접봉/용접봉 홀더/용접봉 케이블/접지 케이블

060

☆

작업자가 고소작업을 하다 추락하였다. 사진 속 추락 방지를 위한 장비의 이름과 정의 및 구조 2가지를 쓰시오.

解 "안전블록"이란 안전그네와 연결하여 추락 발생 시 추락을 억제할 수 있는 자동잠김장치가 갖추어져 있고 죔줄이 자동적으로 수축되는 장치를 말한다.

부품 구조 및 치수

안전블록	가. 자동 잠김장치를 갖출 것 나. 안전블록의 부품은 부식 방지 처리를 할 것

団 이름 : 안전블록
정의 : 추락 발생 시 자동잠김장치 있고, 죔줄이 자동 수축되는 장치
구조조건 : 부식 방지 처리할 것/자동 잠김장치 갖출 것

061   ☆☆☆

다음 물체의 방호장치명 1가지씩 쓰시오.

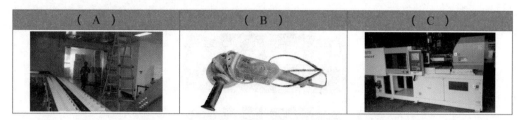

| (A) | (B) | (C) |

🬒 A: 컨베이어   B: 휴대용 연삭기   C: 사출성형기

🬓 A: 건널다리   B: 덮개   C: 양수조작식 방호장치

062   ☆

프레스의 방호장치 종류 4개 쓰시오.

🬒

종류	분류	기능
광전자 식	A - 1	프레스 또는 전단기에서 일반적으로 많이 활용하고 있는 형태로서 투광부, 수광부, 컨트롤 부분으로 구성된 것으로서 신체의 일부가 광선을 차단하면 기계를 급정지시키는 방호장치
	A - 2	급정지 기능이 없는 프레스의 클러치 개조를 통해 광선 차단 시 급정지 시킬 수 있도록 한 방호장치
양수 조작식	B - 1 (유·공압 밸브식)	1행정 1정지식 프레스에 사용되는 것으로서 양손으로 동시에 조작하지 않으면 기계가 동작하지 않으며, 한손이라도 떼어내면 기계를 정지시키는 방호장치
	B - 2 (전기버튼식)	
가드식	C	가드가 열려 있는 상태에서는 기계의 위험부분이 동작되지 않고 기계가 위험한 상태일 때에는 가드를 열 수 없도록 한 방호장치
손 쳐내기 식	D	슬라이드의 작동에 연동시켜 위험상태로 되기 전에 손을 위험 영역에서 밀어내거나 쳐내는 방호장치로서 프레스용으로 확동식 클러치형프레스에 한해서 사용됨(다만, 광전자식 또는 양수조작식과 이중으로 설치 시에는 급정지 가능프레스에 사용 가능)
수인식	E	슬라이드와 작업자 손을 끈으로 연결하여 슬라이드 하강 시 작업자 손을 당겨 위험영역에서 빼낼 수 있도록 한 방호장치로서 프레스용으로 확동식 클러치형 프레스에 한해서 사용됨(다만, 광전자식 또는 양수조작식과 이중으로 설치 시에는 급정지가능 프레스에 사용 가능)

🬓 가드식/수인식/광전자식/양수조작식

063 ☆

다음은 프레스기 방호장치이다. 물음에 답하시오.

1. 방호장치명   2. 누름버튼의 상호간 내측거리 기준

해 누름버튼의 상호간 내측거리는 300㎜ 이상이어야 한다.

답 1. 양수조작식   2. 300㎜ 이상

064 ☆☆☆

급정지기구 설치되어 있지 않은 프레스에 사용 가능한 방호장치 종류를 4가지 쓰시오.

해 급정지기구 부착되어야 하는 장치: 양수조작식/감응식
급정지기구 부착되어 있지 않아도 되는 장치: 가드식/수인식/양수기동식/손쳐내기식

답 가드식/수인식/양수기동식/손쳐내기식

065 ☆☆☆☆☆☆☆

산업안전보건법령상 컨베이어 방호장치를 3가지 쓰시오.

헤 – 사업주는 컨베이어, 이송용 롤러 등(이하 "컨베이어등"이라 한다)을 사용하는 경우에는 정전·전압강하 등에 따른 화물 또는 운반구의 이탈 및 역주행을 방지하는 장치를 갖추어야 한다.
  – 사업주는 컨베이어등에 해당 근로자의 신체의 일부가 말려드는 등 근로자가 위험해질 우려가 있는 경우 및 비상시에는 즉시 컨베이어등의 운전을 정지시킬 수 있는 장치를 설치하여야 한다.
  – 사업주는 컨베이어등으로부터 화물이 떨어져 근로자가 위험해질 우려가 있는 경우에는 해당 컨베이어등에 덮개 또는 울을 설치하는 등 낙하 방지를 위한 조치를 하여야 한다.
  – 사업주는 운전 중인 컨베이어등의 위로 근로자를 넘어가도록 하는 경우에는 위험을 방지하기 위하여 건 널다리를 설치하는 등 필요한 조치를 하여야 한다.
  – 사업주는 동일선상에 구간별 설치된 컨베이어에 중량물을 운반하는 경우에는 중량물 충돌에 대비한 스토 퍼를 설치하거나 작업자 출입을 금지하여야 한다.

답 덮개/비상정지장치/이탈방지장치

066 ☆

산업안전보건기준에 관한 규칙에서 규정하는 원동기, 회전축, 기어, 플라이 휠 등의 위험방지를 위한 기계적인 안전조치(= 방호장치) 3가지 쓰시오.

헤 사업주는 기계의 원동기·회전축·기어·풀리·플라이휠·벨트 및 체인 등 근로자가 위험에 처할 우려가 있는 부위에 덮개·울·슬리브 및 건널다리 등을 설치하여야 한다.

답 울/덮개/슬리브

067 ☆☆☆☆☆☆☆

천장크레인의 방호장치 4가지 쓰시오.

답 제동장치/권과방지장치/비상정지장치/과부하방지장치

068   ☆☆

리프트 방호장치를 4가지만 쓰시오.

🔒 제동장치/권과방지장치/비상정지장치/과부하방지장치

069   ☆☆☆☆

건설용 리프트 방호장치를 4가지만 쓰시오.

🔒 제동장치/권과방지장치/비상정지장치/과부하방지장치

070 ☆☆☆

건설용 리프트의 장치들이다. 각 장치 이름을 쓰시오.

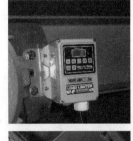
1.

2.

3.

4.

5.

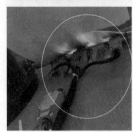
6.

🔧 과부하방지장치: 양중기에 정격하중 이상 하중이 부과되었을 경우 자동적으로 감아올리는 동작을 정지하는 장치

완충 스프링: 운반부가 멈추지 않고 계속 하강 시 충격 완화시켜주는 장치

비상정지장치: 비상상태 발생 시 운전자가 작동 중지시키는 장치

출입문 연동장치: 출입문 열리면 작동 안 되게 하는 장치

방호울 출입문 연동장치: 방호울 열리면 작동 안 되게 하는 장치

3상 전원차단장치: 리프트 수리 등 비상 시에 사용하기 위해 전원 차단하는 장치

📋 1. 과부하방지장치　　　　2. 완충 스프링　　　　3. 비상정지장치
　　4. 출입문 연동장치　　　　5. 방호울 출입문 연동장치　　6. 3상 전원차단장치

071 ☆

다음 부품의 명칭을 쓰시오.

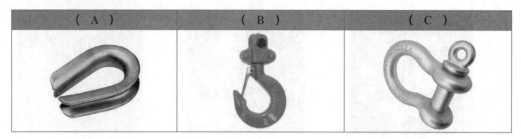

(A)	(B)	(C)

해

심블(Thimble)	훅해지장치	샤클	슬리브 (Sleeve)

답 A: 심블   B: 훅해지장치   C: 샤클

072 ☆☆☆

영상 속 작업으로 올 수 있는 장해와 자세 개선점 3가지씩 그리고 산업안전보건법령상 작업의 명칭과 유해요인조사 주기(신설 사업장 제외)를 쓰시오.

영상 설명

진돌이가 사무실에서 컴퓨터로 기술사 자격증 원고를 쓰고 있다. 의자 높이가 안 맞아 다리를 구부리고 있고, 허리도 모양이 이상하다. 또한, 키보드 높이가 너무 높아 불편해 보인다.

해설과 정답은 다음 페이지에~!

🖼 영상표시단말기 취급근로자는 다음 각 호의 요령에 따라 의자의 높이를 조절하고 화면·키보드·서류받침대 등의 위치를 조정하도록 한다.

1. 영상표시단말기 취급근로자의 시선은 화면상단과 눈높이가 일치할 정도로 하고 작업 화면상의 시야는 수평선상으로부터 아래로 10도 이상 15도 이하에 오도록 하며 화면과 근로자의 눈과의 거리(시거리: Eye – Screen Distance)는 40센티미터 이상을 확보할 것

작업자의 시선은 수평선상으로부터 아래로 10 ~ 15° 이내일 것
눈으로부터 화면까지의 시거리는 40cm 이상을 유지할 것

2. 윗팔(Upper Arm)은 자연스럽게 늘어뜨리고, 작업자의 어깨가 들리지 않아야 하며, 팔꿈치의 내각은 90도 이상이 되어야 하고, 아래팔(Forearm)은 손등과 수평을 유지하여 키보드를 조작할 것

아래팔은 손등과 일직선을 유지하여 손목이 꺾이지 않도록 한다.

3. 연속적인 자료의 입력 작업 시에는 서류받침대(Document Holder)를 사용하도록 하고, 서류받침대는 높이·거리·각도 등을 조절해 화면과 동일한 높이, 거리에 두어 작업할 것

4. 의자에 앉을 때는 의자 깊숙히 앉아 의자등받이에 등이 충분히 지지되도록 할 것

5. 영상표시단말기 취급근로자의 발바닥 전면이 바닥면에 닿는 자세를 기본으로 하되, 그러하지 못할 때에는 발 받침대(Foot Rest)를 조건에 맞는 높이와 각도로 설치할 것

6. 무릎의 내각(Knee Angle)은 90도 전후가 되도록 하되, 의자의 앉는 면의 앞부분과 영상표시단말기 취급 근로자의 종아리 사이에는 손가락을 밀어 넣을 정도의 틈새가 있도록 하여 종아리와 대퇴부에 무리한 압력이 가해지지 않도록 할 것

7. 키보드를 조작하여 자료를 입력할 때 양 손목을 바깥으로 꺾은 자세가 오래 지속되지 않도록 주의할 것

사업주는 근로자가 근골격계부담작업을 하는 경우에 3년마다 다음 각 호의 사항에 대한 유해요인조사를 하여야 한다. 다만, 신설되는 사업장의 경우에는 신설일부터 1년 이내에 최초의 유해요인 조사를 해야 한다.

📋 장해: 요통/시력 저하/어깨 결림

개선점
1. 무릎 내각은 90도 전후가 되도록 할 것
2. 의자에 앉을 때는 의자 깊숙이 앉도록 할 것
3. 아래팔은 손등과 수평 유지해 키보드 조작할 것

산업안전보건법령상 작업의 명칭: 근골격계부담작업
유해요인조사 주기: 3년마다

073 ☆☆☆☆☆

크롬 도금 작업장소의 미스트 억제방법 1가지와 국소배기장치 종류 3가지 쓰시오.

🖼 도금공장에서의 환기법은 도금조에 측방형 후드, 다단 슬롯 후드, 푸시풀(Push – pull) 후드를 설치해 작업 중 발생된 유해물질 포집하고, 세정집진기로 정화시킨 후 작업장 외부로 배기하는 것이 일반적이다.

📋 미스트 억제방법: 도금액과 계면활성제를 같이 투입한다.
국소배기장치 종류: 측방형/슬롯형/푸시풀형

074　☆☆☆☆

영상 속 작업을 할 시 발생할 가능성이 있는 직업성 질병명과 그 증상을 쓰시오.

영상 설명
진돌이가 어떤 보호구도 착용하지 않고 자동차 휠 크롬 도색을 하고 있다.

🔲 직업성 질병명 : 비중격천공
　　증상 : 코를 양쪽으로 나누는 막인 비중격에 구멍이 뚫린다.

075　☆☆☆☆☆☆

영상 속 작업이 직업성 질병이 생길 가능성이 높은 이유를 적고, 석면에 장기간 노출 시 발생할 가능성이 있는 직업성 질병 3가지 쓰시오.

영상 설명
진돌이가 석면을 용기에 담고 있고, 진순이는 바닥에 있는 석면가루를 쓸고 있다. 작업장에는 국소배기장치가 없고 밀폐된 공간이다. 진돌이와 진순이는 면장갑, 코로나를 위한 보건마스크를 착용하고 있다.

🔲 이유 : 환기를 위한 국소배기장치 미설치
　　직업성 질병 : 폐암/석면폐증/악성 중피종

076 ☆☆☆

내전압용 절연장갑의 성능기준에 있어 각 등급에 대한 최대사용전압을 쓰시오.

등급	최대사용전압		색상
	교류(V, 실효값)	직류(V)	
(A)	500	750	갈색
(B)	1,000	1,500	(G)
(C)	7,500	11,250	흰색
(D)	17,000	25,500	노란색
(E)	26,500	39,750	(H)
(F)	36,000	54,000	등색

해 절연장갑 등급

등급	최대사용전압	
	교류(V, 실효값)	직류(V)
00	500	750
0	1,000	1,500
1	7,500	11,250
2	17,000	25,500
3	26,500	39,750
4	36,000	54,000

등급별 색상

00등급	0등급	1등급	2등급	3등급	4등급
갈색	빨간색	흰색	노란색	녹색	등색

답 A : 00   B : 0   C : 1   D : 2   E : 3   F : 4   G : 빨간색   H : 녹색

077 ☆☆

자율안전확인대상인 보안경을 사용구분에 따라 3가지 쓰시오.

해

종류	사용 구분
유리보안경	비산물로부터 눈을 보호하기 위한 것으로 렌즈의 재질이 유리인 것
플라스틱보안경	비산물로부터 눈을 보호하기 위한 것으로 렌즈의 재질이 플라스틱인 것
도수렌즈보안경	비산물로부터 눈을 보호하기 위한 것으로 도수가 있는 것

답 유리보안경/플라스틱보안경/도수렌즈보안경

078 ☆☆☆

보호구 안전인증 고시상 차광보안경을 사용구분에 따라 4가지 쓰시오.

해

종류	사용 구분
자외선용	자외선이 발생하는 장소
적외선용	적외선이 발생하는 장소
복합용	자외선 및 적외선이 발생하는 장소
용접용	산소용접작업등과 같이 자외선, 적외선 및 강렬한 가시광선이 발생하는 장소

답 복합용/용접용/자외선용/적외선용

079 ★

페인트 작업자가 착용해야 하는 호흡용 보호구 명칭과 사용되는 흡수제 종류를 3가지 쓰시오.

답 호흡용 보호구 명칭 : 방독마스크
사용되는 흡수제 종류 : 활성탄/소다라임/실리카겔

080 ☆

연삭기 덮개에 자율안전확인 표시에 따른 표시 외에 추가해야 할 표시사항 2가지 쓰시오.

해 자율안전확인 연삭기 덮개에는 자율안전확인의 표시에 따른 표시 외에 다음 각 목의 사항을 추가로 표시하여야 한다.
　가. 숫돌사용 주속도
　나. 숫돌회전방향
답 숫돌회전방향/숫돌사용 주속도

081 ☆

해당 기기에 쉽게 지워지지 않는 방식으로 표시해야 하는 사항 4가지 쓰시오.

해 밀링기에는 다음 각 목의 사항을 쉽게 지워지지 않는 방식으로 표시해야 한다.
　가. 제조자명, 주소, 모델번호, 제조번호 및 제조연도
　나. 기계의 중량
　다. 전기, 유·공압 시스템에 관한 정보
　라. 스핀들의 회전수 범위
　바. 자율안전확인표시(KCs마크)
답 제조자명/기계 중량/자율안전확인표시/스핀들 회전수 범위

082 ☆☆☆

금속의 용접·용단 또는 가열에 사용되는 가스(예: 프로판가스)등의 용기를 설치·저장 또는 방치하지 말아야 하는 장소 3가지 쓰시오.

해 사업주는 금속의 용접·용단 또는 가열에 사용되는 가스등의 용기를 취급하는 경우에 다음 각 호의 사항을 준수하여야 한다.
　　1. 다음 각 목의 어느 하나에 해당하는 장소에서 사용하거나 해당 장소에 설치·저장 또는 방치하지 않도록 할 것
　　　　가. 통풍이나 환기가 불충분한 장소
　　　　나. 화기를 사용하는 장소 및 그 부근
　　　　다. 위험물 또는 법에 따른 인화성 액체를 취급하는 장소 및 그 부근
답 화기 사용 장소/환기 불충분한 장소/위험물 취급하는 장소

083 ☆☆☆☆☆

물질안전보건자료대상물질을 취급하는 사업주가 항상 물질안전보건자료를 게시하거나 갖추어 두어야 하는 장소 또는 전산장비 3가지 쓰시오.

해 물질안전보건자료대상물질을 취급하는 사업주는 다음 각 호의 어느 하나에 해당하는 장소 또는 전산장비에 항상 물질안전보건자료를 게시하거나 갖추어 두어야 한다. 다만, 제3호에 따른 장비에 게시하거나 갖추어 두는 경우에는 고용노동부장관이 정하는 조치를 해야 한다.
　　1. 물질안전보건자료대상물질을 취급하는 작업공정이 있는 장소
　　2. 작업장 내 근로자가 가장 보기 쉬운 장소
　　3. 근로자가 작업 중 쉽게 접근할 수 있는 장소에 설치된 전산장비
답 1. 작업장 내 근로자가 가장 보기 쉬운 장소
　　2. 물질안전보건자료대상물질 취급하는 작업공정 있는 장소
　　3. 근로자가 작업 중 쉽게 접근할 수 있는 장소에 설치된 전산장비

084 ☆

물질안전보건자료(MSDS) 작성 시 포함사항 6개 쓰시오. (단, 화학제품과 회사에 관한 정보/구성성분의 명칭 및 함유량/취급 및 저장방법/물리화학적 특성/폐기 시 주의사항은 제외)

해 물질안전보건자료 작성 시 포함되어야 할 항목 및 그 순서는 다음 각 호에 따른다.

1. 화학제품과 회사에 관한 정보	2. 유해성·위험성	3. 구성성분 명칭, 함유량
4. 응급조치 요령	5. 폭발·화재시 대처방법	6. 누출사고시 대처방법
7. 취급 및 저장방법	8. 노출방지 및 개인보호구	9. 물리화학적 특성
10. 안정성 및 반응성	11. 독성에 관한 정보	12. 환경에 미치는 영향
13. 폐기 시 주의사항	14. 운송에 필요한 정보	15. 법적규제 현황
16. 그 밖의 참고사항		

답 응급조치 요령/법적규제 현황/독성에 관한 정보/환경에 미치는 영향/운송에 필요한 정보/누출사고시 대처방법

085 ☆☆☆☆☆☆☆☆☆☆

관리대상 유해물질을 취급하는 작업장의 보기 쉬운 장소의 게시사항 3개 쓰시오.

해 사업주는 관리대상 유해물질을 취급하는 작업장의 보기 쉬운 장소에 다음 각 호의 사항을 게시하여야 한다.

1. 관리대상 유해물질의 명칭	2. 인체에 미치는 영향	3. 취급상 주의사항
4. 착용하여야 할 보호구	5. 응급조치와 긴급 방재 요령	

답 인체 영향/착용 보호구/응급조치 요령

086 ☆☆☆☆☆☆☆☆☆☆

사업주가 해야 할 관리대상 유해물질을 취급하는 실내작업장의 바닥 구조 2가지 쓰시오.

해 사업주는 관리대상 유해물질을 취급하는 실내작업장의 바닥에 불침투성의 재료를 사용하고 청소하기 쉬운 구조로 하여야 한다.

답 불침투성 재료 사용할 것/청소하기 쉬운 구조일 것

087 ☆☆☆

다음 물음과 빈칸을 채우시오.

> 1. 유해위험물질이 인체로 유입되는 경로 3가지
> 2. 사업주는 근로자가 특별관리물질을 취급하는 경우에는 그 물질이 특별관리물질이라는 사실과 법에 따른 (A), (B), (C) 등 중 어느 것에 해당하는지에 관한 내용을 게시판 등을 통하여 근로자에게 알려야 한다.

🔲 사업주는 근로자가 별표에 따른 특별관리물질을 취급하는 경우에는 그 물질이 특별관리물질이라는 사실과 「산업안전보건법 시행규칙」에 따른 발암성 물질, 생식세포 변이원성 물질 또는 생식독성 물질 등 중 어느 것에 해당하는지에 관한 내용을 게시판 등을 통하여 근로자에게 알려야 한다.

🔲 1. 피부/호흡기/소화기   2. A : 발암성물질   B : 생식세포 변이원성물질   C : 생식독성물질

088 ☆☆

금속절단기 날접촉예방장치의 설치기준(= 조건) 3가지 쓰시오.

🔲 금속절단기 날접촉 예방장치는 다음 각 호의 요건에 적합하게 설치하여야 한다.
   1. 작업부분을 제외한 톱날 전체를 덮을 수 있을 것
   2. 가드와 함께 움직이며 가공물을 절단하는 톱날에는 조정식 가이드를 설치할 것
   3. 톱날, 가공물 등의 비산을 방지할 수 있는 충분한 강도를 가질 것
   4. 둥근 톱날 경우 회전날의 뒤, 옆, 밑 등을 통한 신체 일부의 접근을 차단할 수 있을 것

🔲 1. 작업부분 제외한 톱날 전체를 덮을 수 있을 것
   2. 가공물 비산 방지할 수 있는 충분한 강도 가질 것
   3. 둥근 톱날 경우 회전날 밑 등을 통한 신체 일부 접근을 차단할 수 있을 것

089 ☆

타워크레인 작업종료 후 안전조치사항 관련 내용이다. 맞으면 ○ 틀리면 ✕ 로 답하시오.

> 1. 운전자는 매달은 하물을 지상에 내리고 훅(Hook)을 가능한 한 높이 올린다.
> 2. 바람이 심하게 불면 지브가 흔들려 훅 등이 건물 또는 족장 등에 부딪힐 우려가 있으므로 지브의 최소작업반경이 유지되도록 트롤리를 가능한 한 운전석과 먼 위치로 이동시킨다.
> 3. 타워크레인의 고소 위치에는 풍압의 영향으로 구조부에 직접적으로 부가응력을 발생시킬 수 있으므로 타워크레인 제조자가 허용하지 않는 광고판 등을 부착하여서는 아니된다.
> 4. 타워크레인의 운전정지 시에는 선회치차(Slewing gear)의 회전을 자유롭게 한다. 따라서 운전자가 운전석을 떠날 때는 항상 선회기어 브레이크를 잠궈 놓아 자유롭게 선회될 수 없도록 한다.
> 5. 선회기어 브레이크는 단지 콘트롤 레버가 "2"점의 위치에 있을 때만 작동되므로 운전을 마칠 때는 모든 제어장치를 "2"점 또는 중립에 위치시키며 모든 동력 스위치를 끄고 키를 잠근 후 운전석을 떠나도록 한다.

🄷 1. 운전자는 매달은 하물을 지상에 내리고 훅(Hook)을 가능한 한 높이 올린다.
   2. 바람이 심하게 불면 지브가 흔들려 훅 등이 건물 또는 족장 등에 부딪힐 우려가 있으므로 지브의 최소작업반경이 유지되도록 트롤리를 가능한 한 운전석 가까운 위치로 이동시킨다.
   3. 타워크레인의 고소 위치에는 풍압의 영향으로 구조부에 직접적으로 부가응력을 발생시킬 수 있으므로 타워크레인 제조자가 허용하지 않는 광고판 등을 부착하여서는 아니된다.
   4. 타워크레인의 운전정지 시에는 선회치차(Slewing gear)의 회전을 자유롭게 한다. 따라서 운전자가 운전석을 떠날 때는 항상 선회기어 브레이크를 풀어 놓아 자유롭게 선회될 수 있도록 한다.
   5. 선회기어 브레이크는 단지 콘트롤 레버가 "0"점의 위치에 있을 때만 작동되므로 운전을 마칠 때는 모든 제어장치를 "0"점 또는 중립에 위치시키며 모든 동력 스위치를 끄고 키를 잠근 후 운전석을 떠나도록 한다.

🄳 1. ○   2. ✕   3. ○   4. ✕   5. ✕

090 ★☆

철골작업 중지해야 하는 기상조건 3가지 쓰시오.

🄷 사업주는 다음 각 호의 어느 하나에 해당하는 경우에 철골작업을 중지하여야 한다.
   1. 풍속이 초당 10미터 이상인 경우
   2. 강우량이 시간당 1밀리미터 이상인 경우
   3. 강설량이 시간당 1센티미터 이상인 경우

🄳 1. 풍속 10m/s 이상   2. 강우량 1mm/h 이상   3. 강설량 1cm/h 이상

091

☆☆☆

안전검사 대상기계등의 안전검사 주기에 대한 내용이다. 빈칸을 채우시오.

> 크레인(이동식 크레인은 제외한다), 리프트(이삿짐운반용 리프트는 제외한다) 및 곤돌라:
> 사업장에 설치가 끝난 날부터 (**A**) 이내에 최초 안전검사를 실시하되, 그 이후부터 (**B**)마다
> (건설현장에서 사용하는 것은 최초로 설치한 날부터 (**C**)마다)

🖩 안전검사대상기계등의 안전검사 주기는 다음 각 호와 같다.
　1. 크레인(이동식 크레인은 제외한다), 리프트(이삿짐운반용 리프트는 제외한다) 및 곤돌라:
　　사업장에 설치가 끝난 날부터 3년 이내에 최초 안전검사를 실시하되, 그 이후부터 2년마다(건설현장에서
　　사용하는 것은 최초로 설치한 날부터 6개월마다)
　2. 이동식 크레인, 이삿짐운반용 리프트 및 고소작업대:「자동차관리법」제8조에 따른 신규등록 이후 3년
　　이내에 최초 안전검사를 실시하되, 그 이후부터 2년마다
　3. 프레스, 전단기, 압력용기, 국소 배기장치, 원심기, 롤러기, 사출성형기, 컨베이어, 산업용 로봇, 혼합기,
　　파쇄기 또는 분쇄기: 사업장에 설치가 끝난 날부터 3년 이내에 최초 안전검사를 실시하되, 그 이후부터
　　2년마다(공정안전보고서를 제출하여 확인을 받은 압력용기는 4년마다)

📋 A: 3년　B: 2년　C: 6개월

092

☆☆☆☆☆☆☆

영상 속 안전대의 명칭과 네모 친 부분의 명칭과 동그라미 친 부분의 명칭과 오른쪽의 명칭을 쓰
시오.

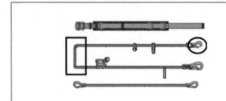 

📋 안전대의 명칭: U자 걸이용
　네모 친 부분 명칭: 죔줄
　동그라미 친 부분 명칭: 훅
　오른쪽 명칭: 카라비너

093 ☆

보호구 안전인증고시상, 안전대 충격방지장치 중 벨트의 제원이다. 빈칸을 채우시오.

(단, U자걸이로 사용할 수 있는 안전대는 제외)

벨트 구조 및 치수, 정하중
• 너비 : (A)mm 이상 • 두께 : (B)mm 이상 • 정하중 : (C)kN 이상

해

	1. 강인한 실로 짠 직물로 비틀어짐, 흠, 기타 결함이 없을 것
벨트	2. 벨트의 너비는 50mm 이상(U자걸이로 사용할 수 있는 안전대는 40mm) 길이는 버클포함 1,100mm 이상, 두께는 2mm 이상일 것
	3. 정하중 15kN 이상

답 A : 50   B : 2   C : 15

094 ☆☆☆

고무제 안전화의 사용장소에 따른 분류 2가지를 쓰시오.

답

구분	사용장소
일반용	일반작업장
내유용	탄화수소류의 윤활유 등을 취급하는 작업장

095 ☆☆☆

용접용 보안면의 등급을 나누는 기준과 투과율의 종류를 쓰시오.

해 용접용 보안면의 등급은 차광도 번호로 표시할 수 있고, 자외선 투과율, 적외선 투과율, 시감투과율 기준에 적합해야 한다.

답 등급 기준 : 차광도 번호
투과율의 종류 : 시감 투과율/자외선 투과율/적외선 투과율

096 ☆☆

보안면의 채색 투시부 차광도 투과율을 쓰시오.

구분		투과율(%)
채색투시부	밝음	(A)
	중간밝기	(B)
	어두움	(C)

🖎 보안면 시험성능기준

구분		투과율(%)
투명투시부		85 이상
채색투시부	밝음	50 ± 7
	중간밝기	23 ± 4
	어두움	14 ± 4

🖎 A: 50 ± 7   B: 23 ± 4   C: 14 ± 4

097 ☆☆☆

영상 속 보호구 면체의 성능기준 항목 5가지 쓰시오.

🖎 용접용 보안면 성능기준
절연시험/내식성/굴절력/투과율/시감투과율차이/표면/내충격성/내노후성/내발화, 관통성시험/낙하시험/차광속도/차광능력

🖎 내식성/내충격성/내노후성/절연시험/낙하시험

098 ☆☆☆☆☆☆☆☆

귀마개와 귀덮개의 등급에 따른 기호와 각각의 성능을 쓰시오.

해

종류	등급	기호	성능	비고
귀마개	1종	EP-1	저음부터 고음까지 차음하는 것	귀마개의 경우 재사용 여부를 제조특성으로 표기
	2종	EP-2	주로 고음을 차음하고, 저음(회화음영역)은 차음하지 않는 것	
귀덮개	-	EM	-	-

답

종류	등급	기호	성능
귀마개	1종	EP-1	저음부터 고음까지 차음하는 것
	2종	EP-2	주로 고음을 차음하고, 저음(회화음영역)은 차음하지 않는 것
귀덮개	-	EM	-

099 ☆☆☆

가죽제 안전화 시험방법 항목 4가지를 쓰시오.

해 은면결렬시험/인열강도시험/내부식성시험/인장강도시험 및 신장률/내유성시험/내압박성시험/내충격성시험/박리저항시험/내답발성시험

답 내유성시험/내부식성시험/내압박성시험/내충격성시험

100 ☆

다음 설명에 맞는 온열질환 이름을 쓰시오.

> (A) : 땀을 많이 흘려 수분과 염분손실이 많을 때 발생한다. 갑자기 의식상실에 빠지는 경우가 많지만, 전구증상으로서 현기증, 악의, 두통, 경련 등을 일으키며 땀이 나지 않아 뜨거운 마른 피부가 되어 체온이 41℃ 이상 상승하기도 한다.
>
> (B) : 고열에 순화되지 않은 작업자가 장시간 고열환경에서 정적인 작업을 할 경우 발생하며 대량의 발한으로 혈액이 농축되어 심장에 부담이 증가하거나 혈류분포의 이상이 일어나기 때문에 발생한다.
>
> (C) : 땀을 많이 흘려 수분과 염분손실이 많을 때 발생하며 두통, 구역감, 현기증, 무기력증, 갈증 등의 증상이 나타난다. 심한 고열환경에서 중등도 이상의 작업으로 발한량이 증가할 때 주로 발생한다. 고온에 순화되지 않은 근로자가 고열환경에서 작업을 하면서 염분을 보충하지 않은 경우에도발생한다.

해

열발진 (Heat rashes)	작업환경에서 가장 흔히 발생하는 피부장해로서 땀띠(prickly heat)라고도 말한다. 땀에 젖은 피부 각질층이 떨어져 땀구멍을 막아 한선 내에 땀의 압력으로 염증성 반응을 일으켜 붉은 구진(papules)형태로 나타난다. 응급조치로는 대부분 차갑게 하면 소실되지만 깨끗이 하고 건조시키는 것이 좋다.
열피로 (Heat fatigue)	고열에 순화되지 않은 작업자가 장시간 고열환경에서 정적인 작업을 할 경우 발생하며 대량의 발한으로 혈액이 농축되어 심장에 부담이 증가하거나 혈류분포의 이상이 일어나기 때문에 발생한다. 초기에는 격렬한 구갈, 소변량 감소, 현기증, 사지의 감각이상, 보행곤란 등이 나타나 실신하기도 한다. 응급조치로는 서늘한 곳에서 안정시킨 후 물을 마시게 한다.
열허탈 (Heat collapse)	고온 노출이 계속되어 심박수 증가가 일정 한도를 넘었을 때 일어나는 순환장해를 말한다. 전신권태, 탈진, 현기증으로 의식이 혼탁해 졸도하기도 한다. 심박은 빈맥으로 미약해지고 혈압은 저하된다. 체온의 상승은 거의 볼 수 없다. 응급조치로는 시원한 곳에서 안정시키고 물을 마시게 한다.
열경련 (Heat cramps)	고온환경 하에서 심한 육체적 노동을 함으로써 수의근에 통증이 있는 경련을 일으키는 고열장해를 말한다. 다량의 발한에 의해 염분이 상실되었음에도 이를 보충해 주지 못했을 때 일어난다. 작업에 자주 사용되는 사지나 복부의 근육이 동통을 수반해 발작적으로 경련을 일으킨다. 응급조치로는 0.1 %의 식염수를 먹여 시원한 곳에서 휴식시킨다.
열탈진 (Heat exhaustion)	땀을 많이 흘려 수분과 염분손실이 많을 때 발생하며 두통, 구역감, 현기증, 무기력증, 갈증 등의 증상이 나타난다. 심한 고열환경에서 중등도 이상의 작업으로 발한량이 증가할 때 주로 발생한다. 고온에 순화되지 않은 근로자가 고열환경에서 작업을 하면서 염분을 보충하지 않은 경우에도 발생한다. 응급조치로는 작업자를 열원으로부터 벗어난 장소에 옮겨 적절한 휴식과 함께 물과 염분을 보충해 준다.
열사병 (Heat stroke)	땀을 많이 흘려 수분과 염분손실이 많을 때 발생한다. 갑자기 의식상실에 빠지는 경우가 많지만, 전구증상으로서 현기증, 악의, 두통, 경련 등을 일으키며 땀이 나지 않아 뜨거운 마른 피부가 되어 체온이 41℃ 이상 상승하기도 한다. 응급조치로는 옷을 벗어 나체에 가까운 상태로 하고, 냉수를 뿌리면서 선풍기의 바람을 쏘이거나 얼음 조각으로 맛사지를 실시한다.

답 A : 열사병   B : 열피로   C : 열탈진

101 ☆☆☆☆☆☆☆☆☆

영상 속 현장에서 사업주가 설치해야 하는 것 3가지와 위험요인 3가지를 쓰시오.

영상 설명
공사 중인 승강기 피트 안에서 진돌이가 벽에 붙은 타이핀을 떼어내기 위해 작업발판을 설치한다. 설치를 다 하고 타이핀을 장도리로 떼고 있는데 얼굴에 콘크리트 부스러기와 타이핀이 튄다. 진돌이는 안전모와 안전화를 착용하였고, 안전대는 미착용했으며 방호장치는 아무것도 없다.

🗐 사업주는 작업발판 및 통로의 끝이나 개구부로서 근로자가 추락할 위험이 있는 장소에는 **안전난간**, 울타리, **수직형 추락방망** 또는 덮개 등(이하 이 조에서 "난간등"이라 한다)의 방호 조치를 충분한 강도를 가진 구조로 튼튼하게 설치하여야 하며, 덮개를 설치하는 경우에는 뒤집히거나 떨어지지 않도록 설치하여야 한다. 이 경우 어두운 장소에서도 알아볼 수 있도록 개구부임을 표시해야 하며, 수직형 추락방망은 한국산업표준에서 정하는 성능기준에 적합한 것을 사용해야 한다.

🗒 설치해야 하는 것 : 안전난간/추락방호망/수직형 추락방망
위험요인 : 안전난간 미설치/추락방호망 미설치/안전대 미착용

102 ☆☆

영상 속 위험요인 4가지 쓰시오.

영상 설명
진돌이와 진순이가 성수대교에서 교량 하부를 점검하고 있다. 작업발판은 없으며 난간에 로프만 설치되었고, 추락방호망도 없다. 진돌이와 진순이는 안전대와 안전모 미착용 상태이다.

🗐 윗 해설 참조
🗒 안전대 미착용/안전모 미착용/작업발판 미설치/추락방호망 미설치

103 ☆

영상 속 현장에서 사업주가 설치해야 하는 것 3가지와 위험요인 3가지를 쓰시오.

영상 설명
진돌이와 진순이가 피트 개구부 주변에 앉아 돌조각을 줍고 있다. 돌을 거의 줍고 진돌이가 잠시 일어나 걸어가는데 돌을 담은 종이 포대에 발이 걸려 피트 속으로 추락한다. 진돌이와 진순이는 안전모와 장갑을 착용했고, 안전대는 미착용 했으며 피트 주변에는 안전난간, 추락방호망, 수직형 추락방망 미설치 상태이다.

🅗 윗 해설 참조

🅟 설치해야 하는 것 : 덮개/안전난간/수직형 추락방망
  위험요인 : 안전난간 미설치/추락방호망 미설치/안전대 미착용

104 ☆☆

영상 속 근로자를 비상시에 피난시키거나 구출하기 위하여 갖추어 두어야 할 기구 및 보호구 3가지를 쓰시오.

영상 설명
진돌이가 선박 밸러스트 탱크 내부 슬러지를 제거하는 도중에 눈이 뒤집히며 의식을 잃었다. 진돌이는 아무런 보호구를 착용하지 않고 있었다.

🅗 사업주는 근로자가 밀폐공간에서 작업을 하는 경우에 공기호흡기 또는 송기마스크, 사다리 및 섬유로프 등 비상시에 근로자를 피난시키거나 구출하기 위하여 필요한 기구를 갖추어 두어야 한다.

🅟 사다리/섬유로프/송기마스크

105 ☆☆

섬유공장에서 기계가 작동 중일 때, 작업자가 착용하여야 할 적절한 보호구 3가지와 위험요인 2가지 쓰시오.

영상 설명

섬유공장에서 진돌이가 가동 중인 섬유직조기계를 만지며 손으로 먼지를 털고 있다. 이때 진돌이는 비니만 착용 상태이다.

🔑 보호구 : 안전모/보안경/방진마스크   위험요인 : 전원 미차단/먼지 털 때 수공구 미사용

106 ☆

활선 작업 시 근로자가 착용해야 하는 절연용 보호구를 3가지 쓰시오.

🔑 절연화/절연장갑/안전모(AE, ABE종)

107 ☆☆☆☆☆☆

영상 속 작업 시 신체 부위(눈/손/피부)를 보호할 수 있는 보호구와 위험요인 2가지 쓰시오.

영상 설명

담배를 피며 진돌이가 변압기에 연결된 선을 유기화합물이 담겨진 통에 넣다 뺐다 하고 있다. 그 후, 변압기를 건조시키기 위해 건조기에다 넣었다. 냄새가 많이 나는 지 진돌이는 얼굴을 계속 찡그리고 있다. 진돌이는 안전화만 신었고, 그 외 보호구를 착용하지 않았다.

📖 – 사업주는 근로자가 피부 자극성 또는 부식성 관리대상 유해물질을 취급하는 경우에 불침투성 보호복 · 보호장갑 · 보호장화 및 피부보호용 바르는 약품을 갖추어 두고, 이를 사용하도록 하여야 한다.
　– 사업주는 근로자가 관리대상 유해물질이 흩날리는 업무를 하는 경우에 보안경을 지급하고 착용하도록 하여야 한다.

🔑 눈 : 보안경   손 : 불침투성 보호장갑   피부 : 불침투성 보호복
　위험요인 : 작업 중 흡연/방독마스크 미착용

108

☆☆☆☆☆☆☆☆

영상 속 작업에서 착용해야 하는 보호구를 4가지와 안전수칙 2가지를 쓰시오.

영상 설명
진돌이가 흡연을 하며 브레이크 라이닝을 화학약품을 이용해 세척하고 있다. 세정제가 바닥에 흥건히 있고, 진돌이는 슬리퍼, 면장갑을 착용하고 있다.

🗒 보호구 : 보안경/불침투성 보호복/불침투성 보호장갑/불침투성 보호장화
  안전수칙 : 보안경 착용/불침투성 보호복 착용

109

☆☆☆☆☆

화면 속 작업에서 착용해야 하는 호흡용 보호구 2가지를 쓰시오.

영상 설명
진돌이가 힘든 표정으로 폐수처리장 밖에 서 있다. 그러고 다시 진돌이는 슬러지를 치우기 위해 폐수처리조 탱크 안에 들어가자마자 의식 잃고 쓰러진다. 별도 가스 누출은 없어 보이며 진돌이는 안전모와 면장갑 착용상태이다.

🗒 송기마스크/공기호흡기

110

☆☆☆☆☆

동영상 작업 시, 작업자를 보호할 수 있는 신체 부위별(상체/하체/손/머리) 보호복 4가지와 재해발생형태, 불안전한 행동 4가지를 쓰시오.

영상 설명
진돌이가 아연 용용도금 작업장에서 뜨거운 아연 표면에 굳은 찌꺼기를 슬래그 제거용 전용도구로 긁어내다가 몸에 튀긴다. 진돌이는 안전모. 면장갑 착용 중이다.

🗒 보호복 – 상체 : 방열상의   하체 : 방열하의   손 : 방열장갑   머리 : 방열두건
  재해발생형태 : 이상온도 접촉
  불안전한 행동 : 방열상의 미착용/방열하의 미착용/방열장갑 미착용/방열두건 미착용

111 ☆☆☆☆☆☆☆

영상 속 재해의 기인물과 가해물, 위험요인 2가지와 봉강 연마 작업 시 파편이나 칩의 비래에 의한 위험에 대비하기 위해 설치해야 하는 방호장치명을 쓰시오.

영상 설명
진돌이가 맨손으로 탁상용 연삭기로 봉강 연마 작업을 하고 있다. 봉강을 연마하면서 불티들이 진돌이 눈에 막 튄다. 그러는 중 봉강이 미고정상태라 흔들흔들 거리다가 진돌이 쇄골 쪽으로 날아간다. 탁상용 연삭기에는 칩비산 방지판이 미설치상태이다.

📝 기인물 : 탁상용 연삭기
　 가해물 : 봉강
　 위험요인 : 봉강 미고정/방호장치 미설치
　 방호장치명 : 칩비산 방지판

112 ☆☆

영상 속 가해물과 사고원인 1가지를 쓰시오.

영상 설명
자동차 정비공인 진돌이가 자동차를 리프트에 올려 점검을 하고 있다. 작업을 하고 있는 도중 리프트가 내려앉아 자동차에 깔린다.

📝 가해물 : 자동차　 사고원인 : 안전블록 미사용

113 ☆

영상 속 가해물과 재해원인 1가지를 쓰시오.

영상 설명
진돌이가 사용금지라고 써져있는 유압잭을 이용하여 자동차 앞부분을 들어 올린 후, 그 안으로 들어가 점검을 하고 있다. 작업에 열중하여 진돌이는 보지도 않고 공구를 든 손으로 옆에 있던 유압잭을 건들고 그 결과 유압잭 힘이 풀려 진돌이는 차에 깔린다.

📝 가해물 : 자동차　 재해원인 : 안전블록 미사용

114　　　　　　　　　　　　　　　　　　　　　　　　　　☆☆

영상 속 가해물과 재해원인 1가지 쓰시오.

영상 설명
진돌이는 간단한 작업이라 생각해서 작업장소 전등을 점등하지 않고. 롤러 체인을 점검하다가 손이 끼인다. 롤러 체인은 계속 돌아가고 있다.

📋 가해물 : 롤러 체인　재해원인 : 작업 전 전원 미차단

115　　　　　　　　　　　　　　　　　　　　　　☆☆☆☆☆☆

영상 속 작업에서 기인물과 가해물, 동종 재해방지책 3가지를 쓰시오.

영상 설명
진돌이가 사출성형기를 이용해 작업을 하는 도중 금형에 이물질이 생겨서 그것을 빼려다가 실수로 버튼을 눌러 손이 눌린다. 사출성형기에는 방호장치 자체가 없다.

📋 기인물 : 사출성형기
　가해물 : 금형
　동종 재해방지책 : 방호장치 설치/전원 차단 후 작업/이물질 제거 시 수공구 이용

116

★☆☆☆

영상 속 재해발생 원인 5가지와 설치해야 할 방호장치 3가지와 그 방호장치에 자율안전확인 표시 외의 표시사항 2가지를 쓰시오.

영상 설명
진돌이가 둥근 톱을 이용해 나무토막을 자르고 있던 중 진순이가 같이 담배 하나 피자며 말을 건다. 그 순간! 진돌이는 진순이를 바라보며 작업에 미집중하여 손가락이 잘린다. 진순이는 놀라며 119에 전화한다. 진돌이는 보안경과 방진마스크 미착용 상태, 면장갑 착용 중이며 둥근 톱에는 날접촉예방장치(=덮개)와 반발예방장치(=분할날) 미설치 상태이다.

해 자율안전확인 덮개와 분할날에는 규칙 제121조(자율안전확인의 표시)에 따른 표시 외에 다음 각 목의 사항을 추가로 표시하여야 한다.

가. 덮개의 종류

나. 둥근 톱의 사용가능 치수

답 재해발생 원인 : 작업 미집중/보안경 미착용/방진마스크 미착용/반발예방장치 미설치/톱날접촉예방장치 미설치

방호장치 : 반발예방장치(= 분할날)/톱날접촉예방장치(= 덮개)/비상정지장치

자율안전확인 표시 외의 표시사항: 덮개 종류/둥근 톱 사용가능 치수

117 ☆☆☆☆☆☆☆☆☆☆

영상 속 작업의 재해방지책 3가지와 발화원 형태와 폭발 종류와 그 정의를 쓰시오.(단, 발화원에 대한 대책은 쓰지 않는다.)

영상 설명
진돌이가 화기주의, 인화성 물질이라 써 있는 드럼통이 보관된 창고에서 인화성 물질이 든 캔을 운반하고 있다. 진돌이가 캔에 있는 내용물을 드럼통에 넣고 있는 중간 너무 더워서 옷을 벗었다. 그 순간! 폭발이 발생했다.

해   – 사업주는 인화성 액체, 인화성 가스 등을 수시로 취급하는 장소에서는 환기가 충분하지 않은 상태에서 전기기계 · 기구를 작동시켜서는 아니 된다.
    – 사업주는 인화성 액체의 증기, 인화성 가스 또는 인화성 고체가 존재하여 폭발이나 화재가 발생할 우려가 있는 장소에서 해당 증기 · 가스 또는 분진에 의한 폭발 또는 화재를 예방하기 위해 환풍기, 배풍기(排風機) 등 환기장치를 적절하게 설치해야 한다.
    – 사업주는 증기나 가스에 의한 폭발이나 화재를 미리 감지하기 위하여 가스 검지 및 경보 성능을 갖춘 가스 검지 및 경보장치를 설치해야 한다.

답 재해방지책 : 환기장치 설치/가스 검지장치 설치/환기 미충분 시 전기기계 작동시키지 말 것
    발화원 형태 : 정전기
    폭발 종류 : 증기운 폭발
    정의 : 가연성 가스가 유출돼 발생한 증기가 공기와 혼합해 점화원 있으면 폭발하는 현상

118 ☆☆

인화성 액체의 증기, 인화성 가스 또는 인화성 고체가 존재하여 폭발이나 화재가 발생할 우려가 있는 장소의 경우 예방대책 2가지 쓰시오.

해   – 사업주는 인화성 액체의 증기, 인화성 가스 또는 인화성 고체가 존재하여 폭발이나 화재가 발생할 우려가 있는 장소에서 해당 증기 · 가스 또는 분진에 의한 폭발 또는 화재를 예방하기 위해 환풍기, 배풍기(排風機) 등 환기장치를 적절하게 설치해야 한다.
    – 사업주는 증기나 가스에 의한 폭발이나 화재를 미리 감지하기 위하여 가스 검지 및 경보 성능을 갖춘 가스 검지 및 경보장치를 설치해야 한다.

답 환기장치 설치/가스 검지장치 설치

119   ☆☆☆☆

영상 속 재해발생형태와 기인물을 쓰시오.

영상 설명
진돌이가 LPG저장소에서 작업을 하고, 밖으로 나가는 문을 열자마자 바로 담배를 피려고 라이터에 불을 켰다. 그 순간! 폭발이 발생한다.

🔝 재해발생형태 : 폭발   기인물 : LPG 가스

120   ☆☆☆

영상 속 재해발생형태와 위험요인 1가지와 착용해야 할 보호구 2가지를 쓰시오.

영상 설명
진순이가 의자 앉아서 납땜 중이다. 작업장에 환기시설들이 없다. 몇시간 후 진순이는 머리가 아프다고 하더니 곧바로 픽 쓰러진다.

🔝 재해발생형태 : 화학물질 누출 · 접촉
   위험요인 : 작업장 환기 불량
   보호구 : 방독마스크/송기마스크

121   ☆

영상 속 사고 예방대책 2가지를 쓰시오.

영상 설명
진돌이가 원심기 입구를 열며 점검하고 있는데 지나가던 진순이가 전원을 켜 진돌이가 원심기 안으로 빨려 들어간다. 진돌이는 안전모만 착용하고 있으며 원심기 전원장치에는 '점검 중'이라는 표지판도 없다.

🔝 인터록 장치 설치/'점검 중' 표지판 부착

122 ☆☆

유리병을 H_2SO_4(황산)에 세척 시 발생할 수 있는 재해발생 형태 및 정의를 쓰시오.

🔖 재해발생형태 : 화학물질 누출 · 접촉
　정의 : 유해 · 위험물질에 노출 · 접촉 또는 흡입한 경우

123 ☆☆☆

영상 속 재해발생형태와 가해물, 기인물을 쓰시오.

영상 설명
진돌이가 작업발판 위에서 한 다리를 작업대에 걸쳐 나무토막을 톱으로 자르고 있었다. 힘의 균형을 잃어 몸이 흔들려 넘어지고 바닥에 머리를 부딪힌다.

🔖 재해발생형태 : 넘어짐　가해물 : 바닥　기인물 : 작업발판

124 ☆☆☆☆

영상 속 재해발생 형태와 불안전한 요소 3가지를 쓰시오.

영상 설명
진돌이가 삐걱거리는 좀 높은 의자에 올라서서 배전반을 점검하는 도중 차단기를 직접 맨손으로 만지다가 감전되어 버려 떨어져 머리를 바닥에 부딪힌다. 차단기를 완전히 다 꺼놓은 상태가 아니다.

🔖 재해발생형태 : 떨어짐
　불안전한 요소 : 작업 전 전원 미차단/절연장갑 미착용/의자 상태 불안전

125   ☆☆☆☆

영상 속 재해발생 형태와 기인물을 쓰시오.

> **영상 설명**
>
> 진순이가 주방에 있는 환풍기를 교체하려 한다. 좀 높은 싱크대 위로 올라가 환풍기의 볼트들을 풀려
> 고 드라이버를 넣은 순간 팍! 소리가 나며 진순이는 싱크대에서 떨어지고 바로 뒤에 벽에 부딪힌다.
> 다행히 진순이는 다시 일어서지만 어딘가 골절이 생긴 듯 하다.

🅷 재해자가 전주에서 작업 중 「전류접촉」으로 떨어진 경우 상해결과가 골절인 경우에는 「떨어짐」으로 분류하
　고, 상해결과가 전기쇼크인 경우에는 「전류접촉」으로 분류한다.

🅐 재해발생형태 : 떨어짐　 기인물 : 환풍기

126   ☆

영상 속 재해원인 1가지와 재해발생 형태와 그 정의를 쓰시오.

> **영상 설명**
>
> 진돌이가 2층에서 화물을 안전난간에 기대어 내리다가 갑자기 떨어져서 아래에 있는 지나가던 진순
> 이가 화물에 맞는다.

🅷 "맞음(날아오거나 떨어진 물체에 맞음)"라 함은 구조물, 기계 등에 고정되어 있던 물체가 중력, 원심력, 관성력
　등에 의하여 고정부에서 이탈하거나 또는 설비 등으로부터 물질이 분출되어 사람을 가해하는 경우를 말한다.

🅐 재해원인 : 작업구역 미설정
　재해발생형태 : 맞음
　정의 : 물체가 중력에 의하여 고정부에서 이탈되어 사람을 가해하는 경우

127   ☆☆☆☆☆

영상 속 재해발생형태, 가해물, 안전작업방법을 쓰시오.

> **영상 설명**
>
> 크레인 작업 도중 진돌이와 진순이가 H빔에 깔린 와이어로프를 인력으로 빼고 있다.
> 크레인이 H빔을 살짝 들자 와이어로프가 빠른 속도로 진순이 얼굴을 쳤고, 진순이는 쓰러진다.

🅐 재해발생형태 : 맞음　 가해물 : 와이어로프　 안전작업방법 : 와이어로프 뺄 때 수공구 이용

128   ☆☆☆☆☆☆☆

영상 속 재해발생형태와 그 정의, 가해물, 감전사고를 방지할 수 있는 안전모의 종류 2가지를 영어 기호로 쓰시오.

영상 설명
크레인으로 전주(전봇대)를 운반하는 도중 전주가 회전하여 신호수인 진돌이가 머리에 맞는다.

📋 재해발생형태 : 맞음
　정의 : 물체가 중력에 의하여 고정부에서 이탈되어 사람을 가해하는 경우
　가해물 : 전주(전봇대)
　안전모 종류 : AE종, ABE종

129   ★

영상 속 재해발생형태와 기기의 방호장치 종류 2가지 쓰시오.

영상 설명
진돌이가 사출성형기로 작업을 하다가 이물질이 있어서 손으로 없애려다 버튼을 눌러 손이 끼인다.

🔧 사업주는 사출성형기(射出成形機)·주형조형기(鑄型造形機) 및 형단조기(프레스등은 제외한다) 등에 근로자의 신체 일부가 말려들어갈 우려가 있는 경우 게이트가드(gate guard) 또는 양수조작식 등에 의한 방호장치, 그 밖에 필요한 방호 조치를 하여야 한다.
📋 재해발생형태 : 끼임　방호장치 : 게이트가드식/양수조작식

130   ☆

영상 속 재해발생 형태 종류와 불안전한 행동 1가지 쓰시오.

영상 설명
진돌이와 진순이가 전동 물레로 도자기를 빚고 있다. 갑자기 물레가 안 돌아가서 진순이는 물 묻은 맨손으로 콘센트를 끼우다가 감전된다.

📋 재해발생 형태 : 감전　불안전한 행동 : 절연장갑 미착용

131　★

영상 속 재해발생 형태 종류와 불안전한 행동 1가지 쓰시오.

영상 설명
진순이가 진돌이 보고 차단기를 내리라고 해서 맨손으로 내리다가 감전된다.

📋 재해발생 형태 : 감전　불안전한 행동 : 절연장갑 미착용

132　☆☆☆☆☆☆

영상 속 재해발생 형태와 불안전한 행동 1가지와 기인물과 착용 보호구 2가지 쓰시오.

영상 설명
진돌이가 맨손으로 가동되는 교류아크용접기를 만지다가 감전된다. 그 상황을 본 진순이는 절연장갑을 끼고 전원 차단하고 진돌이를 구한다. 진돌이는 살았다.

📋 재해발생 형태 : 감전
　　불안전한 행동 : 절연장갑 미착용
　　기인물 : 교류아크용접기
　　착용 보호구 : 절연장갑/용접용 보안면

133　☆☆☆

영상 속 재해발생 형태와 불안전한 행동 2가지 쓰시오.

영상 설명
진돌이가 맨손으로 가동되는 사출성형기를 수리하다 감전된다. 주변에는 아무도 없었다.

📋 재해발생 형태 : 감전　불안전한 행동 : 절연장갑 미착용/작업 전 전원 미차단

134 ☆

영상 속 재해발생 형태 종류와 재해발생 원인을 2가지 쓰시오.

영상 설명
회전체에 코일 감는 전동권선기가 갑자기 멈춰서 진돌이가 작동 중인 기계를 열어 맨손으로 만지는 순간 눈이 뒤집히고, 몸을 파르르 떤다.

📖 재해발생 형태 : 감전　재해발생 원인 : 전원 미차단/절연장갑 미착용

135 ☆☆

영상 속 재해발생형태와 위험요인 2가지를 쓰시오.

영상 설명
진돌이가 맨손으로 철로된 구식 투광기 위치를 옮기려 한다. 전원이 켜진 상태로 투광기를 들고 옮기려는 그 순간! 감전된다.

📖 재해발생형태 : 감전　위험요인 : 작업 전 전원 미차단/절연장갑 미착용

136 ☆☆☆

영상 속 재해발생 형태와 가해물과 필요한 보호구 3가지 쓰시오.

영상 설명
배전반 뒤로 진돌이가 배전반을 만지고 있고, 앞에는 진순이가 시험기를 들고 배전반 이곳 저곳 대고 있다. 갑자기 뒤에서 소리가 나서 진순이가 뒤로 가보니 진돌이가 몸을 떨고 있다.

📖 재해발생형태 : 감전　가해물 : 배전반　필요보호구 : 절연화/절연장갑/안전모(AE/ABE종)

137 ☆☆

영상 속 재해발생 형태와 법적 위반사항 1가지를 쓰시오.

영상 설명
크레인 이용 작업을 하던 도중 3층에 있는 진돌이가 1층에 있는 진순이 보고 크레인 타고 올라오라 한다. 진순이는 안전대를 크레인 훅과 연결해 올라간다. 그 순간! 진순이는 떨어진다. 진돌이는 모른 척 한다.

해 사업주는 크레인을 사용하여 근로자를 운반하거나 근로자를 달아 올린 상태에서 작업에 종사시켜서는 아니
된다. 다만, 크레인에 전용 탑승설비를 설치하고 추락 위험을 방지하기 위하여 다음 각 호의 조치를 한 경우
에는 그러하지 아니하다.

답 재해발생형태: 떨어짐
법적 위반사항: 크레인 사용하여 근로자를 달아 올린 상태에서 작업에 종사시킴

138 ☆☆☆☆☆☆

영상 속 위험요인 5가지와 재해발생 형태를 쓰시오.

영상 설명
진돌이가 고열 배관 플랜지를 점검하려고 한다. 진돌이는 일자형 사다리에 올라가 볼트를 조이는 도중 중심을 잃어 떨어진다. 진돌이는 어떠한 보호구도 착용하지 않았으며 주변에는 아무도 없다.

답 위험요인: 보안경 미착용/안전대 미착용/방열장갑 미착용/2인1조 작업 미실시/작업 전 배관 내 내용물
미제거
재해발생 형태: 떨어짐

139 ☆☆☆☆☆☆☆☆

영상 속 위험요인 3가지와 재해발생형태와 행동목표 2가지를 쓰시오.

영상 설명
진돌이가 고열 배관 플랜지를 점검하려고 한다. 플랜지의 볼트를 푸는데 고온 증기가 분출되어 진돌이의 얼굴을 타격했다. 진돌이는 보안경 미착용상태이며 맨손이다.

해 "이상온도 접촉"이라 함은 고·저온 환경 또는 물체에 노출·접촉된 경우를 말한다.

답 위험요인 : 보안경 미착용/방열장갑 미착용/작업 전 배관 내 내용물 미제거
　　재해발생형태 : 이상온도 접촉
　　행동목표 : 보안경을 착용하자!/작업 전 배관 내 내용물 제거하자!

140 ☆☆☆☆☆☆☆

롤러기 작업 시 위험점의 이름과 정의, 해당 위험점이 형성되는 조건을 쓰시오.

답 위험점 : 물림점
　　정의 : 서로 반대방향으로 회전하는 두 개의 회전체가 맞닿아서 생기는 위험점
　　발생가능 조건 : 두 개의 회전체가 서로 반대 방향으로 맞물려 회전

141 ★

다음 영상 속 위험점과 그 정의, 재해원인 1가지 쓰시오.

영상 설명
진돌이가 롤러기 점검을 하려 한다. 먼저 전원을 끄고, 작업이 다 끝나자 다시 전원을 켰다. 그 순간! 진돌이는 롤러기 사이에 먼지가 있어 맨손으로 털어내려다 손이 물려들어간다.

답 위험점 : 물림점
　　정의 : 서로 반대방향으로 회전하는 두 개의 회전체가 맞닿아서 생기는 위험점
　　재해원인 : 먼지 털 때 수공구 미사용

142   ☆☆☆☆☆☆

영상 속 기계의 운동 형태에서 발생할 수 있는 위험점 명칭과 정의, 그리고 위험요인 3가지를 쓰시오.

영상 설명
진돌이가 면장갑을 착용하고 선반 작업을 하던 중, 회전축에 샌드페이퍼를 손으로 감아 가공물을 만들고 있다. 그 순간! 장갑이 말려들어 간다. 진돌이는 보안경 미착용 상태다.

📋 위험점 : 회전말림점
　정의 : 회전하는 물체의 길이 등이 불규칙한 부위와 돌기 회전부 위에 옷, 장갑 등이 말려드는 위험점
　위험요인 : 장갑 착용/보안경 미착용/손으로 샌드페이퍼 감음

143   ☆

영상 속 위험점과 그 정의를 적으시오.

영상 설명
진돌이가 장갑을 끼고 전단기에서 작업을 하다가 부주의로 인해 손목이 잘린다.

📋 위험점 : 협착점　정의 : 왕복운동하는 동작부분과 고정부분 사이에 형성되는 위험점

144 ☆☆☆☆☆☆☆☆☆

영상 속 기계 운동 형태에서 발생할 수 있는 위험점 및 그 정의, 재해발생 원인과 예방대책 각각 3가지 그리고, 기인물과 가해물을 쓰시오.

<table>
<tr><td align="center">영상 설명</td></tr>
<tr><td>진돌이가 김치공장에서 슬라이스 기계에 배추를 넣어 써는 작업을 하고 있다.
기계가 멈추자 전원을 차단하지 않고, 슬라이스 기계를 점검하던 중 갑자기 기계가 작동하여 진돌이는 칼날에 손이 잘린다. 방호장치 미설치 상태이다.</td></tr>
</table>

📋 위험점 : 절단점
    정의 : 회전하는 운동부 자체 위험에서 형성되는 위험점
    재해발생원인 : 전원 미차단/수공구 미사용/방호장치 미설치
    예방대책 : 전원 차단/수공구 사용/방호장치 설치
    기인물 : 슬라이스 기계
    가해물 : 칼날

145 ☆

영상 속 위험점과 정의를 적으시오.

<table>
<tr><td align="center">영상 설명</td></tr>
<tr><td>진돌이가 장갑을 착용한 손으로 시동을 안 끈 채로 타이밍 벨트를 육안점검을 하고 있다. 진돌이가 실수로 타이밍 벨트와 구동축 사이를 만지자 장갑이 끼었다. 타이밍 벨트에는 덮개 미설치 상태이다.</td></tr>
</table>

📋 위험점 : 접선물림점
    정의 : 회전하는 부분의 접선방향으로 물려들어갈 위험이 존재하는 위험점

146

☆☆☆☆

영상 속 위험점과 재해원인 2가지와 재해방지책 2가지를 적으시오.

영상 설명
진돌이가 전원을 끄고 컨베이어 벨트를 점검하고 있다. 그 순간! 진순이가 상황을 모르고 전원을 켰고, 진돌이의 손은 벨트 사이에 끼게 된다. 컨베이어는 덮개가 미설치 상태이다.

🔟 위험점 : 끼임점
   재해원인 : 덮개 미설치/전원장치에 "점검 중" 표지판 미부착
   재해방지책 : 덮개 설치/전원장치에 "점검 중" 표지판 부착

147

☆☆☆☆

영상 속 위험점과 그 정의, 필요 방호장치명을 적으시오.

영상 설명
진돌이가 프레스 금형 해체작업을 하다가 손이 눌린다. 진돌이는 아파한다.

🔠 사업주는 프레스등의 금형을 부착·해체 또는 조정하는 작업을 할 때에 해당 작업에 종사하는 근로자의 신체가 위험한계 내에 있는 경우 슬라이드가 갑자기 작동함으로써 근로자에게 발생할 우려가 있는 위험을 방지하기 위하여 안전블록을 사용하는 등 필요한 조치를 하여야 한다.

🔟 위험점 : 협착점
   정의 : 왕복운동하는 동작부분과 고정부분 사이에 형성되는 위험점
   방호장치명 : 안전블록

148

☆☆☆☆☆☆

영상 속 작업자의 불안전한 행동 2가지를 쓰시오.

영상 설명
진돌이가 폐기물처리장에서 작업 중이다. 위에 크레인에 달린 집게가 폐기물을 든 채로 진돌이 머리 위를 통과하며 폐기물을 떨어뜨리고 있다. 결국 진돌이 머리 위로 폐기물이 떨어져 크게 다친다. 진돌이는 안전모 미착용 상태이며 장갑을 착용하고 있다.

🔟 안전모 미착용/낙하물 위험구간에서 작업

149 ☆

영상 속 작업자의 불안전한 행동 2가지를 쓰시오.

영상 설명
진돌이가 혼자서 책상 위에 균형 안 맞는 의자를 올린 후, 올라서서 전구를 교체하다가 떨어진다. 진돌이는 안전모 미착용 상태이다.

🔲 안전모 미착용/불안전한 작업발판 사용

150 ☆☆☆

영상 속 불안전한 상태 3가지와 가이데릭 설치 시 고정방법 1가지 쓰시오.

영상 설명

진돌이가 눈이 많이 쌓인 공사현장에서 가이데릭 이용 작업을 하고 있다.
인양물은 갱폼이며 하부에 철사로만 고정했고, 신호수가 없으며 가이데릭 밑에 어린이들이 지나다니고 있다.

🔲 가이데릭: 기둥으로 구성된 긴 마스트를 수직으로 세우고 이것이 넘어지지 않도록 지지하는 여러 가닥 (6 ~ 8)의 선(당김)을 설치한 크레인이며 짐을 매달아 올리고 운반하는 붐(팔)은 마스트보다 짧고 붐은 마스트를 중심으로 360도 선회가 가능하다.

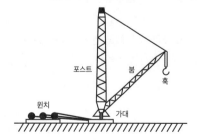

🔲 불안전한 상태: 신호수 미배치/작업구역 미설정/갱폼 하부에 철사로만 고정
고정방법: 와이어로프로 고정

151 ☆

영상 속 작업 시 위험요인 3가지 쓰시오.

영상 설명
진돌이와 진순이가 이동식 크레인 위에서 전선 정리작업 중인데 전선이 매우 얽혀있다. 붐대는 전주와 매우 가깝게 배치되어 있다. 붐대 밑으로 일반인들이 지나가고 있고, 진돌이와 진순이는 맨손이며 안전모(ABE종) 이 외의 그 어떤 보호구도 미착용상태이다.

📝 절연장갑 미착용/작업구역 미설정/붐대 이격거리 미준수

152 ☆

영상 속 작업의 위험요인 4가지와 필요 방호장치명을 쓰시오.

영상 설명
진돌이가 마그넷 크레인을 이용해 금형을 운반하고 있다. 오른손으로 금형을 잡고, 왼손으로는 조작장치를 조작하고 있다. 조작장치 피복은 벗겨져 있다. 진돌이가 작업에 미집중하다가 넘어지면서 ON/OFF 버튼을 눌러 금형이 발등으로 떨어진다. 진돌이는 슬리퍼를 신었고, 면장갑을 착용했다. 또한, 주변에 신호수는 없고, 금형에 유도로프가 미설치되어있다. 또한 크레인에는 훅 해지장치가 없다.

📝 위험요인 : 작업 미집중/안전화 미착용/신호수 미배치/유도로프 미설치
　필요 방호장치명 : 훅 해지장치

153 ★☆☆

영상 속 위험요인 2가지와 관리감독자의 직무 3가지 쓰시오.

영상 설명
진돌이가 크레인으로 큰 배관을 인양하기 위해 신호수 역할 중이다. 걸이는 1줄 걸이로 하고 있고, 슬링벨트가 되게 낡아 보인다. 인양 시 진순이가 유도로프가 없어서 손으로 직접 배관을 제어하고 있다가 정강이에 배관이 부딪힌다.

해

3. 크레인을 사용하는 작업	1. 작업방법과 근로자 배치를 결정하고 그 작업 지휘하는 일 2. 재료의 결함 유무 또는 기구 및 공구의 기능을 점검하고 불량품을 제거하는 일 3. 작업 중 안전대 또는 안전모의 착용 상황을 감시하는 일

답 위험요인 : 1줄 걸이 작업/슬링벨트 상태 불량
관리감독자 직무 : 재료 결함 유무 점검/작업 중 안전모 착용 상황 감시/작업방법 결정하고 그 작업 지휘

154 ☆☆☆

영상 속 불안전한 행동 3가지를 쓰시오.

영상 설명
진돌이가 지게차 포크 위에 올라 전원을 차단하지 않고, 전구를 교체하려 한다. 교체를 다 하고 내려가려는데 지게차 운전원인 진순이가 지게차를 움직여서 진돌이가 떨어졌다. 진돌이와 진순이는 안전모와 절연장갑 미착용 상태이다.

답 전원 미차단/지게차를 용도 외 목적으로 사용/절연장갑 및 안전모 미착용

155 ☆☆☆

영상 속 위험요인 3가지 쓰시오.

영상 설명
유도원인 진순이가 지게차 운전원인 진돌이에게 화물 위치를 알려준 뒤 이동할 때 지게차 포크 위에 올라 같이 이동한다. 지게차가 이동 중 바닥에 파이프를 밟아 덜컹거리고 진순이는 포크 밑에 떨어지게 되어 깔려 죽는다. 진돌이는 워낙 적재된 화물이 높아 이 사실을 모르고 그냥 지나친다.

답 주변 정리 미실시/지게차를 용도 외 목적으로 사용/운전자 시야 가릴 만큼 화물 적재

156 ☆

영상 속 운행의 문제점 2가지 쓰시오.

영상 설명
지게차가 화물을 높게 적재한 채 운행하고 있다. 화물을 체결하지 않아 매우 흔들리고. 시야가 안보여 결국 지나가던 작업자를 치게 된다. 주변에는 유도원이 없다.

📋 유도원 미배치/운전자 시야 가릴 만큼 화물 적재

157 ☆

영상 속 작업에서 내재되어 있는 핵심 위험요인 3가지 쓰시오.

영상 설명
충전전로와 매우 가깝게 배치된 고소작업대에 탑승한 진돌이가 충전전로에 애자 커버를 설치하려 한다. 진돌이는 안전모(ABE종)와 절연장갑 착용상태이며 안전대는 미착용상태이다.   작업대 밑에 면장갑 착용한 진순이가 애자 커버를 1줄걸이로 달줄로 매달아 올려보낸다.   고소작업대는 아웃트리거를 미설치하여 위에 있는 진돌이가 움직일 때마다 흔들거린다.

📋 1줄걸이 작업/아웃트리거 미설치/충전전로와 이격거리 미준수

158 ☆☆

영상 속 재해의 가해물과 재해원인 2가지, 예방대책 2가지 쓰시오.

영상 설명
어두운 작업장에서 면장갑을 착용한 진돌이가 왼손에는 손전등을 오른손은 스패너를 들고, 작동 중인 컨베이어를 점검하다가 스패너가 컨베이어 안으로 떨어진다. 진돌이는 아무 생각없이 스패너를 주우려다 컨베이어 벨트에 손이 끼어 아파한다. 컨베이어 벨트에는 덮개 미설치 상태이다.

📋 가해물: 컨베이어 벨트
　재해원인: 덮개 미설치/전원 미차단 후 작업
　예방대책: 덮개 설치/전원 차단 후 작업

159 ★☆☆

영상 속 필요한 방호조치사항 3개와 작업방법의 문제점 2가지와 사고 시 즉시 조치사항 1가지 쓰시오.

영상 설명
진돌이가 경사진 컨베이어 벨트 위에서 포대를 올리고 있다. 진돌이가 너무 열중한 나머지 포대를 빠른 속도로 올리다가 포대가 발을 건드려 진돌이가 넘어지면 풀리 밑으로 팔이 들어간다. 같이 일을 하던 진순이는 놀라 비상정지장치를 누를 생각도 안하고 있다. 주변에는 건널다리나 작업발판이 없으며 컨베이어에는 덮개와 비상정지장치가 없다.

📋 방호조치사항 : 덮개 설치/건널다리 설치/비상정지장치 설치
　 작업방법 문제점 : 작업발판 미사용/비상정지장치 미설치
　 사고 시 즉시 조치사항 : 기계 작동 중지

160 ☆☆☆☆

다음 영상에서 위험요인을 2가지 쓰시오.

영상 설명
진돌이와 진순이가 밀폐공간에 들어가 작업을 하려 한다. 둘 다 들어가기 전에 산소농도를 측정하지 않고. 호흡용 보호구도 착용하지 않았다. 결국 진돌이와 진순이는 밀폐공간 안에서 질식사하게 된다.

📋 송기마스크 미착용/작업 전 산소농도 미측정

161   ☆☆☆☆☆☆☆☆

다음 영상에서 위험요인을 2가지 쓰시오.

영상 설명
진돌이가 배전반 점검을 하고 있다. 진순이는 점검하고 있는 진돌이를 보지 못하고 배전반 문이 열려 있어 문을 닫는다. 그 순간! 진돌이는 배전반 문틈에 손이 낀다. 진돌이는 맨손이며 '점검 중' 표지판이 미설치 되어 있다.

🔑 절연장갑 미착용/'점검 중' 표지판 미설치

162   ☆

영상 속 불안전한 행동 1가지와 작업자가 기능을 없앤 방호장치를 쓰시오.

영상 설명
진돌이는 프레스로 철판에 구멍을 뚫다가 이물질을 발견한다. 슬라이드 앞에는 광선들이 여러개 보이며 그 광선들을 없앤다. 그 후 이물질을 제거하려고 손을 넣다가 끼인다.

🔑 불안전한 행동 : 이물질 제거시 수공구 미사용   기능을 없앤 방호장치 : 광전자식

163   ☆☆☆☆

영상 속 작업 시 위험요인 3가지와 재해방지책 3가지를 쓰시오.

영상 설명
진돌이는 프레스로 철판에 구멍을 뚫다가 이물질을 발견한다. 없애려고 몸 기울이다가 페달을 밟아 프레스가 손이 찍힌다. 진돌이는 면장갑 착용했고, 보안경 미착용 상태이다. 프레스 페달에는 덮개가 없다.

🔑 위험요인 : 작업 전 전원 미차단/페달에 U자형 덮개 미설치/이물질 제거 시 수공구 미이용
재해방지책 : 작업 전 전원 차단/페달에 U자형 덮개 설치/이물질 제거 시 수공구 이용

164 ☆☆☆☆☆

영상 속 작업 중 안전수칙 4가지를 쓰시오.

영상 설명
진돌이가 셔틀버스를 정비하기 위해 차량용 리프트로 버스를 들어 올린 후, 버스 밑으로 들어가 샤프트를 점검한다. 이때 진순이가 버스에 올라 아무 말 없이 시동을 건다.   그 순간! 샤프트가 회전하여 진돌이의 손이 말려 들어간다. 주변에는 감시인이 없고, 진돌이는 장갑을 착용하였다.

🔑 감시인 배치/'정비 중' 표지판 설치/관계자 외 출입 금지 조치/시동장치에 잠금장치 설치

165 ☆☆☆☆☆

근로자가 지붕 위에서 작업할 시 추락 또는 넘어질 위험이 있는 경우 사업주의 조치사항 3가지 쓰시오.

🔳 사업주는 근로자가 지붕 위에서 작업을 할 때에 추락하거나 넘어질 위험이 있는 경우에는 다음 각 호의 조치를 해야 한다.
   1. 지붕의 가장자리에 안전난간을 설치할 것
   2. 채광창(skylight)에는 견고한 구조의 덮개를 설치할 것
   3. 슬레이트 등 강도가 약한 재료로 덮은 지붕에는 폭 30cm 이상의 발판을 설치할 것
🔑 1. 가장자리에 안전난간 설치할 것
   2. 채광창에 견고한 덮개 설치할 것
   3. 슬레이트로 덮은 지붕은 폭 30cm 이상 발판 설치할 것

166 ★☆☆☆☆☆☆☆☆

영상 속 작업의 안전대책 3가지를 쓰시오.

영상 설명
박공지붕 위에서 진돌이와 진순이가 안전모와 안전화를 착용한 상태로 작업을 하다 휴식 중이다. 그 순간! 위에 지붕 설치물이 굴러 진돌이의 등을 쳐 진돌이가 굴러떨어진다. 박공지붕에는 안전난간 및 추락방호망, 낙하물 방지망이 미설치 상태이다. 또한 진돌이와 진순이는 안전대 미착용 상태이다.

🔲 – 사업주는 근로자가 지붕 위에서 작업을 할 때에 추락하거나 넘어질 위험이 있는 경우에는 다음 각 호의 조치를 해야 한다.
　　1. 지붕의 가장자리에 **안전난간을 설치할 것**
　　2. 채광창(skylight)에는 견고한 구조의 덮개를 설치할 것
　　3. 슬레이트 등 강도가 약한 재료로 덮은 지붕에는 폭 30cm 이상의 발판을 설치할 것
　– 사업주는 경사면에서 드럼통 등의 중량물을 취급하는 경우에 다음 각 호의 사항을 준수하여야 한다.
　　1. 구름멈춤대, 쐐기 등을 이용하여 중량물의 동요나 이동을 조절할 것
　　2. 중량물이 구르는 방향인 경사면 아래로는 근로자의 출입을 제한할 것
🔲 안전대 착용할 것/안전난간 설치할 것/중량물 구르는 방향 아래로는 근로자 출입 제한할 것

167 ☆☆☆

영상 속 작업의 안전대책 2가지를 쓰시오.

영상 설명
진돌이와 진순이가 약간 경사진 곳에서 드럼통을 굴려서 운반하고 있다. 진돌이는 운반하다가 허리가 아파 잠깐 뒷짐을 지고 허리를 피려는 순간! 드럼통이 밑으로 굴러간다. 결국 밑에 있던 진순이는 피하지 못하고 부딪힌다.

🔲 – 사업주는 경사면에서 드럼통 등의 중량물을 취급하는 경우에 다음 각 호의 사항을 준수하여야 한다.
　　1. 구름멈춤대, 쐐기 등을 이용하여 중량물의 동요나 이동을 조절할 것
　　2. 중량물이 구르는 방향인 경사면 아래로는 근로자의 출입을 제한할 것
🔲 쐐기를 이용해 중량물 이동 조절할 것/중량물 구르는 방향 아래로는 근로자 출입 제한할 것

168 ☆☆☆

영상 속 작업에서 안전작업수칙 2가지 쓰시오.

영상 설명
진돌이가 작업발판 미설치된 곳에서 강관 비계에 발을 올리고 플라이어와 케이블 타이로 그물을 묶고 있다. 그 순간! 균형을 잃고 진돌이가 떨어진다. 진돌이는 안전모를 착용했지만, 안전대를 미착용했다.

📋 안전대 착용/작업발판 설치

169 ★☆☆

영상 속 작업자의 추락사고 원인 3가지와 기인물, 가해물을 쓰시오.

영상 설명

진돌이와 진순이가 건물 베란다 밖 창틀에서 작업을 하고 있다. 진돌이가 진순이에게 드라이버를 건네주다가 균형을 잃고 떨어진다. 둘 다 안전대를 미착용했고, 추락방호망 미설치상태이다. 알고보니 창틀에 돌 조각들이 널려있었다.

📋 추락사고 원인 : 안전대 미착용/추락방호망 미설치/작업발판 미설치
　기인물 : 돌 조각
　가해물 : 바닥

170   ☆

영상 속 작업자의 추락사고 원인 3가지를 쓰시오.

영상 설명
진돌이와 진순이가 콘크리트 건물에서 작업중이다, 진돌이가 창틀에서 나무 판때기를 벽 너머에 있는 진순이에게 건네주고 자기도 그 쪽으로 가려한다. 진돌이가 진순이 쪽의 좀 튀어나온 창틀을 밟았는데 거기에 콘크리트 조각이 있어 그걸 밟고 추락한다. 진돌이 진순이 둘 다 안전대 미착용 상태이다.

🔡 추락사고 원인 : 안전대 미착용/추락방호망 미설치/작업발판 미설치

171   ☆☆☆☆☆☆

영상 속 재해발생형태와 추락요인 2가지 쓰시오.

영상 설명
진돌이는 안전대를 착용하고 전주를 타고 올랐으나 체결하지 않았다. 진돌이는 전주에 박혀있는 볼트를 밟고, 작업을 하다가 균형을 잃고 추락한다. 진돌이는 절연장갑 미착용상태이다.

🔡 재해발생형태 : 떨어짐   추락요인 : 안전대 미체결/작업발판 불안전

172   ☆☆☆☆

영상 속 재해발생형태와 기인물, 위험요인 3가지 쓰시오.

영상 설명
진돌이와 진순이가 이동식 사다리 2개 사이에 나무 판때기를 하나 걸치고 그 위에서 고소 작업을 하고 있다. 작업 도중 진순이가 떨어졌으며 둘 다 안전대 미착용, 안전모 미착용 상태이다.

🔡 재해발생형태 : 떨어짐
　기인물 : 나무 판때기
　위험요인 : 안전대 미착용/안전모 미착용/작업발판 불안전

173 ☆

영상 속 재해발생형태와 기인물과 가해물을 쓰시오.

> **영상 설명**
>
> 진돌이가 높은 H빔 위에 나무 판때기를 놓고 작업을 하던 도중 떨어져 즉사한다.

📋 재해발생형태 : 떨어짐   기인물 : **나무 판때기**   가해물 : 바닥

174 ☆☆☆☆☆☆

영상 속 위험요인 4가지 쓰시오.

> **영상 설명**
>
> 진돌이가 안전모와 절연장갑, 안전대를 착용하고 전봇대에 올라간 후 안전대 체결한 상태로 작업을 하고 있다. 작업발판으로는 전봇대에 있는 볼트이며 바로 옆에는 고소작업차가 붐대를 올리고 있다. 고소작업차 운반구에 있는 진순이는 안전모 미착용, 안전대 미착용 상태이다. 또한, 고소작업차 밑에는 일반사람들이 지나다니고 있다.

📋 안전모 미착용/안전대 미착용/작업발판 불안전/작업구역 미설정

175 ☆

다음 동영상의 작업에서 위험요인 4가지를 쓰시오.

> **영상 설명**
>
> 이동식 틀비계 위에서 진돌이가 조적과 미장 작업을 하고 있다.
> 틀비계는 안전난간 미설치 상태, 미고정 상태이다. 또한, 작업발판에는 벽돌과 시멘트 포대들이 매우 높이 쌓여 있다.
> 진돌이는 안전모와 안전대 미착용 상태이다.

📋 틀비계 미고정/안전모 미착용/안전대 미착용/안전난간 미설치

176

☆☆☆☆☆

다음 영상 속 재해발생형태와 감전을 막기 위한 안전대책 3가지 쓰시오.

> ### 영상 설명
>
> 옥상 변전실 근처에서 작업하던 진돌이와 진순이가 쉬는 시간이라 가지고 온 공으로 축구를 하려 한다. 축구를 하던 중 공이 울타리 쳐져있는 변전실 안으로 들어가 버렸고, 진돌이는 그 공을 꺼내려 한다. 변전실 문은 열려있어 쉽게 들어갔고, 공을 주우려다 변전기를 손으로 만져 감전사한다. 출입구에는 '출입금지'라는 표시가 없었고, 울타리에 '고압전기'라는 표시만 있었다.

🔲 사업주는 근로자가 작업이나 통행 등으로 인하여 전기기계, 기구 또는 전로 등의 충전부분에 접촉하거나 접근함으로써 감전 위험이 있는 충전부분에 대하여 감전을 방지하기 위하여 다음 각 호의 방법 중 하나 이상의 방법으로 방호하여야 한다.

1. 충전부가 노출되지 않도록 폐쇄형 외함(外函)이 있는 구조로 할 것
2. 충전부에 충분한 절연효과가 있는 방호망이나 절연덮개를 설치할 것
3. 충전부는 내구성이 있는 절연물로 완전히 덮어 감쌀 것
4. 발전소·변전소 및 개폐소 등 구획되어 있는 장소로서 관계 근로자가 아닌 사람의 출입이 금지되는 장소에 충전부를 설치하고, 위험표시 등의 방법으로 방호를 강화할 것
5. 전주 위 및 철탑 위 등 격리되어 있는 장소로서 관계 근로자가 아닌 사람이 접근할 우려가 없는 장소에 충전부를 설치할 것

🔳 재해발생형태 : 감전

감전을 막기 위한 안전대책
1. 폐쇄형 외함구조로 할 것
2. 충분한 절연효과 있는 방호망 설치
3. 관계 근로자가 아닌 사람의 출입이 금지되는 장소에 충전부를 설치할 것

177 ☆☆☆☆

휴대장비 등을 사용하는 작업에서 감전사고 예방을 위한 안전대책 3가지 쓰시오.

영상 설명
진돌이가 작업물에 물을 뿌려 열을 식히며 대리석 연마작업을 하고 있는 도중 갑자기 푸른색 스파크가 작업자 손 주변에서 발생한다. 진돌이는 절연장갑을 착용했고, 바닥에는 물이 흥건하며 물웅덩이에 전선들이 놓여있다.

📖 사업주는 이동 중에나 휴대장비 등을 사용하는 작업에서 다음 각 호의 조치를 하여야 한다.
1. 근로자가 착용하거나 취급하고 있는 도전성 공구 · 장비 등이 노출 충전부에 닿지 않도록 할 것
2. 근로자가 사다리를 노출 충전부가 있는 곳에서 사용하는 경우에는 도전성 재질의 사다리를 사용하지 않도록 할 것
3. 근로자가 젖은 손으로 전기기계 · 기구의 플러그를 꽂거나 제거하지 않도록 할 것
4. 근로자가 전기회로를 개방, 변환 또는 투입하는 경우에는 전기 차단용으로 특별히 설계된 스위치, 차단기 등을 사용하도록 할 것
5. 차단기 등의 과전류 차단장치에 의하여 자동 차단된 후에는 전기회로 또는 전기기계 · 기구가 안전하다는 것이 증명되기 전까지는 과전류 차단장치를 재투입하지 않도록 할 것

📋 1. 도전성 공구가 노출 충전부에 닿지 않게 할 것
2. 젖은 손으로 전기기계 플러그를 제거하지 말 것
3. 전기회로 개방하는 경우 전기 차단용으로 특별히 설계된 스위치 사용하도록 할 것

178 ☆☆☆☆☆☆☆☆☆

영상 속 작업의 동종재해 방지책 3가지 쓰시오.

영상 설명
맨손인 진돌이가 변압기 2차 전압을 측정하기 위해 벽 너머 진순이에게 전원 투입하라고 소리 지른다. 진돌이는 측정을 다 하고, 진순이에게 전원을 차단하라고 하지만 진순이는 못 들었다. 전원이 차단된 줄 안 진돌이는 기기를 만지다가 감전이 된다.

해 전로 차단은 다음 각 호의 절차에 따라 시행하여야 한다.
1. 전기기기등에 공급되는 모든 전원을 관련 도면, 배선도 등으로 확인할 것
2. 전원을 차단한 후 각 단로기 등을 개방하고 확인할 것
3. 차단장치나 단로기 등에 잠금장치 및 꼬리표를 부착할 것
4. 개로된 전로에서 유도전압 또는 전기에너지가 축적되어 근로자에게 전기위험을 끼칠 수 있는 전기기기등은 접촉하기 전에 잔류전하를 완전히 방전시킬 것
5. 검전기를 이용하여 작업 대상 기기가 충전되었는지를 확인할 것
6. 전기기기등이 다른 노출 충전부와의 접촉, 유도 또는 예비동력원의 역송전 등으로 전압이 발생할 우려가 있는 경우에는 충분한 용량을 가진 단락 접지기구를 이용해접지할 것

답 1. 차단장치에 꼬리표 부착할 것
2. 전원 차단 후 단로기 개방하고 확인할 것
3. 검전기 이용해 작업 대상 기기 충전되었는지 확인할 것

179 ☆☆☆☆

영상 속 전원 차단했음에도 불구하고 감전된 재해요인 2가지 쓰시오.

영상 설명
진돌이가 전원을 완전히 차단하고 맨손으로 분전반을 점검하였으나 감전된다.

해 윗 해설 참조
답 절연장갑 미착용/접촉하기 전 잔류전하 완전히 방전시키지 않음

180 ☆

영상 속 실질적 재해의 위험요인 3가지 쓰시오.

영상 설명
진돌이가 가동중인 용접기의 전원부를 만지다가 감전이 된다. 진돌이는 안전모와 면장갑을 착용했고, 누전차단기를 가동했으나 불량이었다.

🔑 전원 미차단/절연장갑 미착용/누전차단기 불량

181 ☆

영상 속 사고 원인 2가지 쓰시오.

영상 설명
진돌이가 분전반 뚜껑을 열고 스위치 덮개를 개방한다. 맨손으로 드라이버를 잡고 퓨즈를 제거한 후 새로운 퓨즈로 교체하려는 순간 진돌이는 쓰러진다. 전원을 차단하지 않았다.

🔑 작업 전 전원 미차단/절연장갑 미착용

182 ☆☆☆

영상 속 사고 예방대책 3가지 쓰시오.

영상 설명
진돌이가 도로 공사 점검 중 전선을 만지다가 감전된다. 진돌이는 맨손이며 전선에는 전기가 통하고 있는 상태이다. 또한, 전선 피복이 벗겨져 있다.

🔑 절연장갑 착용/점검 전 전원 차단/전선 절연 피복 조치

183   ☆☆☆☆☆☆☆

영상 속 작업에서 감전 관련, 연마작업 관련 위험요인 각 2가지씩 쓰시오.

영상 설명
진돌이가 분전반(내부에 콘센트랑 누전차단기(ELB) 있음)에 휴대용 연삭기를 연결하여 철물을 연마하고 있다. 작업을 다 하고 진돌이는 진순이에게 콘센트를 뽑으라고 한다. 맨손인 진순이는 분전반을 만지며 코드를 뽑는 순간 감전되어 버린다. 진돌이는 면장갑 착용, 보안경 미착용 상태이며 진순이는 안전모만 착용했다. 또한 연삭기에는 덮개가 미설치되어있다.

📋 감전 관련: 절연장갑 미착용/누전차단기 불량
　　연마작업 관련: 보안경 미착용/연삭기 덮개 미설치

184   ☆☆☆☆

사출성형기 노즐 속 이물질 제거 작업 중에서 충전부 만지다가 감전 사고가 발생한다. 동종 재해 방지대책 3가지와 기인물, 가해물을 적으시오.

📋 동종재해방지대책: 제거 전 전원 차단/절연장갑 착용/사출성형기 접지조치
　　기인물: 사출성형기
　　가해물: 사출성형기 노즐 충전부

185   ☆

영상 속 동종 재해방지대책 3가지 적으시오.

영상 설명
진돌이가 터널 안 시설물들을 점검하려고 한다. 진돌이가 전선을 만지는 순간 감전된다. 진돌이는 안전모 미착용, 절연장갑 미착용, 안전화 미착용 상태이며 전선의 피복은 심하게 벗겨져 있었다.

📋 절연장갑 착용/점검 전 전원 차단/손상된 절연피복 사용금지

186 ☆☆☆☆

영상 속 재해 예방대책 3가지 쓰시오.

영상 설명
단무지 공장에서 무릎 정도 물이 차 있는 상태에서 수중 펌프를 작동했더니 작업자가 감전되었다.

🅔 감전방지용 누전차단기 설치/충분히 절연효과 있는 이동전선 이용/충분히 피복한 접속기구 사용

187 ☆☆☆

영상 속 작업 시 안전대책을 4가지 쓰시오.

영상 설명
크레인을 이용해 전주(전봇대)를 세우고 있다. 안전모를 착용한 진돌이가 맨손으로 전주를 만지며 한 손으로 크레인 운전원에게 올리라고 신호를 준다. 운전원은 전주를 올리다가 위에 전선에 전주가 닿아 스파크가 발생한다. 진돌이는 신호수가 아니며 주변에 감시인이 없다.

해 사업주는 충전전로 인근에서 차량, 기계장치 등(이하 이 조에서 "차량등"이라 한다)의 작업이 있는 경우에는 차량등을 충전전로의 충전부로부터 300센티미터 이상 이격시켜 유지시키되, 대지전압이 50킬로볼트를 넘는 경우 이격시켜 유지하여야 하는 거리(이하 이 조에서 "이격거리"라 한다)는 10킬로볼트 증가할 때마다 10센티미터씩 증가시켜야 한다. 다만, 차량등의 높이를 낮춘 상태에서 이동하는 경우에는 이격거리를 120센티미터 이상(대지전압이 50킬로볼트를 넘는 경우에는 10킬로볼트 증가할 때마다 이격거리를 10센티미터씩 증가)으로 할 수 있다.

제1항에도 불구하고 충전전로의 전압에 적합한 절연용 방호구 등을 설치한 경우에는 이격거리를 절연용 방호구 앞면까지로 할 수 있으며, 차량등의 가공 붐대의 버킷이나 끝부분 등이 충전전로의 전압에 적합하게 절연되어 있고 유자격자가 작업을 수행하는 경우에는 붐대의 절연되지 않은 부분과 충전전로 간의 이격거리는 접근 한계거리까지로 할 수 있다.

사업주는 다음 각 호의 경우를 제외하고는 근로자가 차량등의 그 어느 부분과도 접촉하지 않도록 울타리를 설치하거나 감시인 배치 등의 조치를 하여야 한다.

1. 근로자가 해당 전압에 적합한 제323조제1항의 절연용 보호구등을 착용하거나 사용하는 경우
2. 차량등의 절연되지 않은 부분이 접근 한계거리 이내로 접근하지 않도록 하는 경우
   사업주는 충전전로 인근에서 접지된 차량등이 충전전로와 접촉할 우려가 있을 경우에는 지상의 근로자가 접지점에 접촉하지 않도록 조치하여야 한다.

사업주는 다음 각 호의 작업에 사용하는 절연용 보호구, 절연용 방호구, 활선작업용 기구, 활선작업용 장치(이하 이 조에서 "절연용 보호구등"이라 한다)에 대하여 각각의 사용목적에 적합한 종별 · 재질 및 치수의 것을 사용해야 한다.

1. 밀폐공간에서의 전기작업
2. 이동 및 휴대장비 등을 사용하는 전기작업
3. 정전전로 또는 그 인근에서의 전기작업
4. 충전전로에서의 전기작업
5. 충전전로 인근에서의 차량 · 기계장치 등의 작업

답 1. 감시인 배치
2. 절연장갑 착용
3. 절연용 방호구(절연덮개/절연매트 등) 설치
4. 지상 근로자가 접지점에 접촉하지 않도록 조치

188 ☆☆☆☆☆☆

영상 속 안전대책 3가지와 가해물, 착용 중인 안전모 종류 2가지를 쓰시오.

영상 설명
진돌이가 항타기로 전주를 세우는 작업을 하고 있다. 전주가 움직여 근처 활선전로에 닿아 스파크가 발생한다. 주변에 감시인은 없으며 진돌이는 안전모 착용중이다.

📷 윗 해설 참조

📋 안전대책: 감시인 배치/절연용 방호구 설치/충전전로의 충전부로부터 이격거리 확보
가해물: 전주(=전봇대)
착용 중인 안전모 종류: AE/ABE종

189 ☆☆

영상 속 용접작업 시 위험요인 3가지 쓰시오.

영상 설명
용접용 보호구를 풀 세트로 다 착용한 진돌이가 용접하고 있다. 바닥에는 여러 전선과 공구들이 놓여 있고, 뒤에 인화성 물질이 담겨있는 드럼통이 보이며 불티가 계속 드럼통에 튄다. 주변에 화재감시자도 소화기도 없다.

📋 소화기 미배치/화재감시자 미배치/주변 인화성물질 존재

190 ☆☆☆☆☆☆☆☆☆

영상 속 위험요인 3가지 쓰시오.

영상 설명
진돌이가 용접하고 있고, 주변에 불티들이 막 튀고 있다. 주변은 여러 자재와 인화성 물질들이 바닥 곳곳에 놓여있다. 산소통은 아예 바닥에 눕혀져 있고, 주변에 소화기와 화재감시자도 없다. 또한 진돌이는 아무 용접용 보호구를 착용하지 않았고, 용접하면서 산소통 줄을 심하게 당기다가 호스가 뽑힌다. 정말 총체적 난국이다...

📋 소화기구 미배치/산소통 눕혀있음/불티 비산방지 미조치

191 ☆☆☆

영상 속 화약 장전 시 불안전한 행동을 1가지 적으시오.

영상 설명
진돌이가 장전구 안에 화약을 장전하려고 근처 땅에 있는 철근을 주워 그것으로 밀어 넣고 있다, 진돌이는 젖은 상태의 장갑을 착용 중이다.

圖 장전구(裝塡具)는 마찰 · 충격 · 정전기 등에 의한 폭발의 위험이 없는 안전한 것을 사용할 것

圍 철근으로 화약을 장전하고 있다.

192 ☆☆☆☆☆☆☆☆☆☆

영상 속 위험 원인 3가지 쓰시오.

영상 설명
진돌이와 진순이가 양수기(펌프) V벨트를 점검하려 한다. 둘 다 맨손이며 서로 담배를 피며 잡담하다가 모르고 가동 중인 V벨트에 손을 넣어 다친다. V벨트에는 덮개 미설치 되어 있다.

圍 전원 미차단/덮개 미설치/작업 미집중

193 ☆☆

영상 속 작업 시 불안전한 행동 2가지를 쓰시오.

영상 설명
진돌이가 둥근 톱을 이용해 물을 뿌리며 대리석을 자르고 있다. 반대쪽 둥근 톱이 고장이 나서 진돌이는 반대쪽 둥근 톱을 만져본다. 진돌이는 면장갑을 착용하고 있고, 둥근 톱들 전원은 미차단한 상태이며 날접촉예방장치가 미설치되어 있다.

圍 전원 미차단/톱날을 손으로 만짐

194
☆☆☆☆☆☆☆☆☆☆

영상 속 위험요인 4가지와 착용해야 할 보호구 2가지 쓰시오.

영상 설명
진돌이가 휴대용 연삭기 측면으로 연마작업 중이다. 진돌이는 보안경과 방진마스크 미착용 상태이며 연삭기에는 덮개가 없다.

📋 위험요인 : 덮개 미설치/보안경 미착용/연삭기 측면 사용/방진마스크 미착용
　　보호구 : 보안경/방진마스크

195
☆

영상 속 작업에서 작업자와 작업방법 측면서의 위험요인 각 2가지씩 쓰시오.

영상 설명
진돌이가 탁상용 드릴을 하는 도중 비트에 이물질이 생겼다. 진돌이는 전원을 미차단하고 장갑을 착용한 손으로 이물질을 제거하려다가 말려들어가서 손가락이 부러진다. 진돌이는 보안경 미착용 상태이다.

📋 작업자 : 장갑 착용/보안경 미착용
　　작업방법 : 이물질 제거 시 전원 미차단/이물질 제거 시 수공구 미이용

196
☆☆☆☆

영상 속 안전상 문제점과 개선책을 1가지씩 쓰시오.

영상 설명
모든 관련 보호구를 착용한 진돌이가 드릴을 이용하여 합판 위에 경첩을 부착하려는데 경첩이 자꾸 떨어져 나간다.

📋 문제점 : 바이스로 경첩 미고정　　개선책 : 바이스로 경첩 고정

197 ☆

영상 속 위험요인 2가지를 쓰시오.

영상 설명

진돌이가 임팩 드릴로 통나무를 한 손으로 움켜쥐며 구멍을 뚫고 있다. 통나무를 고정하지 않아 작업하는 내내 흔들린다. 작업장에는 톱밥 가루가 많이 날린다.

진돌이는 면장갑과 보안경은 착용했고, 방진마스크 미착용했다.

🔳 통나무 미고정/방진마스크 미착용

198 ☆☆☆☆

영상 속 위험요인 3가지 쓰시오.

영상 설명

진돌이는 롤러기 전원을 끄고 내부 수리를 한다. 수리를 다 하고 롤러기를 가동시켰고, 나가려는 순간 이물질이 롤러기 내부에 보여서 걸레로 이물질을 제거하려 한다. 그때 손이 롤러기에 말려 들어간다. 롤러기에는 덮개가 있으나 인터록 장치가 없다.

🔳 인터록 미설치/이물질 제거 전 전원 미차단/수공구 이용하여 이물질 제거 미실시

199 ☆

영상 속 불안전한 상태와 불안전한 행동 2가지 쓰시오.

영상 설명

진돌이는 돌아가고 있는 롤러기를 닦으려 한다. 진돌이는 맨손으로 걸레를 이용해 롤러기를 닦고 있다가 롤러기 안으로 손이 들어가 진돌이는 스스로 전원을 차단한다.

🔳 작업 전 전원 미차단/이물질 제거시 수공구 미이용

MEMO

산업안전산업기사 2022년

07

작업형 기출문제

잠깐! 더 효율적인 공부를 위한 링크들을 적극 이용하세요~!

직8딴 홈페이지

- 출시한 책 확인 및 구매

직8딴 카카오오픈톡방

- 실시간 저자의 질문 답변
(주7일 아침 11시~새벽 2시까지, 전화로도 함)
- 직8딴 구매자전용 복지와 혜택 획득
(최소 달에 40만원씩 기프티콘 지급)
- 구매자들과의 소통 및 EHS 관련 정보 습득

직8딴 네이버카페

- 실시간으로 최신화되는 정오표 확인
(정오표: 책 출시 이후 발견된 오타/오류를 모아놓은 표, 매우 중요)
- 공부에 도움되는 컬러버전 그림 및 사진 습득
- 직8딴 구매자전용 복지와 혜택 획득

직8딴 유튜브

- 저자 직접 강의 시청 가능
- 공부 팁 및 암기법 획득
- 국가기술자격증 관련 정보 획득

2022년 작업형 기출문제

기출 중복문제 소거 정리

1회 1부 기출문제

001

영상 속 재해발생형태와 기인물, 위험요인 3가지 쓰시오.

영상 설명
진돌이와 진순이가 이동식 사다리 2개 사이에 나무 판때기를 하나 걸치고 그 위에서 고소 작업을 하고 있다. 작업 도중 진순이가 떨어졌으며 둘 다 안전대 미착용, 안전모 미착용 상태이다.

🗒 재해발생형태 : 떨어짐
  기인물 : 나무 판때기
  위험요인 : 안전대 미착용/안전모 미착용/작업발판 불안전

002

영상 속 작업 중 안전수칙 4가지를 쓰시오.

영상 설명
진돌이가 셔틀버스를 정비하기 위해 차량용 리프트로 버스를 들어 올린 후, 버스 밑으로 들어가 샤프트를 점검한다. 이때 진순이가 버스에 올라 아무 말 없이 시동을 건다. 그 순간! 샤프트가 회전하여 진돌이의 손이 말려 들어간다. 주변에는 감시인이 없고, 진돌이는 장갑을 착용하였다.

🗒 감시인 배치/'정비중' 표지판 설치/관계자 외 출입 금지조치/시동장치에 잠금장치 설치

003

영상 속 작업 시 위험요인 3가지와 재해방지책 3가지를 쓰시오.

영상 설명
진돌이는 프레스로 철판에 구멍을 뚫다가 이물질을 발견한다. 없애려고 몸 기울이다가 페달을 밟아 프레스가 손이 찍힌다. 진돌이는 면장갑 착용했고, 보안경 미착용 상태이다. 프레스 페달에는 덮개가 없다.

📋 위험요인 : 작업 전 전원 미차단/페달에 U자형 덮개 미설치/이물질 제거 시 수공구 미이용
　재해방지책 : 작업 전 전원 차단/페달에 U자형 덮개 설치/이물질 제거 시 수공구 이용

004

화면 속 작업에서 착용해야 하는 호흡용 보호구 2가지를 쓰시오.

영상 설명
진돌이가 힘든 표정으로 폐수처리장 밖에 서 있다. 그리고 다시 진돌이는 슬러지를 치우기 위해 폐수 처리조 탱크 안에 들어가자마자 의식 잃고 쓰러진다. 별도 가스 누출은 없어 보이며 진돌이는 안전모 와 면장갑 착용상태이다.

📋 송기마스크/공기호흡기

005

영상 속 작업자의 추락사고 원인 3가지와 기인물, 가해물을 쓰시오.

영상 설명

진돌이와 진순이가 건물 베란다 밖 창틀에서 작업을 하고 있다. 진돌이가 진순이에게 드라이버를 건 네주다가 균형을 잃고 떨어진다. 둘 다 안전대를 미착용했고, 추락방호망 미설치상태이다. 알고보니 창틀에 돌 조각들이 널려있었다.

🈸 추락사고 원인 : 안전대 미착용/추락방호망 미설치/작업발판 미설치
　기인물 : 돌 조각
　가해물 : 바닥

006

영상 속 재해발생 원인 5가지와 설치해야 할 방호장치 3가지와 그 방호장치에 자율안전확인 표시 외의 표시사항 2가지를 쓰시오.

영상 설명
진돌이가 둥근 톱을 이용해 나무토막을 자르고 있던 중 진순이가 같이 담배 하나 피자며 말을 건다. 그 순간! 진돌이는 진순이를 바라보며 작업에 미집중하여 손가락이 잘린다. 진순이는 놀라며 119에 전화한다. 진돌이는 보안경과 방진마스크 미착용 상태, 면장갑 착용 중이며 둥근 톱에는 날접촉예방장치(= 덮개)와 반발예방장치(= 분할날) 미설치상태다.

🈸 재해발생 원인 : 작업 미집중/보안경 미착용/방진마스크 미착용/반발예방장치 미설치/톱날접촉예방장치
　　　미설치
　방호장치 : 반발예방장치(= 분할날)/톱날접촉예방장치(= 덮개)/비상정지장치
　자율안전확인 표시 외의 표시사항 : 덮개 종류/둥근 톱 사용가능 치수

007

영상 속 위험요인 4가지 쓰시오.

영상 설명
진돌이와 진순이가 성수대교에서 교량 하부를 점검하고 있다. 작업발판은 없으며 난간에 로프만 설치되었고, 추락방호망도 없다. 진돌이와 진순이는 안전대와 안전모 미착용 상태이다.

📋 안전대 미착용/안전모 미착용/작업발판 미설치/추락방호망 미설치

008

차량계 하역운반기계 운전자가 운전위치를 이탈하고자 할 때 운전자의 준수사항 2개 쓰시오.

📋 포크 등을 지면에 내려둘 것/갑작스러운 이동 방지하기 위한 조치할 것

009

안전검사 대상기계등의 안전검사 주기에 대한 내용이다. 빈칸을 채우시오.

크레인(이동식 크레인은 제외한다), 리프트(이삿짐운반용 리프트는 제외한다) 및 곤돌라 : 사업장에 설치가 끝난 날부터 (A) 이내에 최초 안전검사를 실시하되, 그 이후부터 (B)마다 (건설현장에서 사용하는 것은 최초로 설치한 날부터 (C)마다)

📋 A : 3년 B : 2년 C : 6개월

1회 2부 기출문제

001

철골작업 중지해야 하는 기상조건 3가지 쓰시오.

🔢 1. 풍속 10m/s 이상   2. 강우량 1mm/h 이상   3. 강설량 1cm/h 이상

002

천장크레인의 방호장치 4가지 쓰시오.

🔢 제동장치/권과방지장치/비상정지장치/과부하방지장치

003

영상 속 위험점과 그 정의, 필요 방호장치명을 적으시오.

영상 설명
진돌이가 프레스 금형 해체작업을 하다가 손이 눌린다. 진돌이는 아파한다.

🔢 위험점 : 협착점
　정의 : 왕복운동하는 동작부분과 고정부분 사이에 형성되는 위험점
　방호장치명 : 안전블록

004

산업안전보건법령상 고소작업대 이동 시 준수사항 3가지만 쓰시오.

📋 작업대 가장 낮게 내릴 것/작업자 태우고 이동하지 말 것/이동통로 요철상태 등 확인할 것

005

컨베이어 등을 사용하여 작업할 때 작업시작 전 점검사항 3개 쓰시오.

📋 덮개 이상 유무/풀리 기능 이상 유무/이탈방지장치 기능 이상 유무

006

휴대장비 등을 사용하는 작업에서 감전사고 예방을 위한 안전대책 3가지 쓰시오.

영상 설명
진돌이가 작업물에 물을 뿌려 열을 식히며 대리석 연마작업을 하고 있는 도중 갑자기 푸른색 스파크가 작업자 손 주변에서 발생한다. 진돌이는 절연장갑을 착용했고, 바닥에는 물이 흥건하며 물웅덩이에 전선들이 놓여있다.

📋 1. 도전성 공구가 노출 충전부에 닿지 않게 할 것
　　2. 젖은 손으로 전기기계 플러그를 제거하지 말 것
　　3. 전기회로 개방하는 경우 전기 차단용으로 특별히 설계된 스위치 사용하도록 할 것

007

영상 속 재해발생 형태와 기인물을 쓰시오.

> ### 영상 설명
>
> 진순이가 주방에 있는 환풍기를 교체하려 한다. 좀 높은 싱크대 위로 올라가 환풍기의 볼트들을 풀려고 드라이버를 넣은 순간 팍! 소리가 나며 진순이는 싱크대에서 떨어지고 바로 뒤에 벽에 부딪힌다. 다행히 진순이는 다시 일어서지만 어딘가 골절이 생긴 듯 하다.

📋 재해발생형태 : 떨어짐   기인물 : 환풍기

008

영상 속 현장에서 사업주가 설치해야 하는 것 3가지와 위험요인 3가지를 쓰시오.

> ### 영상 설명
>
> 공사 중인 승강기 피트 안에서 진돌이가 벽에 붙은 타이핀을 떼어내기 위해 작업발판을 설치한다. 설치를 다 하고 타이핀을 장도리로 떼고 있는데 얼굴에 콘크리트 부스러기와 타이핀이 튄다. 진돌이는 안전모와 안전화를 착용하였고, 안전대는 미착용했으며 방호장치는 아무것도 없다.

📋 설치해야 하는 것 : 안전난간/추락방호망/수직형 추락방망
   위험요인 : 안전난간 미설치/추락방호망 미설치/안전대 미착용

009

영상 속 작업에서 안전작업수칙 2가지 쓰시오.

> ### 영상 설명
>
> 진돌이가 작업발판 미설치된 곳에서 강관 비계에 발을 올리고 플라이어와 케이블 타이로 그물을 묶고 있다. 그 순간! 균형을 잃고 진돌이가 떨어진다. 진돌이는 안전모를 착용했지만, 안전대를 미착용했다.

📋 안전대 착용/작업발판 설치

1회 3부 기출문제

001

영상 속 위험 원인 3가지 쓰시오.

영상 설명
진돌이와 진순이가 양수기(펌프) V벨트를 점검하려 한다. 둘 다 맨손이며 서로 담배를 피며 잡담하다가 모르고 가동 중인 V벨트에 손을 넣어 다친다. V벨트에는 덮개 미설치 되어 있다.

🔁 전원 미차단/덮개 미설치/작업 미집중

002

영상 속 위험점과 그 정의를 적으시오.

영상 설명
진돌이가 장갑을 끼고 전단기에서 작업을 하다가 부주의로 인해 손목이 잘린다.

🔁 위험점 : 협착점   정의 : 왕복운동하는 동작부분과 고정부분 사이에 형성되는 위험점

003

영상 속 재해발생 형태와 법적 위반사항 1가지를 쓰시오.

영상 설명
크레인 이용 작업을 하던 도중 3층에 있는 진돌이가 1층에 있는 진순이 보고 크레인 타고 올라오라 한다. 진순이는 안전대를 크레인 훅과 연결해 올라간다. 그 순간! 진순이는 떨어진다. 진돌이는 모른 척 한다.

🔁 재해발생형태 : 떨어짐
법적 위반사항 : 크레인 사용하여 근로자를 달아 올린 상태에서 작업에 종사시킴

004

영상 속 안전상 문제점과 개선책을 1가지씩 쓰시오.

> **영상 설명**
>
> 모든 관련 보호구를 착용한 진돌이가 드릴을 이용하여 합판 위에 경첩을 부착하려는데 경첩이 자꾸 떨어져 나간다.

📋 문제점 : 바이스로 경첩 미고정   개선책 : 바이스로 경첩 고정

005

산업안전보건법령상 내부 이상상태를 조기에 파악하기 위하여 특수화학설비에 설치해야 하는 계측장치 3가지를 쓰시오.

📋 온도계/유량계/압력계

006

영상 속 작업 시 신체 부위(눈/손/피부)를 보호할 수 있는 보호구와 위험요인 2가지 쓰시오.

> **영상 설명**
>
> 담배를 피며 진돌이가 변압기에 연결된 선을 유기화합물이 담겨진 통에 넣다 뺐다 하고 있다. 그 후, 변압기를 건조시키기 위해 건조기에다 넣었다. 냄새가 많이 나는 지 진돌이는 얼굴을 계속 찡그리고 있다. 진돌이는 안전화만 신었고, 그 외 보호구를 착용하지 않았다.

📋 눈 : 보안경   손 : 불침투성 보호장갑   피부 : 불침투성 보호복
  위험요인 : 작업 중 흡연/방독마스크 미착용

007

조명은 근로자들의 작업환경의 측면에서 중요한 안전요소이다. 산업안전보건기준에 관한 규칙에서 규정하는 다음의 작업장소의 조도기준을 쓰시오.

> 1. 초정밀 작업: (　A　)lux 이상   2. 정밀 작업: (　B　)lux 이상
> 3. 보통 작업: (　C　)lux 이상   4. 그 밖의 작업: (　D　)lux 이상

🖺 A: 750　B: 300　C: 150　D: 75

008

항타기 조립하거나 해체하는 경우 사업주가 점검해야 할 점검사항 4가지 쓰시오.

🖺 1. 본체 강도 적합 여부
  2. 본체 연결부 손상 유무
  3. 본체에 심한 손상 여부
  4. 리더 버팀방법 이상 유무

009

영상 속 위험요인 3가지 쓰시오.

> **영상 설명**
>
> 진돌이는 롤러기 전원을 끄고 내부 수리를 한다. 수리를 다 하고 롤러기를 가동시켰고, 나가려는 순간 이물질이 롤러기 내부에 보여서 걸레로 이물질을 제거하려 한다. 그때 손이 롤러기에 말려 들어간다. 롤러기에는 덮개가 있으나 인터록 장치가 없다.

🖺 인터록 미설치/이물질 제거 전 전원 미차단/수공구 이용하여 이물질 제거 미실시

2회 1부 기출문제

001

다음 영상에서 위험요인을 2가지 쓰시오.

영상 설명
진돌이가 배전반 점검을 하고 있다. 진순이는 점검하고 있는 진돌이를 보지 못하고 배전반 문이 열려 있어 문을 닫는다. 그 순간! 진돌이는 배전반 문틈에 손이 낀다. 진돌이는 맨손이며 '점검 중' 표지판이 미설치 되어 있다.

🔳 절연장갑 미착용/'점검 중' 표지판 미설치

002

영상 속 필요한 방호조치사항 3개와 작업방법의 문제점 2가지와 사고 시 즉시 조치사항 1가지 쓰시오.

영상 설명
진돌이가 경사진 컨베이어 벨트 위에서 포대를 올리고 있다. 진돌이가 너무 열중한 나머지 포대를 빠른 속도로 올리다가 포대가 발을 건드려 진돌이가 넘어지면 풀리 밑으로 팔이 들어간다. 같이 일을 하던 진순이는 놀라 비상정지장치를 누를 생각도 안하고 있다. 주변에는 건널다리나 작업발판이 없으며 컨베이어에는 덮개와 비상정지장치가 없다.

🔳 방호조치사항 : 덮개 설치/건널다리 설치/비상정지장치 설치
작업방법 문제점 : 작업발판 미사용/비상정지장치 미설치
사고 시 즉시 조치사항 : 기계 작동 중지

003

영상 속 기계의 운동 형태에서 발생할 수 있는 위험점 명칭과 정의, 그리고 위험요인 3가지를 쓰시오.

영상 설명
진돌이가 면장갑을 착용하고 선반 작업을 하던 중, 회전축에 샌드페이퍼를 손으로 감아 가공물을 만들고 있다. 그 순간! 장갑이 말려들어 간다. 진돌이는 보안경 미착용 상태다.

📝 위험점 : 회전말림점
    정의 : 회전하는 물체의 길이 등이 불규칙한 부위와 돌기 회전부 위에 옷, 장갑 등이 말려드는 위험점
    위험요인 : 장갑 착용/보안경 미착용/손으로 샌드페이퍼 감음

004

영상 속 위험요인 5가지와 재해발생 형태를 쓰시오.

영상 설명
진돌이가 고열 배관 플랜지를 점검하려고 한다. 진돌이는 일자형 사다리에 올라가 볼트를 조이는 도중 중심을 잃어 떨어진다. 진돌이는 어떠한 보호구도 착용하지 않았으며 주변에는 아무도 없다.

📝 위험요인 : 보안경 미착용/안전대 미착용/방열장갑 미착용/2인1조 작업 미실시/작업 전 배관 내 내용물
           미제거
    재해발생 형태: 떨어짐

005

용접·용단 작업 등의 화재위험작업을 할 때 작업시작 전 사업주가 관리감독자로 하여금 점검하도록 해야 할 점검사항 2가지 쓰시오.

📝 작업절차 수립 여부/피난교육 등 비상조치 여부

006

영상 속 기계 운동 형태에서 발생할 수 있는 위험점 및 정의, 재해발생 원인 3가지 그리고, 기인물과 가해물을 쓰시오.

영상 설명
진돌이가 김치공장에서 슬라이스 기계에 배추를 넣어 써는 작업을 하고 있다. 기계가 멈추자 전원을 차단하지 않고, 슬라이스 기계를 점검하던 중 갑자기 기계가 작동하여 진돌이는 칼날에 손이 잘린다. 방호장치 미설치 상태이다.

📋 위험점: 절단점
　정의: 회전하는 운동부 자체 위험에서 형성되는 위험점
　재해발생원인: 전원 미차단/수공구 미사용/방호장치 미설치
　기인물: 슬라이스 기계
　가해물: 칼날

007

건설용 리프트 방호장치를 4가지만 쓰시오.

📋 제동장치/권과방지장치/비상정지장치/과부하방지장치

008

영상 속 작업 시 위험요인 3가지와 재해방지책 3가지를 쓰시오.

영상 설명
진돌이는 프레스로 철판에 구멍을 뚫다가 이물질을 발견한다. 없애려고 몸 기울이다가 페달을 밟아 프레스가 손이 찍힌다. 진돌이는 면장갑 착용했고, 보안경 미착용 상태이다. 프레스 페달에는 덮개가 없다.

📋 위험요인: 작업 전 전원 미차단/페달에 U자형 덮개 미설치/이물질 제거 시 수공구 미이용
　재해방지책: 작업 전 전원 차단/페달에 U자형 덮개 설치/이물질 제거 시 수공구 이용

009

영상 속 작업의 안전대책 3가지를 쓰시오.

영상 설명
박공지붕 위에서 진돌이와 진순이가 안전모와 안전화를 착용한 상태로 작업을 하다 휴식 중이다. 그 순간! 위에 지붕 설치물이 굴러 진돌이의 등을 쳐 진돌이가 굴러떨어진다. 박공지붕에는 안전난간 및 추락방호망, 낙하물 방지망이 미설치 상태이다. 또한 진돌이와 진순이는 안전대 미착용 상태이다.

🔡 안전대 착용할 것/안전난간 설치할 것/중량물 구르는 방향 아래로는 근로자 출입 제한할 것

2회 2부 기출문제

001

영상 속 동종 재해방지대책 3가지 적으시오.

영상 설명
진돌이가 터널 안 시설물들을 점검하려고 한다. 진돌이가 전선을 만지는 순간 감전된다. 진돌이는 안전모 미착용, 절연장갑 미착용, 안전화 미착용 상태이며 전선의 피복은 심하게 벗겨져 있었다.

🔡 절연장갑 착용/점검 전 전원 차단/손상된 절연피복 사용금지

002

영상 속 작업 중 안전수칙 4가지를 쓰시오.

영상 설명
진돌이가 셔틀버스를 정비하기 위해 차량용 리프트로 버스를 들어 올린 후, 버스 밑으로 들어가 샤프 트를 점검한다. 이때 진순이가 버스에 올라 아무 말 없이 시동을 건다. 그 순간! 샤프트가 회전하여 진돌이의 손이 말려 들어간다. 주변에는 감시인이 없고, 진돌이는 장갑을 착용하였다.

🔡 감시인 배치/'정비 중' 표지판 설치/관계자 외 출입 금지조치/시동장치에 잠금장치 설치

003

영상 속 필요한 방호조치사항 3개와 작업방법의 문제점 2가지 쓰시오.

영상 설명
진돌이가 경사진 컨베이어 벨트 위에서 포대를 올리고 있다. 진돌이가 너무 열중한 나머지 포대를 빠른 속도로 올리다가 포대가 발을 건드려 진돌이가 넘어지면 풀리 밑으로 팔이 들어간다. 같이 일을 하던 진순이는 놀라 비상정지장치를 누를 생각도 안하고 있다. 주변에는 건널다리나 작업발판이 없으며 컨베이어에는 덮개와 비상정지장치가 없다.

🔳 방호조치사항 : 덮개 설치/건널다리 설치/비상정지장치 설치
　　작업방법 문제점 : 작업발판 미사용/비상정지장치 미설치

004

영상 속 작업의 재해방지책 3가지와 발화원 형태와 폭발 종류와 그 정의를 쓰시오.(단, 발화원에 대한 대책은 쓰지 않는다.)

영상 설명
진돌이가 화기주의, 인화성 물질이라 써 있는 드럼통이 보관된 창고에서 인화성 물질이 든 캔을 운반하고 있다. 진돌이가 캔에 있는 내용물을 드럼통에 넣고 있는 중간 너무 더워서 옷을 벗었다. 그 순간! 폭발이 발생했다.

🔳 재해방지책 : 환기장치 설치/가스 검지장치 설치/환기 미충분 시 전기기계 작동시키지 말 것
　　발화원 형태 : 정전기
　　폭발 종류 : 증기운 폭발
　　정의 : 가연성 가스가 유출돼 발생한 증기가 공기와 혼합해 점화원 있으면 폭발하는 현상

005

영상 속 재해발생 형태 종류와 재해발생 원인을 2가지 쓰시오.

영상 설명
회전체에 코일 감는 전동권선기가 갑자기 멈춰서 진돌이가 작동 중인 기계를 열어 맨손으로 만지는 순간 눈이 뒤집히고, 몸을 파르르 떤다.

🖹 재해발생 형태 : 감전   재해발생 원인 : 전원 미차단/절연장갑 미착용

006

영상 속 작업에서 기인물과 가해물, 동종 재해방지책 3가지를 쓰시오.

영상 설명
진돌이가 사출성형기를 이용해 작업을 하는 도중 금형에 이물질이 생겨서 그것을 빼려다가 실수로 버튼을 눌러 손이 눌린다. 사출성형기에는 방호장치 자체가 없다.

🖹 기인물 : 사출성형기
　가해물 : 금형
　동종 재해방지책 : 방호장치 설치/전원 차단 후 작업/이물질 제거 시 수공구 이용

007

천장크레인의 방호장치 4가지 쓰시오.

🖹 제동장치/권과방지장치/비상정지장치/과부하방지장치

008

영상 속 작업의 안전대책 3가지를 쓰시오.

영상 설명
박공지붕 위에서 진돌이와 진순이가 안전모와 안전화를 착용한 상태로 작업을 하다 휴식 중이다. 그 순간! 위에 지붕 설치물이 굴러 진돌이의 등을 쳐 진돌이가 굴러떨어진다. 박공지붕에는 안전난간 및 추락방호망, 낙하물 방지망이 미설치 상태이다. 또한 진돌이와 진순이는 안전대 미착용 상태이다.

🔳 안전대 착용할 것/안전난간 설치할 것/중량물 구르는 방향 아래로는 근로자 출입 제한할 것

009

영상 속 위험 원인 3가지 쓰시오.

영상 설명
진돌이와 진순이가 양수기(펌프) V벨트를 점검하려 한다. 둘 다 맨손이며 서로 담배를 피며 잡담하다가 모르고 가동 중인 V벨트에 손을 넣어 다친다. V벨트에는 덮개 미설치 되어 있다.

🔳 전원 미차단/덮개 미설치/작업 미집중

2회 3부 기출문제

001

영상 속 위험요인 4가지 쓰시오.

영상 설명
진돌이가 안전모와 절연장갑, 안전대를 착용하고 전봇대에 올라간 후 안전대 체결한 상태로 작업을 하고 있다. 작업발판으로는 전봇대에 있는 볼트이며 바로 옆에는 고소작업차가 붐대를 올리고 있다. 고소작업차 운반구에 있는 진순이는 안전모 미착용, 안전대 미착용 상태이다. 또한, 고소작업차 밑에는 일반사람들이 지나다니고 있다.

🔟 안전모 미착용/안전대 미착용/작업발판 불안전/작업구역 미설정

002

영상 속 가해물과 재해원인 1가지 쓰시오.

영상 설명
진돌이는 간단한 작업이라 생각해서 작업장소 전등을 점등하지 않고, 롤러 체인을 점검하다가 손이 끼인다. 롤러 체인은 계속 돌아가고 있다.

🔟 가해물 : 롤러 체인   재해원인 : 작업 전 전원 미차단

003

동영상 작업 시, 작업자를 보호할 수 있는 신체 부위별(상체/하체/손/머리) 보호복 4가지와 재해 발생형태, 불안전한 행동 4가지를 쓰시오.

영상 설명
진돌이가 아연 용융도금 작업장에서 뜨거운 아연 표면에 굳은 찌꺼기를 슬래그 제거용 전용도구로 긁어내다가 몸에 튀긴다. 진돌이는 안전모. 면장갑 착용 중이다.

🔖 보호복 – 상체: 방열상의   하체: 방열하의   손: 방열장갑   머리: 방열두건
　 재해발생형태: 이상온도 접촉
　 불안전한 행동: 방열상의 미착용/방열하의 미착용/방열장갑 미착용/방열두건 미착용

004

산업용 로봇의 작동범위 내에서 해당 로봇에 대해 교시 등의 작업을 할 경우에는 해당 로봇의 예기치 못한 작동 또는 오조작에 의한 위험을 방지하기 위하여 관련지침을 정하여 그 지침에 따라 작업을 하도록 하여야 하는데, 관련 지침에 포함되어야 할 사항 4개 쓰시오.

🔖 로봇 조작방법/이상 발견 시 조치/작업 중 매니퓰레이터 속도/2명 이상 작업 시 신호방법

005

프레스 등을 사용하여 작업할 때 작업시작 전 점검사항 3개 쓰시오.

🔖 클러치 기능/방호장치 기능/비상정지장치 기능

006

다음 영상 속 위험점과 그 정의, 재해원인 1가지 쓰시오.

영상 설명
진돌이가 롤러기 점검을 하려 한다. 먼저 전원을 끄고, 작업이 다 끝나자 다시 전원을 켰다. 그 순간! 진돌이는 롤러기 사이에 먼지가 있어 맨손으로 털어내려다 손이 물려들어간다.

🔲 위험점 : 물림점
   정의 : 서로 반대방향으로 회전하는 두 개의 회전체가 맞닿아서 생기는 위험점
   재해원인 : 먼지 털 때 수공구 미사용

007

영상 속 위험점과 재해원인 2가지와 재해방지책 2가지를 적으시오.

영상 설명
진돌이가 전원을 끄고 컨베이어 벨트를 점검하고 있다. 그 순간! 진순이가 상황을 모르고 전원을 켰고, 진돌이의 손은 벨트 사이에 끼게 된다. 컨베이어는 덮개가 미설치상태이다.

🔲 위험점 : 끼임점
   재해원인 : 덮개 미설치/전원장치에 "점검 중" 표지판 미부착
   재해방지책 : 덮개 설치/전원장치에 "점검 중" 표지판 부착

008

건설용 리프트의 장치들이다. 각 장치 이름을 쓰시오.

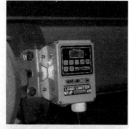
1.

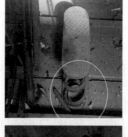
3.

4.

📋 1. 과부하방지장치   2. 완충 스프링   3. 비상정지장치
    4. 출입문 연동장치   5. 방호울 출입문 연동장치   6. 3상 전원차단장치

009

영상 속 위험요인 4가지 쓰시오.

영상 설명
진돌이가 휴대용 연삭기 측면으로 연마작업 중이다. 진돌이는 보안경과 방진마스크 미착용 상태이며 연삭기에는 덮개가 없다.

📋 덮개 미설치/보안경 미착용/연삭기 측면 사용/방진마스크 미착용

3회 1부 기출문제

001

다음 설명에 맞는 온열질환 이름을 쓰시오.

> (A): 땀을 많이 흘려 수분과 염분손실이 많을 때 발생한다. 갑자기 의식상실에 빠지는 경우가 많
> 지만, 전구증상으로서 현기증, 악의, 두통, 경련 등을 일으키며 땀이 나지 않아 뜨거운 마른
> 피부가 되어 체온이 41℃ 이상 상승하기도 한다.
> (B): 고열에 순화되지 않은 작업자가 장시간 고열환경에서 정적인 작업을 할 경우 발생하며 대
> 량의 발한으로 혈액이 농축되어 심장에 부담이 증가하거나 혈류분포의 이상이 일어나기
> 때문에 발생한다.
> (C): 땀을 많이 흘려 수분과 염분손실이 많을 때 발생하며 두통, 구역감, 현기증, 무기력증, 갈증
> 등의 증상이 나타난다. 심한 고열환경에서 중등도 이상의 작업으로 발한량이 증가할 때 주
> 로 발생한다. 고온에 순화되지 않은 근로자가 고열환경에서 작업을 하면서 염분을 보충하
> 지 않은 경우에도발생한다.

🔁 A: 열사병   B: 열피로   C: 열탈진

002

관리대상 유해물질을 취급하는 작업장의 보기 쉬운 장소의 게시사항 3개 쓰시오.

🔁 인체 영향/착용 보호구/응급조치 요령

003

영상 속 위험점과 재해원인 2가지와 재해방지책 2가지를 적으시오.

영상 설명
진돌이가 전원을 끄고 컨베이어 벨트를 점검하고 있다. 그 순간! 진순이가 상황을 모르고 전원을 켰고, 진돌이의 손은 벨트 사이에 끼게 된다. 컨베이어는 덮개가 미설치상태이다.

📋 위험점 : 끼임점
  재해원인 : 덮개 미설치/전원장치에 "점검 중" 표지판 미부착
  재해방지책 : 덮개 설치/전원장치에 "점검 중" 표지판 부착

004

건설용 리프트를 이용하는 작업에서 사업자가 근로자에게 하는 특별안전보건 교육내용 3개 쓰시오.

📋 신호방법/기계점검/기계 동작원리

005

근로자가 밀폐공간에서 작업을 하기 전에 안전한 상태에서 작업하도록 사업주가 확인해야 할 사항 3가지 쓰시오.

📋 비상연락체계/산소 농도 측정결과/근로자 등 작업자 정보

006

위험물을 액체상태로 저장하는 저장탱크를 설치하는 경우에는 위험물질이 누출되어 확산되는 것을 방지하기 위하여 설치하는 것의 명칭을 쓰시오.

📋 방유제

007

전로 차단 순서를 바르게 나열하시오.

> A. 전원을 차단한 후 각 단로기 등을 개방하고 확인할 것
> B. 차단장치나 단로기 등에 잠금장치 및 꼬리표를 부착할 것
> C. 검전기를 이용하여 작업 대상 기기가 충전되었는지를 확인할 것
> D. 전기기기등에 공급되는 모든 전원을 관련 도면, 배선도 등으로 확인할 것
> E. 개로된 전로에서 유도전압 또는 전기에너지가 축적되어 근로자에게 전기위험을 끼칠 수 있는 전기기기등은 접촉하기 전에 잔류전하를 완전히 방전시킬 것
> F. 전기기기등이 다른 노출 충전부와의 접촉, 유도 또는 예비동력원의 역송전 등으로 전압이 발생할 우려 있는 경우는 충분한 용량을 가진 단락 접지기구를 이용해 접지할 것

📋 D→A→B→E→C→F

008

영상 속 재해발생 형태 종류와 불안전한 행동 2가지 쓰시오.

영상 설명
진돌이가 맨손으로 가동되는 사출성형기를 수리하다 감전된다. 주변에는 아무도 없었다.

📋 재해발생 형태 : 감전 불안전한 행동 : 절연장갑 미착용/작업 전 전원 미차단

009

영상 속 작업자의 불안전한 행동 2가지를 쓰시오.

영상 설명
진돌이가 혼자서 책상 위에 균형 안 맞는 의자를 올린 후, 올라서서 전구를 교체하다가 떨어진다. 진돌이는 안전모 미착용 상태이다.

📋 안전모 미착용/불안전한 작업발판 사용

3회 2부 기출문제

001

다음 영상 속 재해발생형태와 감전을 막기 위한 안전대책 3가지 쓰시오.

영상 설명
옥상 변전실 근처에서 작업하던 진돌이와 진순이가 쉬는 시간이라 가지고 온 공으로 축구를 하려 한다. 축구를 하던 중 공이 울타리 쳐져있는 변전실 안으로 들어가 버렸고, 진돌이는 그 공을 꺼내려 한다. 변전실 문은 열려있어 쉽게 들어갔고, 공을 주우려다 변전기를 손으로 만져 감전사한다. 출입구에는 '출입금지'라는 표시가 없었고, 울타리에 '고압전기'라는 표시만 있었다.

▣ 재해발생형태 : 감전

감전을 막기 위한 안전대책
1. 폐쇄형 외함구조로 할 것
2. 충분한 절연효과 있는 방호망 설치
3. 관계 근로자가 아닌 사람의 출입이 금지되는 장소에 충전부를 설치할 것

002

타워크레인 작업종료 후 안전조치사항 관련 내용이다. 맞으면 ○ 틀리면 ×로 답하시오.

1. 운전자는 매달은 하물을 지상에 내리고 훅(Hook)을 가능한 한 높이 올린다.
2. 바람이 심하게 불면 지브가 흔들려 훅 등이 건물 또는 족장 등에 부딪힐 우려가 있으므로 지브의 최소작업반경이 유지되도록 트롤리를 가능한 한 운전석과 먼 위치로 이동시킨다.
3. 타워크레인의 고소 위치에는 풍압의 영향으로 구조부에 직접적으로 부가응력을 발생시킬 수 있으므로 타워크레인 제조자가 허용하지 않는 광고판 등을 부착하여서는 아니된다.
4. 타워크레인의 운전정지 시에는 선회치차(Slewing gear)의 회전을 자유롭게 한다. 따라서 운전자가 운전석을 떠날 때는 항상 선회기어 브레이크를 잠궈 놓아 자유롭게 선회될 수 없도록 한다.
5. 선회기어 브레이크는 단지 콘트롤 레버가 "2"점의 위치에 있을 때만 작동되므로 운전을 마칠 때는 모든 제어장치를 "2"점 또는 중립에 위치시키며 모든 동력 스위치를 끄고 키를 잠근 후 운전석을 떠나도록 한다.

▣ 1. ○ 2. × 3. ○ 4. × 5. ×

003

관리대상 유해물질을 취급하는 작업장의 보기 쉬운 장소의 게시사항 3개 쓰시오.

🖹 인체 영향/착용 보호구/응급조치 요령

004

다음 물체의 방호장치명 1가지씩 쓰시오.

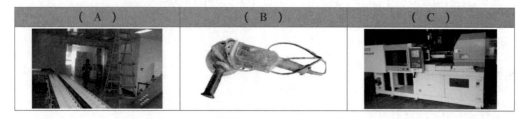

(A)	(B)	(C)

🖹 A : 건널다리   B : 덮개   C : 양수조작식 방호장치

005

다음 영상에서 위험요인을 2가지 쓰시오.

영상 설명
진돌이와 진순이가 밀폐공간에 들어가 작업을 하려 한다. 둘 다 들어가기 전에 산소농도를 측정하지 않고. 호흡용 보호구도 착용하지 않았다. 결국 진돌이와 진순이는 밀폐공간 안에서 질식사하게 된다.

🖹 송기마스크 미착용/작업 전 산소농도 미측정

006

영상 속 재해발생 형태 종류와 불안전한 행동 1가지와 기인물과 착용 보호구 2가지 쓰시오.

영상 설명
진돌이가 맨손으로 가동되는 교류아크용접기를 만지다가 감전된다. 그 상황을 본 진순이는 절연장갑을 끼고 전원 차단하고 진돌이를 구한다. 진돌이는 살았다.

🖹 재해발생 형태 : 감전
　불안전한 행동 : 절연장갑 미착용
　기인물 : 교류아크용접기
　착용 보호구 : 절연장갑/용접용 보안면

007

이동식 크레인 사용하는 작업할 때 작업시작 전 점검사항 3개 쓰시오.

🖹 권과방지장치 기능/클러치 기능/와이어로프 통하는 곳 상태

008

화학설비와 그 부속설비의 개조·수리 및 청소 등을 위하여 해당 설비를 분해하거나 해당 설비의 내부에서 작업을 하는 경우에 사업주의 준수사항 3가지 쓰시오.

🖹 1. 작업책임자 정하여 작업 지휘할 것
　2. 작업장의 인화성 가스 농도 수시로 측정할 것
　3. 작업장소에 고온 수증기 새어나오지 않도록 할 것

009

근골격계질환 예방관리 프로그램 시행에 관련된 내용이다. 빈칸을 채우시오.

사업주는 다음 각 호의 어느 하나에 해당하는 경우에 근골격계질환 예방관리 프로그램을 수립하여 시행하여야 한다.

1. 근골격계질환으로 산업재해보상보험법 시행령에 따라 업무상 질병으로 인정받은 근로자가 연간 (A) 이상 발생한 사업장 또는 (B) 이상 발생한 사업장으로서 발생 비율이 그 사업장 근로자 수의 (C) 이상인 경우

2. 근골격계질환 예방과 관련하여 노사 간 이견(異見)이 지속되는 사업장으로서 고용노동부장관이 필요하다고 인정하여 근골격계질환 예방관리 프로그램을 수립하여 시행할 것을 명령한 경우

📋 A: 10명   B: 5명   C: 10%

08

작업형 기출문제

잠깐! 더 효율적인 공부를 위한 링크들을 적극 이용하세요~!

직8딴 홈페이지

- 출시한 책 확인 및 구매

직8딴 카카오오픈톡방

- 실시간 저자의 질문 답변
(주7일 아침 11시~새벽 2시까지, 전화로도 함)
- 직8딴 구매자전용 복지와 혜택 획득
(최소 달에 40만원씩 기프티콘 지급)
- 구매자들과의 소통 및 EHS 관련 정보 습득

직8딴 네이버카페

- 실시간으로 최신화되는 정오표 확인
(정오표: 책 출시 이후 발견된 오타/오류를 모아놓은 표, 매우 중요)
- 공부에 도움되는 컬러버전 그림 및 사진 습득
- 직8딴 구매자전용 복지와 혜택 획득

직8딴 유튜브

- 저자 직접 강의 시청 가능
- 공부 팁 및 암기법 획득
- 국가기술자격증 관련 정보 획득

1회 1부 기출문제

001

크레인으로 하물 인양 시 준수사항 3가지 쓰시오.

📖 1. 인양할 하물을 바닥에서 밀어내는 작업하지 말 것
2. 인양할 하물이 보이지 않는 경우 어떠한 동작도 하지 말 것
3. 미리 근로자 출입 통제해 인양 중인 하물이 작업자 머리 위로 통과하지 않도록 할 것

002

이동식 사다리 설치 시 준수사항 3가지를 쓰시오.

📖 1. 길이 6m 초과하지 말 것
2. 다리 벌림은 벽 높이의 1/4정도로 할 것
3. 벽면 상부로부터 최소 60cm 이상 연장길이 있을 것

003

폭발성물질 저장소에 들어가는 작업자가 신발에 물을 묻히는 이유와 화재 시 적합한 소화방법을 쓰시오.

📖 - 신발에 물을 묻히는 이유 : 작업화 표면의 대전성이 저하되므로 정전기에 의한 화재 폭발을 방지할 수 있다.
 - 화재 시 적합한 소화방법 : 다량 주수에 의한 냉각소화

004

영상 속 작업의 재해방지책 3가지와 발화원 형태와 폭발 종류와 그 정의를 쓰시오.(단, 발화원에 대한 대책은 쓰지 않는다.)

영상 설명

진돌이가 화기주의, 인화성 물질이라 써 있는 드럼통이 보관된 창고에서 인화성 물질이 든 캔을 운반하고 있다. 진돌이가 캔에 있는 내용물을 드럼통에 넣고 있는 중간 너무 더워서 옷을 벗었다. 그 순간! 폭발이 발생했다.

📋 재해방지책: 환기장치 설치/가스 검지장치 설치/환기 미충분 시 전기기계 작동시키지 말 것
　　발화원 형태: 정전기
　　폭발 종류: 증기운 폭발
　　정의: 가연성 가스가 유출돼 발생한 증기가 공기와 혼합해 점화원 있으면 폭발하는 현상

005

영상 속 사고 예방대책 2가지를 쓰시오.

영상 설명

진돌이가 원심기 입구를 열며 점검하고 있는데 지나가던 진순이가 전원을 켜 진돌이가 원심기 안으로 빨려 들어간다. 진돌이는 안전모만 착용하고 있으며 원심기 전원장치에는 '점검중'이라는 표지판도 없다.

📋 인터록 장치 설치/'점검중' 표지판 부착

006

영상 속 재해발생 형태 종류와 불안전한 행동 2가지 쓰시오.

영상 설명

진돌이가 맨손으로 가동되는 사출성형기를 수리하다 감전된다. 주변에는 아무도 없었다.

📋 재해발생 형태: 감전　　불안전한 행동: 절연장갑 미착용/작업 전 전원 미차단

007

금속절단기 날접촉예방장치의 설치조건 3가지 쓰시오.

🔑 1. 작업부분 제외한 톱날 전체를 덮을 수 있을 것
　2. 가공물 비산 방지할 수 있는 충분한 강도 가질 것
　3. 둥근 톱날 경우 회전날 밑 등을 통한 신체 일부 접근을 차단할 수 있을 것

008

영상 속 작업자의 추락사고 원인 3가지와 기인물, 가해물을 쓰시오.

영상 설명

진돌이와 진순이가 건물 베란다 밖 창틀에서 작업을 하고 있다. 진돌이가 진순이에게 드라이버를 건네주다가 균형을 잃고 떨어진다. 둘 다 안전대를 미착용했고, 추락방호망 미설치상태이다. 알고보니 창틀에 돌 조각들이 널려있었다.

🔑 추락사고 원인 : 안전대 미착용/추락방호망 미설치/작업발판 미설치
　기인물 : 돌 조각
　가해물 : 바닥

009

영상 속 재해발생형태와 추락요인 2가지 쓰시오.

영상 설명
진돌이는 안전대를 착용하고 전주를 타고 올랐으나 체결하지 않았다. 진돌이는 전주에 박혀있는 볼트를 밟고, 작업을 하다가 균형을 잃고 추락한다. 진돌이는 절연장갑 미착용상태이다.

🔲 재해발생형태 : 떨어짐   추락요인 : 안전대 미체결/작업발판 불안전

1회 2부 기출문제

001

영상 속 위험요인 3가지 쓰시오.

> ### 영상 설명
>
> 유도원인 진순이가 지게차 운전원인 진돌이에게 화물 위치를 알려준 뒤 이동할 때 지게차 포크 위에 올라 같이 이동한다. 지게차가 이동 중 바닥에 파이프를 밟아 덜컹거리고 진순이는 포크 밑에 떨어지게 되어 깔려 죽는다. 진돌이는 워낙 적재된 화물이 높아 이 사실을 모르고 그냥 지나친다.

📝 주변 정리 미실시/지게차를 용도 외 목적으로 사용/운전자 시야 가릴 만큼 화물 적재

002

영상 속 위험요인 2가지와 관리감독자의 직무 3가지 쓰시오.

> ### 영상 설명
>
> 진돌이가 크레인으로 큰 배관을 인양하기 위해 신호수 역할 중이다. 걸이는 1줄 걸이로 하고 있고, 슬링벨트가 되게 낡아 보인다. 인양 시 진순이가 유도로프가 없어서 손으로 직접 배관을 제어하고 있다가 정강이에 배관이 부딪힌다.

📝 위험요인 : 1줄 걸이 작업/슬링벨트 상태 불량
관리감독자 직무 : 재료 결함 유무 점검/작업 중 안전모 착용 상황 감시/작업방법 결정하고 그 작업 지휘

003

영상 속 작업자의 불안전한 행동 2가지를 쓰시오.

영상 설명
진돌이가 폐기물처리장에서 작업 중이다. 위에 크레인에 달린 집게가 폐기물을 든 채로 진돌이 머리 위를 통과하며 폐기물을 떨어뜨리고 있다. 결국 진돌이 머리 위로 폐기물이 떨어져 크게 다친다. 진돌이는 안전모 미착용 상태이며 장갑을 착용하고 있다.

📋 안전모 미착용/낙하물 위험구간에서 작업

004

사업주가 해야 할 관리대상 유해물질을 취급하는 실내작업장 바닥 구조를 2가지 쓰시오.

📋 불침투성 재료 사용할 것/청소하기 쉬운 구조일 것

005

교류아크용접기(자동으로 작동되는 것은 제외한다)를 사용 시 교류아크용접기에 자동전격방지기를 설치하여야 하는 장소 3가지 구하시오.

📋 1. 보일러 내부 등 도전체에 둘러싸인 장소
   2. 철골 등 도전성 높은 물체에 근로자가 접촉할 우려가 있는 장소
   3. 근로자가 땀으로 인해 도전성 높은 습윤 상태에서 작업하는 장소

006

다음 물체의 방호장치명 1가지씩 쓰시오.

(A)	(B)	(C)

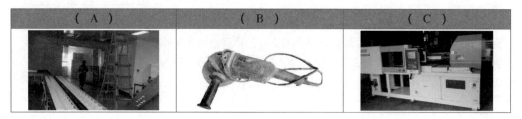

🖹 A: 건널다리   B: 덮개   C: 양수조작식 방호장치

007

영상 속 가해물과 사고원인 1가지를 쓰시오.

> **영상 설명**
>
> 자동차 정비공인 진돌이가 자동차를 리프트에 올려 점검을 하고 있다. 작업을 하고 있는 도중 리프트가 내려앉아 자동차에 깔린다.

🖹 가해물: 자동차   사고원인: 안전블록 미사용

008

영상 속 재해발생형태와 기기의 방호장치 종류 2가지 쓰시오.

> **영상 설명**
>
> 진돌이가 사출성형기로 작업을 하다가 이물질이 있어서 손으로 없애려다 버튼을 눌러 손이 눌린다.

🖹 재해발생형태: 끼임   방호장치: 게이트가드식/양수조작식

009

영상 속 재해발생 형태와 불안전한 요소 3가지를 쓰시오.

영상 설명
진돌이가 삐걱거리는 좀 높은 의자에 올라서서 배전반을 점검하는 도중 차단기를 직접 맨손으로 만지다가 감전되어버려 떨어져 머리를 바닥에 부딪힌다. 차단기를 완전히 다 꺼놓은 상태가 아니다.

📋 재해발생형태 : 떨어짐
   불안전한 요소 : 작업 전 전원 미차단/절연장갑 미착용/의자 상태 불안전

2회 1부 기출문제

001

산업안전보건법령상 곤돌라의 운반구에 근로자를 탑승시킬 수 있는 조치사항 2가지 쓰시오.

📋 구명줄 설치할 것/운반구 떨어지지 않도록 필요한 조치할 것

002

차량계 하역운반기계 운전자가 운전위치를 이탈하고자 할 때 운전자의 준수사항 2개 쓰시오.

📋 포크 등을 지면에 내려둘 것/갑작스러운 이동 방지하기 위한 조치할 것

003

다음 영상 속 위험점과 그 정의, 재해원인 1가지 쓰시오.

영상 설명
진돌이가 롤러기 점검을 하려 한다. 먼저 전원을 끄고, 작업이 다 끝나자 다시 전원을 켰다. 그 순간! 진돌이는 롤러기 사이에 먼지가 있어 맨손으로 털어내려다 손이 물려들어간다.

📋 위험점 : 물림점
   정의 : 서로 반대방향으로 회전하는 두 개의 회전체가 맞닿아서 생기는 위험점
   재해원인 : 먼지 털 때 수공구 미사용

004

영상 속 현장에서 사업주가 설치해야 하는 것 3가지와 위험요인 3가지를 쓰시오.

영상 설명

공사 중인 승강기 피트 안에서 진돌이가 벽에 붙은 타이핀을 떼어내기 위해 작업발판을 설치한다. 설치를 다 하고 타이핀을 장도리로 떼고 있는데 얼굴에 콘크리트 부스러기와 타이핀이 튄다. 진돌이는 안전모와 안전화를 착용하였고, 안전대는 미착용했으며 방호장치는 아무것도 없다.

📝 설치해야 하는 것 : 안전난간/추락방호망/수직형 추락방망
위험요인 : 안전난간 미설치/추락방호망 미설치/안전대 미착용

005

천장크레인의 방호장치 4가지 쓰시오.

📝 제동장치/권과방지장치/비상정지장치/과부하방지장치

006

영상 속 작업이 직업성 질병이 생길 가능성이 높은 이유를 적고, 석면에 장기간 노출 시 발생할 가능성이 있는 직업성 질병 3가지 쓰시오.

영상 설명

진돌이가 석면을 용기에 담고 있고, 진순이는 바닥에 있는 석면가루를 쓸고 있다.
작업장에는 국소배기장치가 없고 밀폐된 공간이다. 진돌이와 진순이는 면장갑, 코로나를 위한 보건마스크를 착용하고 있다.

📝 이유 : 환기를 위한 국소배기장치 미설치
직업성 질병 : 폐암/석면폐증/악성 중피종

007

안전검사 대상기계등의 안전검사 주기에 대한 내용이다. 빈칸을 채우시오.

> 크레인(이동식 크레인은 제외한다), 리프트(이삿짐운반용 리프트는 제외한다) 및 곤돌라:
> 사업장에 설치가 끝난 날부터 (A) 이내에 최초 안전검사를 실시하되, 그 이후부터 (B)마다
> (건설현장에서 사용하는 것은 최초로 설치한 날부터 (C)마다)

🔳 A: 3년   B: 2년   C: 6개월

008

영상 속 필요한 방호조치사항 3개와 작업방법의 문제점 2가지와 사고 시 즉시 조치사항 1가지 쓰시오.

> | 영상 설명 |
> | --- |
> | 진돌이가 경사진 컨베이어 벨트 위에서 포대를 올리고 있다. 진돌이가 너무 열중한 나머지 포대를 빠른 속도로 올리다가 포대가 발을 건드려 진돌이가 넘어지면 풀리 밑으로 팔이 들어간다. 같이 일을 하던 진순이는 놀라 비상정지장치를 누를 생각도 안하고 있다. 주변에는 건널다리나 작업발판이 없으며 컨베이어에는 덮개와 비상정지장치가 없다. |

🔳 방호조치사항: 덮개 설치/건널다리 설치/비상정지장치 설치
작업방법 문제점: 작업발판 미사용/비상정지장치 미설치
사고 시 즉시 조치사항: 기계 작동 중지

009

영상 속 작업에서 감전 관련, 연마작업 관련 위험요인 각 2가지씩 쓰시오.

영상 설명
진돌이가 분전반(내부에 콘센트랑 누전차단기(ELB) 있음)에 휴대용 연삭기를 연결하여 철물을 연마하고 있다. 작업을 다 하고 진돌이는 진순이에게 콘센트를 뽑으라고 한다. 맨손인 진순이는 분전반을 만지며 코드를 뽑는 순간 감전되어 버린다. 진돌이는 면장갑 착용, 보안경 미착용 상태이며 진순이는 안전모만 착용했다. 또한 연삭기에는 덮개가 미설치되어있다.

🔲 감전 관련 : 절연장갑 미착용/누전차단기 불량
　연마작업 관련 : 보안경 미착용/연삭기 덮개 미설치

2회 2부 기출문제

001

영상 속 불안전한 행동 3가지를 쓰시오.

영상 설명
진돌이가 지게차 포크 위에 올라 전원을 차단하지 않고, 전구를 교체하려 한다. 교체를 다 하고 내려 가려는데 지게차 운전원인 진순이가 지게차를 움직여서 진돌이가 떨어졌다. 진돌이와 진순이는 안전모와 절연장갑 미착용 상태이다.

🖹 전원 미차단/지게차를 용도 외 목적으로 사용/절연장갑 및 안전모 미착용

002

철골작업 중지해야 하는 기상조건 3가지 쓰시오.

🖹 1. 풍속 10m/s 이상   2. 강우량 1mm/h 이상   3. 강설량 1cm/h 이상

003

관리대상 유해물질을 취급하는 작업장의 보기 쉬운 장소의 게시사항 3개 쓰시오.

🖹 인체 영향/착용 보호구/응급조치 요령

004

영상 속 재해의 기인물과 가해물, 위험요인 2가지와 봉강 연마 작업 시 파편이나 칩의 비래에 의한 위험에 대비하기 위해 설치해야 하는 방호장치명을 쓰시오.

<table>
<tr><td colspan="1" align="center">영상 설명</td></tr>
<tr><td>진돌이가 맨손으로 탁상용 연삭기로 봉강 연마 작업을 하고 있다. 봉강을 연마하면서 불티들이 진돌이 눈에 막 튄다. 그러는 중 봉강이 미고정상태라 흔들흔들 거리다가 진돌이 쇄골 쪽으로 날아간다. 탁상용 연삭기에는 칩비산 방지판이 미설치상태이다.</td></tr>
</table>

📋 기인물: 탁상용 연삭기
　가해물: 봉강
　위험요인: 봉강 미고정/방호장치 미설치
　방호장치명: 칩비산 방지판

005

롤러기 작업 시 위험점의 이름과 그 정의를 쓰시오.

📋 위험점: 물림점
　정의: 서로 반대방향으로 회전하는 두 개의 회전체가 맞닿아서 생기는 위험점

006

영상 속 재해발생 형태 종류와 불안전한 행동 2가지 쓰시오.

<table>
<tr><td colspan="1" align="center">영상 설명</td></tr>
<tr><td>진돌이가 맨손으로 가동되는 사출성형기를 수리하다 감전된다. 주변에는 아무도 없었다.</td></tr>
</table>

📋 재해발생 형태: 감전　불안전한 행동: 절연장갑 미착용/작업 전 전원 미차단

007

차량계 하역운반기계 부속장치 장착작업을 할 때 작업지휘자의 준수사항 2가지 쓰시오.

🖹 작업순서 결정하고 작업 지휘할 것/안전블록 등의 사용 상황 점검할 것

008

구내운반차 관련 내용이다. 빈칸을 채우시오.

> 사업주는 구내운반차(작업장내 (A)을 주목적으로 하는 차량으로 한정한다)를 사용하는 경우에
> 다음 각 호의 사항을 준수해야 한다.
> 1. 주행을 제동하거나 정지상태를 유지하기 위하여 유효한 (B)를 갖출 것
> 2. (C)를 갖출 것
> 3. 운전석이 차 실내에 있는 것은 좌우에 한개씩 (D)를 갖출 것

🖹 A: 운반   B: 제동장치   C: 경음기   D: 방향지시기

009

산업안전보건법령상 발파작업 시 사용되는 장전구 조건 1개와 발파공 충진재료 조건을 쓰시오.

🖹 장전구 조건: 마찰 등에 의한 폭발 위험 없는 안전한 것을 사용할 것
발파공 충진재료 조건(정의): 모래 등 인화성 위험 없는 재료 사용할 것

3회 1부 기출문제

001

해당 기기에 쉽게 지워지지 않는 방식으로 표시해야 하는 사항 4가지 쓰시오.

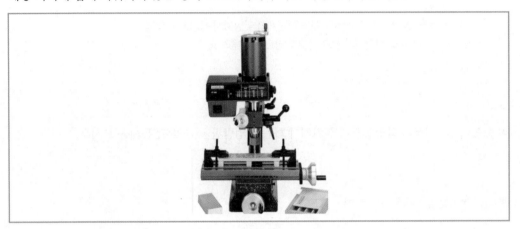

🔖 제조자명/기계 중량/자율안전확인표시/스핀들 회전수 범위

002

사업주가 해야 할 관리대상 유해물질을 취급하는 실내작업장 바닥 구조를 2가지 쓰시오.

🔖 불침투성 재료 사용할 것/청소하기 쉬운 구조일 것

003

전주 변압기가 활선인지 확인할 수 있는 방법 3가지를 쓰시오.

🔖 단로기 이용해 확인/검전기 이용해 확인/테스터기 이용해 확인

004

롤러기 작업 시 위험점의 이름과 정의, 해당 위험점이 형성되는 조건을 쓰시오.

🔂 위험점: 물림점
　　정의: 서로 반대방향으로 회전하는 두 개의 회전체가 맞닿아서 생기는 위험점
　　발생가능 조건: 두 개의 회전체가 서로 반대 방향으로 맞물려 회전

005

비계 높이 2m 이상인 작업장소에 설치해야 하는 작업발판 폭과 발판 틈새를 쓰시오.

🔂 폭: 40cm 이상　틈새: 3cm 이하

006

흙막이 지보공의 설치 목적과 정기적으로 보수하고 점검해야 할 사항 3가지 쓰시오.

🔂 설치목적: 지반 붕괴 방지　점검사항: 부재 손상 유무/부재 접속부 상태/버팀대 긴압 정도

007

영상 속 재해발생형태와 기인물과 가해물을 쓰시오.

영상 설명
진돌이가 높은 H빔 위에 나무 판때기를 놓고 작업을 하던 도중 떨어져 즉사한다.

🔂 재해발생형태: 떨어짐　기인물: 나무 판때기　가해물: 바닥

008

지게차 사용 작업 시 작업시작 전 점검사항 4개 쓰시오.

📋 바퀴 이상 유무/전조등 기능 이상 유무/제동장치 기능 이상 유무/하역장치 기능 이상 유무

009

영상 속 위험요인 4가지 쓰시오.

영상 설명
진돌이가 휴대용 연삭기 측면으로 연마작업 중이다. 진돌이는 보안경과 방진마스크 미착용 상태이며 연삭기에는 덮개가 없다.

📋 덮개 미설치/보안경 미착용/연삭기 측면 사용/방진마스크 미착용

3회 2부 기출문제

001

영상 속 용접작업 시 위험요인 3가지 쓰시오.

영상 설명

용접용 보호구를 풀 세트로 다 착용한 진돌이가 용접하고 있다. 바닥에는 여러 전선과 공구들이 놓여 있고, 뒤에 인화성 물질이 담겨있는 드럼통이 보이며 불티가 계속 드럼통에 튄다. 주변에 화재감시자도 소화기도 없다.

🔑 소화기 미배치/화재감시자 미배치/주변 인화성물질 존재

002

영상 속 작업의 안전대책 3가지를 쓰시오.

영상 설명

박공지붕 위에서 진돌이와 진순이가 안전모와 안전화를 착용한 상태로 작업을 하다 휴식 중이다.
그 순간! 위에 지붕 설치물이 굴러 진돌이의 등을 쳐 진돌이가 굴러떨어진다.
박공지붕에는 안전난간 및 추락방호망, 낙하물 방지망이 미설치 상태이다. 또한 진돌이와 진순이는 안전대 미착용 상태이다.

🔑 안전대 착용할 것/안전난간 설치할 것/중량물 구르는 방향 아래로는 근로자 출입 제한할 것

003

페인트 작업자가 착용해야 하는 호흡용 보호구 명칭과 사용되는 흡수제 종류를 3가지 쓰시오.

🔑 호흡용 보호구 명칭 : 방독마스크
사용되는 흡수제 종류 : 활성탄/소다라임/실리카겔

004

프레스의 방호장치 종류 4개 쓰시오.

🔖 가드식/수인식/광전자식/양수조작식

005

영상 속 재해발생 원인 5가지와 설치해야 할 방호장치 3가지와 그 방호장치에 자율안전확인 표시 외의 표시사항 2가지를 쓰시오.

영상 설명
진돌이가 둥근 톱을 이용해 나무토막을 자르고 있던 중 진순이가 같이 담배 하나 피자며 말을 건다. 그 순간! 진돌이는 진순이를 바라보며 작업에 미집중하여 손가락이 잘린다. 진순이는 놀라며 119에 전화한다. 진돌이는 보안경과 방진마스크 미착용 상태, 면장갑 착용 중이며 둥근 톱에는 날접촉예방장치(= 덮개)와 반발예방장치(= 분할날) 미설치 상태다.

🔖 재해발생 원인 : 작업 미집중/보안경 미착용/방진마스크 미착용/반발예방장치 미설치/톱날접촉예방장치 미설치

　방호장치: 반발예방장치(= 분할날)/톱날접촉예방장치(= 덮개)/비상정지장치

　자율안전확인 표시 외의 표시사항: 덮개 종류/둥근 톱 사용가능 치수

006

영상 속 위험요인 3가지와 재해발생형태를 쓰시오.

영상 설명
진돌이가 고열 배관 플랜지를 점검하려고 한다. 플랜지의 볼트를 푸는데 고온 증기가 분출되어 진돌이의 얼굴을 타격했다. 진돌이는 보안경 미착용상태이며 맨손이다.

🔖 위험요인 : 보안경 미착용/방열장갑 미착용/작업 전 배관 내 내용물 미제거

　재해발생형태 : 이상온도 접촉

007

영상 속 재해발생형태와 그 정의, 가해물, 감전사고를 방지할 수 있는 안전모의 종류 2가지를 영어 기호로 쓰시오.

영상 설명
크레인으로 전주(전봇대)를 운반하는 도중 전주가 회전하여 신호수인 진돌이가 머리에 맞는다.

🔤 재해발생형태 : 맞음
  정의 : 물체가 중력에 의하여 고정부에서 이탈되어 사람을 가해하는 경우
  가해물 : 전주(전봇대)
  안전모 종류 : AE종, ABE종

008

사업주가 화학설비, 압력용기 또는 정변위 압축기에 반응 폭주 등 급격한 압력 상승 우려가 있는 경우 설치해야 하는 안전장치 2가지 쓰시오.

🔤 파열판/안전밸브

009

산업안전보건법령상 고소작업대 이동 시 준수사항 3가지만 쓰시오.

🔤 작업대 가장 낮게 내릴 것/작업자 태우고 이동하지 말 것/이동통로 요철상태 등 확인할 것

산업안전산업기사 2024년

09

작업형 기출문제

잠깐! 더 효율적인 공부를 위한 링크들을 적극 이용하세요~!

직8딴 홈페이지
- 출시한 책 확인 및 구매

직8딴 카카오오픈톡방
- 실시간 저자의 질문 답변
(주7일 아침 11시~새벽 2시까지, 전화로도 함)
- 직8딴 구매자전용 복지와 혜택 획득
(최소 달에 40만원씩 기프티콘 지급)
- 구매자들과의 소통 및 EHS 관련 정보 습득

직8딴 네이버카페
- 실시간으로 최신화되는 정오표 확인
(정오표: 책 출시 이후 발견된 오타/오류를 모아놓은 표, 매우 중요)
- 공부에 도움되는 컬러버전 그림 및 사진 습득
- 직8딴 구매자전용 복지와 혜택 획득

직8딴 유튜브
- 저자 직접 강의 시청 가능
- 공부 팁 및 암기법 획득
- 국가기술자격증 관련 정보 획득

1회 1부 기출문제

001

급기·배기 환기장치를 설치한 경우 법에 따른 밀폐설비나 국소배기장치를 설치하지 않아도 되는 경우 1가지 쓰시오.

📝 실내작업장 벽에 대하여 관리대상 유해물질 취급업무 수행할 때 관리대상 유해물질의 발산면적이 넓어 설비 설치하기 곤란한 경우

002

화학설비와 그 부속설비의 개조·수리 및 청소 등을 위하여 해당 설비를 분해하거나 해당 설비의 내부에서 작업을 하는 경우에 사업주의 준수사항 3가지 쓰시오.

📝 1. 작업책임자 정하여 작업 지휘할 것
   2. 작업장의 인화성 가스 농도 수시로 측정할 것
   3. 작업장소에 고온 수증기 새어나오지 않도록 할 것

003

달기 체인의 사용금지 규정 2가지 쓰시오.

📝 1. 심하게 변형된 것
   2. 달기 체인 길이가 제조된 때 길이의 5% 초과한 것

004

페인트 작업자가 착용해야 하는 호흡용 보호구 명칭과 사용되는 흡수제 종류를 3가지 쓰시오.

🔳 호흡용 보호구 명칭 : **방독마스크**
　　사용되는 흡수제 종류 : **활성탄/소다라임/실리카겔**

005

영상 속 재해발생형태, 가해물, 안전작업방법을 쓰시오.

영상 설명
크레인 작업 도중 진돌이와 진순이가 H빔에 깔린 와이어로프를 인력으로 빼고 있다. 크레인이 H빔을 살짝 들자 와이어로프가 빠른 속도로 진순이 얼굴을 쳤고, 진순이는 쓰러진다.

🔳 재해발생형태 : **맞음**　가해물 : **와이어로프**　안전작업방법 : **와이어로프 뺄 때 수공구 이용**

006

영상 속 재해발생형태와 기기의 방호장치 종류 2가지 쓰시오.

영상 설명
진돌이가 사출성형기로 작업을 하다가 이물질이 있어서 손으로 없애려다 버튼을 눌러 손이 끼인다.

🔳 재해발생형태 : **끼임**　방호장치 : **게이트가드식/양수조작식**

007

영상 속 재해 예방대책 각각 3가지 쓰시오.

영상 설명
진돌이가 김치공장에서 슬라이스 기계에 배추를 넣어 써는 작업을 하고 있다. 기계가 멈추자 전원을 차단하지 않고, 슬라이스 기계를 점검하던 중 갑자기 기계가 작동하여 진돌이는 칼날에 손이 잘린다. 방호장치 미설치 상태이다.

🖉 예방대책 : 전원 차단/수공구 사용/방호장치 설치

008

영상 속 위험점과 그 정의를 적으시오.

영상 설명
진돌이가 프레스 금형 해체작업을 하다가 손이 눌린다. 진돌이는 아파한다.

🖉 위험점 : 협착점
   정의 : 왕복운동하는 동작부분과 고정부분 사이에 형성되는 위험점

009

영상 속 작업 중 안전수칙 3가지를 쓰시오.

영상 설명
진돌이가 셔틀버스를 정비하기 위해 차량용 리프트로 버스를 들어 올린 후, 버스 밑으로 들어가 샤프트를 점검한다. 이때 진순이가 버스에 올라 아무 말 없이 시동을 건다. 그 순간! 샤프트가 회전하여 진돌이의 손이 말려 들어간다. 주변에는 감시인이 없고, 진돌이는 장갑을 착용하였다.

🖉 감시인 배치/'정비 중' 표지판 설치/관계자 외 출입 금지 조치

1회 2부 기출문제

001

항타기 조립하거나 해체하는 경우 사업주가 점검해야 할 점검사항 3가지 쓰시오.

🔑 본체 강도 적합 여부/본체 연결부 손상 유무/본체에 심한 손상 여부

002

위험물을 액체상태로 저장하는 저장탱크를 설치하는 경우에는 위험물질이 누출되어 확산되는 것을 방지하기 위하여 설치하는 것의 명칭을 쓰시오.

🔑 방유제

003

가솔린이 남아 있는 설비에 등유 등의 주입 관련 내용이다. 빈칸을 채우시오.

> 사업주는 화학설비로서 가솔린이 남아 있는 화학설비(위험물을 저장하는 것으로 한정한다), 탱크로리, 드럼 등에 등유나 경유를 주입하는 작업을 하는 경우에는 미리 그 내부를 깨끗하게 씻어내고 가솔린의 증기를 불활성 가스로 바꾸는 등 안전한 상태로 되어 있는지를 확인한 후에 그 작업을 하여야 한다. 다만, 다음 각 호의 조치를 하는 경우에는 그러하지 아니하다.
> 1. 등유나 경유를 주입하기 전에 탱크 · 드럼 등과 주입설비 사이에 (A)을 연결하여 (B)를 줄이도록 할 것
> 2. 등유나 경유를 주입하는 경우에는 그 액표면의 높이가 주입관의 선단의 높이를 넘을 때까지 주입속도를 초당 1미터 이하로 할 것

🔑 A : 접속선이나 접지선   B : 전위차

004

영상 속 위험요인 2가지 쓰시오.

영상 설명
진돌이와 진순이가 성수대교에서 교량 하부를 점검하고 있다. 작업발판은 없으며 난간에 로프만 설치되었고, 추락방호망도 없다. 진돌이와 진순이는 안전대와 안전모 미착용 상태이다.

🖪 안전대 미착용/추락방호망 미설치

005

영상 속 작업 시 신체 부위(눈/손/피부)를 보호할 수 있는 보호구와 위험요인 2가지 쓰시오.

영상 설명
담배를 피며 진돌이가 변압기에 연결된 선을 유기화합물이 담겨진 통에 넣다 뺐다 하고 있다. 그 후, 변압기를 건조시키기 위해 건조기에다 넣었다. 냄새가 많이 나는 지 진돌이는 얼굴을 계속 찡그리고 있다. 진돌이는 안전화만 신었고, 그 외 보호구를 착용하지 않았다.

🖪 눈 : 보안경   손 : 불침투성 보호장갑   피부 : 불침투성 보호복
　위험요인 : 작업 중 흡연/방독마스크 미착용

006

영상 속 위험요인 3가지 쓰시오.

영상 설명
진돌이가 고열 배관 플랜지를 점검하려고 한다. 진돌이는 일자형 사다리에 올라가 볼트를 조이는 도중 중심을 잃어 떨어진다. 진돌이는 어떠한 보호구도 착용하지 않았으며 주변에는 아무도 없다.

🖪 위험요인 : 보안경 미착용/안전대 미착용/방열장갑 미착용

007

영상 속 위험점과 재해방지책 2가지를 적으시오.

영상 설명
진돌이가 전원을 끄고 컨베이어 벨트를 점검하고 있다. 그 순간! 진순이가 상황을 모르고 전원을 켰고, 진돌이의 손은 벨트 사이에 끼게 된다. 컨베이어는 덮개가 미설치 상태이다.

📋 위험점 : 끼임점
재해방지책 : 덮개 설치/전원장치에 "점검 중" 표지판 부착

008

영상 속 불안전한 행동 1가지와 작업자가 기능을 없앤 방호장치를 쓰시오.

영상 설명
진돌이는 프레스로 철판에 구멍을 뚫다가 이물질을 발견한다. 슬라이드 앞에는 광선들이 여러개 보이며 그 광선들을 없앤다. 그 후 이물질을 제거하려고 손을 넣다가 끼인다.

📋 불안전한 행동 : 이물질 제거시 수공구 미사용   기능을 없앤 방호장치 : 광전자식

009

영상 속 착용해야 할 보호구 2가지 쓰시오.

영상 설명
진돌이가 휴대용 연삭기 측면으로 연마작업 중이다. 진돌이는 보안경과 방진마스크 미착용 상태이며 연삭기에는 덮개가 없다.

📋 보호구 : 보안경/방진마스크

2회 1부 기출문제

001

산업용 로봇의 작동범위 내에서 해당 로봇에 대해 교시 등의 작업을 할 경우에는 해당 로봇의 예기치 못한 작동 또는 오조작에 의한 위험을 방지하기 위하여 관련지침을 정하여 그 지침에 따라 작업을 하도록 하여야 하는데, 관련 지침에 포함되어야 할 사항 4개 쓰시오.

🔑 로봇 조작방법/이상 발견 시 조치/작업 중 매니퓰레이터 속도/2명 이상 작업 시 신호방법

002

밀폐공간에서 근로자에게 작업하도록 하는 경우, 사업주가 수립 시행해야 하는 밀폐공간 작업 프로그램의 내용 3가지를 쓰시오.

🔑 안전보건교육/사업장 내 밀폐공간 위치 파악/밀폐공간 내 질식 유발하는 유해위험요인 파악

003

인화성 액체를 저장·취급하는 대기압탱크 관련 내용이다. 빈칸을 채우시오.

> (A)는 정상운전 시에 대기압탱크 내부가 (B)되지 않도록 충분한 용량의 것을 사용하여야 하며, 철저하게 유지·보수를 하여야 한다.

🔑 A: 통기설비   B: 진공 또는 가압

004

안전난간이다. 물음에 답하시오.

> 1. 상부 난간대는 바닥면·발판 또는 경사로의 표면(이하 "바닥면등"이라 한다)으로부터 (A)지점에 설치하고, 상부 난간대를 120센티미터 이하에 설치하는 경우에는 중간 난간대는 상부 난간대와 바닥면등의 중간에 설치해야 하며, 120센티미터 이상 지점에 설치하는 경우에는 중간 난간대를 2단 이상으로 균등하게 설치하고 난간의 상하 간격은 60센티미터 이하가 되도록 할 것.
> 2. 발끝막이판은 바닥면등으로부터 (B)의 높이를 유지할 것.
> 3. 난간대는 지름 (C)의 금속제 파이프나 그 이상의 강도가 있는 재료일 것

🔄 A: 90cm 이상   B: 10cm 이상   C: 2.7cm 이상

005

다음 물체의 방호장치명 1가지씩 쓰시오.

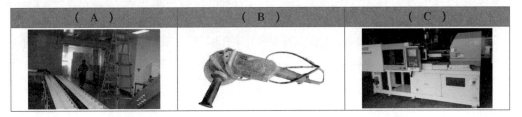

(A)	(B)	(C)

🔄 A: 건널다리   B: 덮개   C: 양수조작식 방호장치

006

사업주가 해야 할 관리대상 유해물질을 취급하는 실내작업장의 바닥 구조 2가지 쓰시오.

🔄 불침투성 재료 사용할 것/청소하기 쉬운 구조일 것

007

영상 속 작업자의 불안전한 행동 2가지를 쓰시오.

영상 설명

진돌이가 폐기물처리장에서 작업 중이다. 위에 크레인에 달린 집게가 폐기물을 든 채로 진돌이 머리 위를 통과하며 폐기물을 떨어뜨리고 있다. 결국 진돌이 머리 위로 폐기물이 떨어져 크게 다친다. 진돌이는 안전모 미착용 상태이며 장갑을 착용하고 있다.

🔡 안전모 미착용/낙하물 위험구간에서 작업

008

다음 영상 속 재해발생형태와 감전을 막기 위한 안전대책 3가지 쓰시오.

영상 설명

옥상 변전실 근처에서 작업하던 진돌이와 진순이가 쉬는 시간이라 가지고 온 공으로 축구를 하려 한다. 축구를 하던 중 공이 울타리 쳐져있는 변전실 안으로 들어가 버렸고, 진돌이는 그 공을 꺼내려 한다. 변전실 문은 열려있어 쉽게 들어갔고, 공을 주우려다 변전기를 손으로 만져 감전사한다. 출입구에는 '출입금지'라는 표시가 없었고, 울타리에 '고압전기'라는 표시만 있었다.

🔡 재해발생형태 : 감전

   감전을 막기 위한 안전대책
   1. 폐쇄형 외함구조로 할 것
   2. 충분한 절연효과 있는 방호망 설치
   3. 관계 근로자가 아닌 사람의 출입이 금지되는 장소에 충전부를 설치할 것

009

사출성형기 노즐 속 이물질 제거 작업 중에서 충전부 만지다가 감전 사고가 발생한다.
동종 재해방지대책 3가지 적으시오.

🔡 동종재해방지대책 : 제거 전 전원 차단/절연장갑 착용/사출성형기 접지조치

2회 2부 기출문제

001

프레스 등을 사용하여 작업할 때 작업시작 전 점검사항 3개 쓰시오.

🔟 클러치 기능/방호장치 기능/비상정지장치 기능

002

지게차, 구내운반차 사용 작업 시 작업시작 전 점검사항 4개 쓰시오.

🔟 바퀴 이상 유무/전조등 기능 이상 유무/제동장치 기능 이상 유무/하역장치 기능 이상 유무

003

산업안전보건법령상 특수화학설비 내부 이상상태를 조기에 파악하기 위하여 그리고, 이상 상태의 발생에 따른 폭발·화재 또는 위험물의 누출을 방지하기 위하여 설치해야 할 장치 2가지를 쓰시오.(온도계·유량계·압력계 등의 계측장치 제외)

🔟 자동경보장치/긴급차단장치

004

천장크레인의 방호장치 4가지 쓰시오.

🔟 제동장치/권과방지장치/비상정지장치/과부하방지장치

005

영상 속 작업자의 추락사고 원인 3가지를 쓰시오.

영상 설명
진돌이와 진순이가 콘크리트 건물에서 작업중이다, 진돌이가 창틀에서 나무 판때기를 벽 너머에 있는 진순이에게 건네주고 자기도 그 쪽으로 가려한다. 진돌이가 진순이 쪽의 좀 튀어나온 창틀을 밟았는데 거기에 콘크리트 조각이 있어 그걸 밟고 추락한 다. 진돌이 진순이 둘 다 안전대 미착용 상태이다.

🔖 추락사고 원인 : 안전대 미착용/추락방호망 미설치/작업발판 미설치

006

영상 속 산업안전보건법령상 작업의 명칭과 유해요인조사 주기(신설 사업장 제외)를 쓰시오.

영상 설명

진돌이가 사무실에서 컴퓨터로 기술사 자격증 원고를 쓰고 있다. 의자 높이가 안 맞아 다리를 구부리 고 있고, 허리도 모양이 이상하다. 또한, 키보드 높이가 너무 높아 불편해 보인다.

🔖 산업안전보건법령상 작업의 명칭 : 근골격계부담작업
　유해요인조사 주기 : 3년마다

007

영상 속 재해발생형태와 추락요인 2가지 쓰시오.

영상 설명
진돌이는 안전대를 착용하고 전주를 타고 올랐으나 체결하지 않았다. 진돌이는 전주에 박혀있는 볼트를 밟고, 작업을 하다가 균형을 잃고 추락한다. 진돌이는 절연장갑 미착용상태이다.

🖅 재해발생형태 : 떨어짐　추락요인 : 안전대 미체결/작업발판 불안전

008

영상 속 전원 차단했음에도 불구하고 감전된 재해요인 1가지 쓰시오.

영상 설명
진돌이가 전원을 완전히 차단하고 맨손으로 분전반을 점검하였으나 감전된다.

🖅 접촉하기 전 잔류전하 완전히 방전시키지 않음

009

영상 속 작업장의 불안전한 요소 3가지를 쓰시오.

영상 설명
진돌이가 용접하고 있고, 주변에 불티들이 막 튀고 있다. 주변은 여러 자재와 인화성 물질들이 바닥 곳곳에 놓여있다. 산소통은 아예 바닥에 눕혀져 있고, 주변에 소화기와 화재감시자도 없다. 또한 진돌이는 아무 용접용 보호구를 착용하지 않았고, 용접하면서 산소통 줄을 심하게 당기다가 호스가 뽑힌다. 정말 총체적 난국이다...

🖅 소화기구 미배치/산소통 눕혀있음/불티 비산방지 미조치

3회 1부 기출문제

001

조명은 근로자들의 작업환경의 측면에서 중요한 안전요소이다. 산업안전보건기준에 관한 규칙에서 규정하는 다음의 작업장소의 조도기준을 쓰시오.

영상 설명
1. 정밀 작업 : (A)   2. 보통 작업 : (B)   3. 그 밖의 작업 : (C)

🔑 A : 300lux 이상   B : 150lux 이상   C : 75lux 이상

002

다음은 프레스기 방호장치이다. 물음에 답하시오.

1. 방호장치명   2. 누름버튼의 상호간 내측거리 기준

🔑 1. 양수조작식   2. 300mm 이상

003

산업안전보건법령상 컨베이어 방호장치를 3가지 쓰시오.

🔑 덮개/비상정지장치/이탈방지장치

004

금속절단기 날접촉예방장치의 설치기준(= 조건) 3가지 쓰시오.

📝 1. 작업부분 제외한 톱날 전체를 덮을 수 있을 것
2. 가공물 비산 방지할 수 있는 충분한 강도 가질 것
3. 둥근 톱날 경우 회전날 밑 등을 통한 신체 일부 접근을 차단할 수 있을 것

005

영상 속 현장에서 사업주가 설치해야 하는 것 3가지를 쓰시오.

영상 설명
공사 중인 승강기 피트 안에서 진돌이가 벽에 붙은 타이핀을 떼어내기 위해 작업발판을 설치한다. 설치를 다 하고 타이핀을 장도리로 떼고 있는데 얼굴에 콘크리트 부스러기와 타이핀이 튄다. 진돌이는 안전모와 안전화를 착용하였고, 안전대는 미착용했으며 방호장치는 아무것도 없다.

📝 설치해야 하는 것 : 안전난간/추락방호망/수직형 추락방망

006

화면 속 작업에서 착용해야 하는 호흡용 보호구 2가지를 쓰시오.

영상 설명
진돌이가 힘든 표정으로 폐수처리장 밖에 서 있다. 그리고 다시 진돌이는 슬러지를 치우기 위해 폐수처리조 탱크 안에 들어가자마자 의식 잃고 쓰러진다. 별도 가스 누출은 없어 보이며 진돌이는 안전모와 면장갑 착용상태이다.

📝 송기마스크/공기호흡기

007

영상 속 위험요인 3가지 쓰시오.

영상 설명
유도원인 진순이가 지게차 운전원인 진돌이에게 화물 위치를 알려준 뒤 이동할 때 지게차 포크 위에 올라 같이 이동한다. 지게차가 이동 중 바닥에 파이프를 밟아 덜컹거리고 진순이는 포크 밑에 떨어지게 되어 깔려 죽는다. 진돌이는 워낙 적재된 화물이 높아 이 사실을 모르고 그냥 지나친다.

🔳 주변 정리 미실시/지게차를 용도 외 목적으로 사용/운전자 시야 가릴 만큼 화물 적재

008

영상 속 사고 원인 2가지 쓰시오.

영상 설명
진돌이가 분전반 뚜껑을 열고 스위치 덮개를 개방한다. 맨손으로 드라이버를 잡고 퓨즈를 제거한 후 새로운 퓨즈로 교체하려는 순간 진돌이는 쓰러진다. 전원을 차단하지 않았다.

🔳 작업 전 전원 미차단/절연장갑 미착용

009

영상 속 작업에서 불안전한 상태와 불안전한 행동 2가지 쓰시오.

영상 설명
진돌이가 분전반(내부에 콘센트랑 누전차단기(ELB) 있음)에 휴대용 연삭기를 연결하여 철물을 연마하고 있다. 작업을 다 하고 진돌이는 진순이에게 콘센트를 뽑으라고 한다. 맨손인 진순이는 분전반을 만지며 코드를 뽑는 순간 감전되어 버린다. 진돌이는 면장갑 착용, 보안경 미착용 상태이며 진순이는 안전모만 착용했다. 또한 연삭기에는 덮개가 미설치되어있다.

🔳 절연장갑 미착용/누전차단기 불량

3회 2부 기출문제

001

다음 부품의 명칭을 쓰시오.

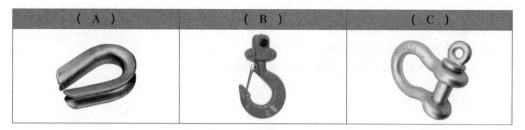

(A)	(B)	(C)

🖩 A: 심블   B: 훅해지장치   C: 샤클

002

영상 속 재해의 기인물과 재해의 직접원인을 쓰시오.

영상 설명
진돌이가 맨손으로 탁상용 연삭기로 봉강 연마 작업을 하고 있다. 봉강을 연마하면서 불티들이 진돌이 눈에 막 튄다. 그러는 중 봉강이 미고정상태라 흔들흔들 거리다가 진돌이 쇄골 쪽으로 날아간다. 탁상용 연삭기에는 칩비산 방지판이 미설치상태이다.

🖩 기인물: 탁상용 연삭기   직접원인: 봉강 미고정

003

영상 속 작업에서 착용해야 하는 보호구 2가지 쓰시오.

영상 설명
진돌이가 브레이크 라이닝을 화학약품을 이용해 세척하고 있다. 세정제가 바닥에 흥건히 있고, 진돌이는 일반 고무장갑만을 착용하고 있다.

🖩 보안경/불침투성 보호복

004

교류아크용접기(자동으로 작동되는 것은 제외한다)를 사용 시 교류아크용접기에 자동전격방지기를 설치하여야 하는 장소 3가지 구하시오.

🔖 1. 보일러 내부 등 도전체에 둘러싸인 장소
  2. 철골 등 도전성 높은 물체에 근로자가 접촉할 우려가 있는 장소
  3. 근로자가 땀으로 인해 도전성 높은 습윤 상태에서 작업하는 장소

005

영상 속 불안전한 상태와 불안전한 행동 2가지 쓰시오.

영상 설명
진돌이는 돌아가고 있는 롤러기를 닦으려 한다. 진돌이는 맨손으로 걸레를 이용해 롤러기를 닦고 있다가 롤러기 안으로 손이 들어가 진돌이는 스스로 전원을 차단한다.

🔖 작업 전 전원 미차단/이물질 제거시 수공구 미이용

006

구내운반차 관련 내용이다. 빈칸을 채우시오.

사업주는 구내운반차(작업장내 (A)을 주목적으로 하는 차량으로 한정한다)를 사용하는 경우에 다음 각 호의 사항을 준수해야 한다. 1. 주행을 제동하거나 정지상태를 유지하기 위하여 유효한 (B)를 갖출 것 2. (C)과 (D)을 갖출 것. 다만, 작업을 안전하게 하기 위하여 필요한 조명이 있는 장소에서 사용하는 구내운반차에 대해서는 그러하지 아니하다.

🔖 A: 운반 B: 제동장치 C: 전조등 D: 후미등

007

영상 속 가해물과 재해원인 1가지를 쓰시오.

영상 설명
진돌이가 사용금지라고 써져있는 유압잭을 이용하여 자동차 앞부분을 들어 올린 후, 그 안으로 들어가 점검을 하고 있다. 작업에 열중하여 진돌이는 보지도 않고 공구를 든 손으로 옆에 있던 유압잭을 건들고 그 결과 유압잭 힘이 풀려 진돌이는 차에 깔린다.

🔳 가해물 : 자동차   재해원인 : 안전블록 미사용

008

가설통로 설치 시 준수사항 3개 쓰시오.

🔳 1. 견고한 구조로 할 것
  2. 경사 30도 이하로 할 것
  3. 추락 위험있는 장소에 안전난간 설치할 것

009

영상 속 위험점과 그 정의를 적으시오.

영상 설명
진돌이가 프레스 작업을 하다가 손이 눌린다. 진돌이는 아파한다.

🔳 위험점 : 협착점
  정의 : 왕복운동하는 동작부분과 고정부분 사이에 형성되는 위험점

MEMO

산업안전산업기사

10

미출시 필답형 · 작업형 문제
(신출 대비)

잠깐! 더 효율적인 공부를 위한 링크들을 적극 이용하세요~!

직8딴 홈페이지
- 출시한 책 확인 및 구매

직8딴 카카오오픈톡방
- 실시간 저자의 질문 답변
(주7일 아침 11시~새벽 2시까지, 전화로도 함)
- 직8딴 구매자전용 복지와 혜택 획득
(최소 달에 40만원씩 기프티콘 지급)
- 구매자들과의 소통 및 EHS 관련 정보 습득

직8딴 네이버카페
- 실시간으로 최신화되는 정오표 확인
(정오표: 책 출시 이후 발견된 오타/오류를 모아놓은 표, 매우 중요)
- 공부에 도움되는 컬러버전 그림 및 사진 습득
- 직8딴 구매자전용 복지와 혜택 획득

직8딴 유튜브
- 저자 직접 강의 시청 가능
- 공부 팁 및 암기법 획득
- 국가기술자격증 관련 정보 획득

001

사업주는 옥내작업장에 비상 시 근로자에게 신속하게 알리기 위한 경보용 설비 또는 기구를 설치해야 하는 경우 2가지 쓰시오.

🔲 사업주는 연면적이 400제곱미터 이상이거나 상시 50명 이상의 근로자가 작업하는 옥내작업장에는 비상시에 근로자에게 신속하게 알리기 위한 경보용 설비 또는 기구를 설치하여야 한다.

🔲 연면적 $400m^2$ 이상/상시근로자 50명 이상

002

누수에 의한 붕괴위험이 있는 지역에 조치해야 하는 공법과 사전조치사항 3가지 쓰시오.

🔲 사업주는 누수에 의한 붕괴위험이 있는 개소에는 약액주입 공법 등 지반보강 조치를 하여야 하며 정밀지층조사, 채수대 여부, 투수성 판단 등의 조치를 사전에 실시하여야 한다.

🔲 조치공법 : 약액주입공법   사전조치사항 : 채수대 여부/투수성 판단/정밀지층조사

003

달비계에 이용되는 작업용 섬유로프나 안전대 섬유벨트의 사용금지기준 3가지 쓰시오.

🔲 달비계에 다음 각 목의 작업용 섬유로프 또는 안전대의 섬유벨트를 사용하지 않을 것
   가. 꼬임이 끊어진 것
   나. 심하게 손상되거나 부식된 것
   다. 2개 이상의 작업용 섬유로프 또는 섬유벨트를 연결한 것
   라. 작업높이보다 길이가 짧은 것
🔲 꼬임 끊어진 것/심하게 부식된 것/작업높이보다 길이 짧은 것

004

추락 방지에 대한 내용이다. 빈칸을 쓰시오.

> 1. 수상 또는 선박건조 작업에 종사하는 근로자가 물에 빠지는 등 위험의 우려가 있는 경우 그 작업을 하는 장소에 구명을 위한 배 또는 (A)의 비치 등 구명을 위하여 필요한 조치를 하여야 한다.
> 2. 근로자에게 작업 중 또는 통행 시 굴러 떨어짐으로 인하여 근로자가 화상·질식 등의 위험에 처할 우려가 있는 케틀(kettle, 가열 용기), 호퍼(hopper, 깔때기 모양의 출입구가 있는 큰 통), 피트(pit, 구덩이) 등이 있는 경우에 그 위험을 방지하기 위하여 필요한 장소에 높이 (B)의 (C)를 설치하여야 한다.
> 3. 근로자가 높이 (D)에서 작업을 하는 경우 그 작업을 안전하게 하는 데에 필요한 조명을 유지하여야 한다.

🈸 사업주는 수상 또는 선박건조 작업에 종사하는 근로자가 물에 빠지는 등 위험의 우려가 있는 경우 그 작업을 하는 장소에 구명을 위한 배 또는 구명장구(救命裝具)의 비치 등 구명을 위하여 필요한 조치를 하여야 한다.
사업주는 근로자에게 작업 중 또는 통행 시 굴러 떨어짐으로 인하여 근로자가 화상·질식 등의 위험에 처할 우려가 있는 케틀(kettle, 가열 용기), 호퍼(hopper, 깔때기 모양의 출입구가 있는 큰 통), 피트(pit, 구덩이) 등이 있는 경우에 그 위험을 방지하기 위하여 필요한 장소에 높이 90센티미터 이상의 울타리를 설치하여야 한다.
사업주는 근로자가 높이 2미터 이상에서 작업을 하는 경우 그 작업을 안전하게 하는 데에 필요한 조명을 유지하여야 한다.

🈶 A : 구명장구   B : 90cm 이상   C : 울타리   D : 2m 이상

005

근로자가 접근하기 쉬운 장소에 세면·목욕시설, 탈의 및 세탁시설을 설치하고 필요한 용품과 용구를 갖추어 두어야 하는 업무 2가지 쓰시오.

🈸 사업주는 근로자로 하여금 다음 각 호의 어느 하나에 해당하는 업무에 상시적으로 종사하도록 하는 경우 근로자가 접근하기 쉬운 장소에 세면·목욕시설, 탈의 및 세탁시설을 설치하고 필요한 용품과 용구를 갖추어 두어야 한다.
1. 환경미화 업무
2. 음식물쓰레기·분뇨 등 오물의 수거·처리 업무
3. 폐기물·재활용품의 선별·처리 업무
4. 그 밖에 미생물로 인하여 신체 또는 피복이 오염될 우려가 있는 업무

🈶 환경미화/오물 처리

006

부상자 응급처치에 필요한 구급용구 3가지 쓰시오.

🖩 사업주는 부상자의 응급처치에 필요한 다음 각 호의 구급용구를 갖추어 두고, 그 장소와 사용방법을 근로자에게 알려야 한다.
1. 붕대재료·탈지면·핀셋 및 반창고
2. 외상(外傷)용 소독약
3. 지혈대·부목 및 들것
4. 화상약(고열물체를 취급하는 작업장이나 그 밖에 화상의 우려가 있는 작업장에만 해당한다)

📋 들것/반창고/외상용 소독약

007

다음은 가스노출 실내작업장에 대한 공기 부피와 환기에 대한 내용이다. 빈칸을 쓰시오.

> 1. 바닥으로부터 4미터 이상 높이의 공간을 제외한 나머지 공간의 공기의 부피는 근로자 1명당 (A)이 되도록 할 것
> 2. 직접 외부를 향하여 개방할 수 있는 창을 설치하고 면적은 바닥면적의 (B)으로 할 것
> 3. 기온이 섭씨 10도 이하인 상태에서 환기를 하는 경우에는 근로자가 (C)의 기류에 닿지 않도록 할 것

🖩 사업주는 근로자가 가스등에 노출되는 작업을 수행하는 실내작업장에 대하여 공기의 부피와 환기를 다음 각 호의 기준에 맞도록 하여야 한다.
1. 바닥으로부터 4미터 이상 높이의 공간을 제외한 나머지 공간의 공기의 부피는 근로자 1명당 10세제곱미터 이상이 되도록 할 것
2. 직접 외부를 향하여 개방할 수 있는 창을 설치하고 그 면적은 바닥면적의 20분의 1 이상으로 할 것(근로자의 보건을 위하여 충분한 환기를 할 수 있는 설비를 설치한 경우는 제외한다)
3. 기온이 섭씨 10도 이하인 상태에서 환기를 하는 경우에는 근로자가 매초 1미터 이상의 기류에 닿지 않도록 할 것

📋 A: $10m^3$ 이상   B: $\frac{1}{20}$ 이상   C: 매 1m/s 이상

008

레버풀러 또는 체인블록 사용 시 준수사항 3가지 쓰시오.

🖩 사업주는 레버풀러(lever puller) 또는 체인블록(chain block)을 사용하는 경우 다음 각 호의 사항을 준수하여야 한다.
   1. 정격하중을 초과하여 사용하지 말 것
   2. 레버풀러 작업 중 훅이 빠져 튕길 우려가 있을 경우에는 훅을 대상물에 직접 걸지 말고 피벗클램프(pivot clamp)나 러그(lug)를 연결하여 사용할 것
   3. 레버풀러의 레버에 파이프 등을 끼워서 사용하지 말 것
   4. 체인블록의 상부 훅(top hook)은 인양하중에 충분히 견디는 강도를 갖고, 정확히 지탱될 수 있는 곳에 걸어서 사용할 것
   5. 훅의 입구(hook mouth) 간격이 제조자가 제공하는 제품사양서 기준으로 10퍼센트 이상 벌어진 것은 폐기할 것
   6. 체인블록은 체인의 꼬임과 헝클어지지 않도록 할 것
   7. 체인과 훅은 변형, 파손, 부식, 마모(磨耗)되거나 균열된 것을 사용하지 않도록 조치할 것

🖋 체인 꼬이지 말 것/정격하중 초과하지 말 것/레버에 파이프를 끼워 사용하지 말 것

009

사출성형기 방호장치에 대한 내용이다. 빈칸을 채우시오.

> 1. 게이트가드는 닫지 아니하면 기계가 작동되지 아니하는 (A)여야 한다.
> 2. 히터 등의 가열 부위 또는 감전 우려가 있는 부위에는 (B)를 설치하는 등 필요한 안전조치를 하여야 한다.

🖩 – 게이트가드는 닫지 아니하면 기계가 작동되지 아니하는 연동구조(連動構造)여야 한다.
   – 사업주는 히터 등의 가열 부위 또는 감전 우려가 있는 부위에는 방호덮개를 설치하는 등 필요한 안전조치를 하여야 한다.

🖋 A : 연동구조   B : 방호덮개

10 | 미출시 필답형 · 작업형 문제

010

산업안전보건법령상 작업발판 및 추락방호망을 설치하기 곤란한 경우에는 근로자로 하여금 3개 이상의 버팀대를 가지고 지면으로부터 안정적으로 세울 수 있는 구조를 갖춘 이동식 사다리를 사용하여 작업을 하게 할 수 있는데 이 경우 사업주의 조치사항 4가지를 쓰시오.

☑ 사업주는 제1항 및 제2항에도 불구하고 작업발판 및 추락방호망을 설치하기 곤란한 경우에는 근로자로 하여금 3개 이상의 버팀대를 가지고 지면으로부터 안정적으로 세울 수 있는 구조를 갖춘 이동식 사다리를 사용하여 작업을 하게 할 수 있다. 이 경우 사업주는 근로자가 다음 각 호의 사항을 준수하도록 조치해야 한다.

1. 평탄하고 견고하며 미끄럽지 않은 바닥에 이동식 사다리를 설치할 것
2. 이동식 사다리의 넘어짐을 방지하기 위해 다음 각 목의 어느 하나 이상에 해당하는 조치를 할 것
   가. 이동식 사다리를 견고한 시설물에 연결하여 고정할 것
   나. 아웃트리거(outrigger, 전도방지용 지지대)를 설치하거나 아웃트리거가 붙어있는 이동식 사다리를 설치할 것
   다. 이동식 사다리를 다른 근로자가 지지하여 넘어지지 않도록 할 것
3. 이동식 사다리의 제조사가 정하여 표시한 이동식 사다리의 최대사용하중을 초과하지 않는 범위 내에서만 사용할 것
4. 이동식 사다리를 설치한 바닥면에서 높이 3.5미터 이하의 장소에서만 작업할 것
5. 이동식 사다리의 최상부 발판 및 그 하단 디딤대에 올라서서 작업하지 않을 것. 다만, 높이 1미터 이하의 사다리는 제외한다.
6. 안전모 착용하되, 작업 높이 2미터 이상인 경우에는 안전모와 안전대를 함께 착용할 것
7. 이동식 사다리 사용 전 변형 및 이상 유무 등을 점검하여 이상이 발견되면 즉시 수리하거나 그 밖에 필요한 조치를 할 것

🅰 1. 평탄하고 미끄럽지 않은 바닥에 설치할 것
2. 바닥면에서 높이 3.5m 이하 장소에서만 작업할 것
3. 최상부 발판 및 그 하단 디딤대에 올라서서 작업하지 않을 것
4. 사용 전 이상 유무 등을 점검해 이상이 발견 시 즉시 수리할 것

011

산업안전보건법령상 이동식 사다리의 넘어짐을 방지하기 위한 조치사항 3가지 쓰시오.

🗐 이동식 사다리의 넘어짐을 방지하기 위해 다음 각 목의 어느 하나 이상에 해당하는 조치를 할 것
　가. 이동식 사다리를 견고한 시설물에 연결하여 고정할 것
　나. 아웃트리거(outrigger, 전도방지용 지지대)를 설치하거나 아웃트리거가 붙어있는 이동식 사다리를 설치
　　할 것
　다. 이동식 사다리를 다른 근로자가 지지하여 넘어지지 않도록 할 것

📝 1. 견고한 시설물에 연결해 고정할 것
　2. 아웃트리거 붙어있는 이동식 사다리 설치할 것
　3. 이동식 사다리를 다른 근로자가 지지해 넘어지지 않도록 할 것

012

굴착기 관련 내용이다. 빈칸을 채우시오.

> 1. 굴착기로 작업을 하기 전에 (　A　)과 (　B　) 등의 부착상태와 작동 여부를 확인해야 한다.
> 2. 굴착기를 운전하는 사람은 (　C　)를 착용해야 한다.

🗐 － 사업주는 굴착기로 작업을 하기 전에 후사경과 후방영상표시장치 등의 부착상태와 작동 여부를 확인해야
　　한다.
　－ 굴착기를 운전하는 사람은 좌석안전띠를 착용해야 한다.

📝 A: 후사경　B: 후방영상표시장치　C: 좌석안전띠

013

지게차에 사용되는 팔레트의 사용기준 2가지 쓰시오.

🗐 사업주는 지게차에 의한 하역운반작업에 사용하는 팔레트(pallet) 또는 스키드(skid)는 다음 각 호에 해당하
　는 것을 사용하여야 한다.
　1. 적재하는 화물의 중량에 따른 충분한 강도를 가질 것
　2. 심한 손상·변형 또는 부식이 없을 것

📝 심한 부식없을 것/적재 화물 중량에 따른 충분한 강도 가질 것

014

일반구조용 압연강판(SS275)으로 구조물을 설계할 때 허용응력을 10kg/mm²으로 정하였다. 이때 적용된 안전율을 구하시오.(단, 안전율을 정수로 쓰시오.)

🖩 SS275인장강도 $= 275N/mm^2$

$$안전율 = \frac{인장강도}{허용응력} = \frac{275N \cdot mm^2 \cdot 1kg}{mm^2 \cdot 10kg \cdot 9.8N} = 2.81 \fallingdotseq 3$$

$1kg = 9.8N$

📋 안전율: 3

015

산업안전보건법상과 중대재해처벌등에관한법률상의 중대재해 경우를 2가지씩 쓰시오.

🖩 산업안전보건법 시행규칙에 따른 중대재해 경우

1. 사망자가 1명 이상 발생한 재해
2. 3개월 이상의 요양이 필요한 부상자가 동시에 2명 이상 발생한 재해
3. 부상자 또는 직업성 질병자가 동시에 10명 이상 발생한 재해

중대재해 처벌 등에 관한 법률에 따른 중대재해 경우

1. "중대재해"란 "중대산업재해"와 "중대시민재해"를 말한다.
2. "중대산업재해"란 「산업안전보건법」 제2조제1호에 따른 산업재해 중 다음 각 목의 어느 하나에 해당하는 결과를 야기한 재해를 말한다.
   가. 사망자가 1명 이상 발생
   나. 동일한 사고로 6개월 이상 치료가 필요한 부상자가 2명 이상 발생
   다. 동일한 유해요인으로 급성중독 등 대통령령으로 정하는 직업성 질병자가 1년 이내에 3명 이상 발생
3. "중대시민재해"란 특정 원료 또는 제조물, 공중이용시설 또는 공중교통수단의 설계, 제조, 설치, 관리상의 결함을 원인으로 하여 발생한 재해로서 다음 각 목의 어느 하나에 해당하는 결과를 야기한 재해를 말한다. 다만, 중대산업재해에 해당하는 재해는 제외.
   가. 사망자가 1명 이상 발생
   나. 동일한 사고로 2개월 이상 치료가 필요한 부상자가 10명 이상 발생
   다. 동일한 원인으로 3개월 이상 치료가 필요한 질병자가 10명 이상 발생

📋 산업안전보건법상: 사망자 1명 이상 발생/부상자 동시 10명 이상 발생

중대재해처벌등에 관한 법률상

중대 재해	중대산업 재해	사망자 1명 이상 발생
		동일 사고로 6개월 이상 치료 필요한 부상자 2명 이상 발생
	중대시민 재해	사망자 1명 이상 발생
		동일 사고로 2개월 이상 치료 필요한 부상자 10명 이상 발생

016

프로판가스 $1m^3$를 완전연소시키는데 필요한 이론 공기량은 몇m^3인가? (단, 공기 중의 산소농도는 20vol%이다.)

해 $C_3H_8 + 5O_2 \rightarrow 3CO_2 + 4H_2O$
　　22.4 : 5 · 22.4
　　　1 : 　O_2

$O_2 = \dfrac{5 \cdot 22.4}{22.4} = 5$ 　　　　공기량 $= \dfrac{O_2}{0.2} = \dfrac{5}{0.2} = 25m^3$

답 이론 공기량: $25m^3$

017

다음 안전보건표지의 명칭을 쓰시오.

A	B	C	D

답 A: 녹십자표지　B: 응급구호표지　C: 급성독성물질경고　D: 보행금지

018

영상 속 작업에서 위험요인 4가지를 쓰시오.

영상 설명

진돌이가 말비계에 올라서서 드릴을 이용하여 천장에 구멍을 뚫고 있다.
진돌이는 안전모/보안경 미착용상태이며 면장갑과 보건마스크를 착용하고 있다.
또한, 드릴에는 보조손잡이가 미설치된 상태이며 주변에는 아무도 없다.

답 안전모 미착용/면장갑 착용/보안경 미착용/방진마스크 미착용/드릴 보조손잡이 미설치/2인1조 작업 미실시

019

베릴륨의 제조·사용 작업에 근로자를 종사하도록 하는 경우 근로자에게 알려야 하는 작업수칙사항 4가지 쓰시오.

해 사업주는 베릴륨의 제조·사용 작업에 근로자를 종사하도록 하는 경우에 베릴륨 분진의 발산과 근로자의 오염을 방지하기 위하여 다음 각 호의 사항에 관한 작업수칙을 정하고 이를 해당 작업근로자에게 알려야 한다.

1. 용기에 베릴륨을 넣거나 꺼내는 작업
2. 베릴륨을 담은 용기의 운반
3. 베릴륨을 공기로 수송하는 장치의 점검
4. 여과집진방식(濾過集塵方式) 집진장치의 여과재(濾過材) 교환
5. 시료의 채취 및 그 작업에 사용된 용기 등의 처리
6. 이상사태가 발생한 경우의 응급조치
7. 보호구의 사용·점검·보관 및 청소
8. 그 밖에 베릴륨 분진의 발산을 방지하기 위하여 필요한 조치

답 보호구 점검/베릴륨 담은 용기 운반/여과집진기 여과재 교환/용기에 베릴륨 넣는 작업

020

송기마스크 종류 3가지와 등급을 각각 2가지씩 쓰시오.

해

종류	등급		구분
호스 마스크	폐력흡인형		안면부
	송풍기형	전동	안면부, 페이스실드, 후드
		수동	안면부
에어라인마스크	일정유량형		안면부, 페이스실드, 후드
	디맨드형		안면부
	압력디맨드형		안면부
복합식 에어라인마스크	디맨드형		안면부
	압력디맨드형		안면부

답 1. 호스마스크(폐력흡인형/송풍기형)
2. 에어라인마스크(디맨드형/압력디맨드형)
3. 복합식에어라인마스크(디맨드형/압력디맨드형)

021

영상 속 위험요인 1가지를 쓰시오.

영상 설명
4층 높이에서 진돌이가 위에 있는 진수에게 비계기둥을 전달해 주고 있다. 진돌이는 진수에게 비계기둥을 받으라 하는데 못 듣는다. 그 순간! 진돌이는 중심을 잃어 추락한다. 둘 다 비계 띠장을 밟고 있으며 안전대는 착용했으나 체결하진 않았다.

답 안전대 미체결

022

영상 속 작업에서의 실질적 위험요인 3가지를 쓰시오.

영상 설명

진돌이가 천장에 페인트 뿜칠작업을 하고 있다.

진돌이는 안전대/안전모/불침투성 보호복 미착용상태이며 방진마스크 착용상태이다.

주변에 진순이가 밥을 먹기위해 진돌이 작업 주변을 지나다가 실수로 사다리를 건드려 진돌이가 추락하여 바닥에 머리를 부딪혀 진돌이는 사망한다.

A형 사다리에는 아웃트리거가 없다.

🔳 안전모 미착용/작업구역 미설정/아웃트리거 미설치

023

안전인증 귀마개 또는 귀덮개에 안전인증 표시 외에 추가로 표시해야 되는 사항 2가지 쓰시오.

🔳 안전인증 귀마개 또는 귀덮개에는 안전인증 표시에 따른 표시 외에 다음 각 목의 내용을 추가로 표시해야 한다.
　가. 일회용 또는 재사용 여부
　나. 세척 및 소독방법등 사용상의 주의사항(다만, 재사용 귀마개에 한함.)

🔳 재사용 여부/사용상 주의사항(재사용 귀마개일 경우)

024

영상 속 작업에서 위험요인 3가지를 쓰시오.

영상 설명

진돌이와 진순이가 30층 되는 건물 밖에서 작업을 하고 있다.
둘 다 안전모/안전대/안전화/불침투성 보호복 미착용상태이다.
진돌이는 크레인 운반구에 있는 페인트통을 가지러가다 발을 헛디뎌 추락한다.

🔲 안전모 미착용/안전대 미착용/안전난간 미설치

025

영상표시단말기 작업을 주목적으로 하는 작업실 안의 온도/습도 조건을 쓰시오.

🔲 사업주는 영상표시단말기 작업을 주목적으로 하는 작업실 안의 온도를 18도 이상 24도 이하, 습도는 40퍼센트 이상 70퍼센트 이하를 유지하여야 한다.
🔲 온도 : 18℃ 이상 24℃ 이하   습도 : 40% 이상 70% 이하

※ 이 책에 도움을 준 업체와 사람들

1. 승경산업
위치: 경기도 수원시 권선구 세류동 1084-5
개요: 산업 및 가정환경 페인트작업 및 에폭시, 방수처리 작업을 하는 회사이며 전문기술과 노련함을 이용하여 빠르고 확실한 결과물을 낳아 거래처에게 신뢰성을 쌓고 있다.

2. 공신영
위치: 대전광역시 동구
개요: 군대 후임이며 제품디자인과 기계공학을 전공했고, 현재는 휴학을 하여 수제 시계 제작사업을 하고 있으며 퀄리티와 디자인을 인정받고 있는 상황이다. 관심있는 분은 www.tetewatches. com 검색 바란다.

3. 유승명
위치: 경기도 부천시
개요: 건설현장의 안전관리자로 근무하고 있고 다른 구매자들의 쉬운 이해를 위하여 필수불가결한 현장사진을 자발적으로 제공해 주었다.

4. 아버지
위치: 경기도 수원시
개요: 삼성그룹에서 33년간 EHS 직무를 수행하였으며 현재는 공단에서 일을 하고 있으시다. 아버지이자 같은 전공/직무 사람으로서 많은 도움이 되었다.

5. 대한산업안전사
위치: 경기도 화성시 팔탄면 시청로 933
개요: 안전용품 판매업이며 많은 종류의 안전용품을 팔고 있다.

6. 제마산업
위치: 서울특별시 금천구 시흥동
개요: 호이스트 수리전문업체로 크레인이 설치된 공장에 직접 방문하여 보수/수리/제품 판매를 하고 있다. 20년 이상의 경험을 바탕으로 신속 정확하게 또한 정품 사용으로 신뢰성을 쌓고 있다.

7. 우성이앤아이
위치: 경기도 성남시 중원구 둔촌대로 388번길 24
개요: 기업체 연구소를 비롯해 전국 초⨯중⨯고등학교 및 대학교 등 교육기관에 교육용 소형공작기계 및 교육기자재를 공급하는 전문 업체이다. 교육현장에서 초보자도 누구나 쉽고 안전하게 사용할 수 있도록 제작된 소형 정밀장비이며 특히 1997년부터 발명교육센터 및 무한상상실, 메이커스페이스 등 분야에 보급되어 제품 안전성과 품질을 인정받고 있으며 지속적인 보급과 철저한 사후관리로 객관적으로 신뢰 받는 기업이다.

8. 오성시스템
위치: 대구광역시 달성군 유가면 테크노순환로5길 17
개요: 포장기 및 컨베이어 제조업이고, 최고의 고객만족을 위해 열성을 다하여 연구생산 서비스에 집중하고 있으며, 특히 대구공장과 파주공장으로 이원화 시스템을 구축하여 전국 어느 곳이라도 신속한 납기를 제공해 주고 있다.

9. 명진유압기계
위치: 경기도 시흥시 과림동 406-5
개요: 명진유압기계는 오랫동안 축적해온 경험과 기술을 바탕으로 중고 사출기 및 사출기 주변기기를 취급하는 업체로, 전국 어디든 신속하게 중고 매매를 하고 있으며, 고객과 믿음으로 거래할 수 있도록 최선을 다하고 있다.

10. 안중섭
위치: 청주시
개요: 1인출판업이라 많이 힘든걸 알기에 도와주고 싶어서 그림과 디자인 제작 지원을 해주었다.

- 도와주신 분들 진심으로 감사드립니다! 항상 꽃길만 걷길! -

2025 [직8딴]
직접 8일 만에 딴 산업안전산업기사 실기(필답형+작업형)

발행일 2025년 6월 1일(2쇄)

발행처 인성재단(지식오름)

발행인 조순자

편저자 김진태(EHS MASTER)
이메일: ehs_master@naver.com
인스타: @ehs_master(저자 소식 확인)
홈페이지: www.ehs-master.com(회사/저자/책 정보, 책 구매)
카페: cafe.naver.com/ehsmaster(정오표 확인)
유튜브: '도비전문가' 검색

정가 38,000원   **ISBN** 979-11-94539-55-1